증거가 말하는
세월호 참사

증거가 말하는
세월호 참사

사참위 조사관들의 세월호 핵심 증거 조사

박병우

정성욱

김진이

조두만

김진수

이재성

지음

북콤마

일러두기

- 책의 내용은 사참위가 홈페이지에 공개한 '세월호참사 관련 증거자료의 조작·편집 제출 의혹 등에 대한 조사결과보고서(안)'(사건번호 병합[직나-7, 13, 14])를 조사국 조사관 등이 정리하고 풀어 쓴 것이다. 그리고 사참위 종합보고서와 사참위가 유튜브 등에 공개한 전원위원회 회의 내용 등을 참조했다.

- 조사결과보고서(안)는 최종적으로 불채택되면서 사참위 종합보고서에 실리지 못하고 전원위원회의 의결에 따라 홈페이지에 자료들과 함께 대중에게 공개되는 데 그쳤다. 그러므로 책에 담긴 조사결과보고서 내용은 사참위 종합보고서와 결이 다를 수밖에 없다.

여러분의 판단에 맡기겠습니다

'비참하고 끔찍한 일'이라는 뜻을 가진 참사라는 말. 이 단어는 보통 상식적으로 도저히 납득되지 않는 상황에서 수많은 사람이 어이없이 희생당했을 때 붙여진다. 그리고 우리 사회의 참사는 그 발생 원인이 제대로 규명되지 않을 뿐 아니라 이후 수습 과정까지 비상식적인 경우가 일반적이다. 안타깝게도 얼마 전 이태원에서 발생한 10·29 참사도 별반 다르지 않아 보인다. 적어도 현재까지는.

참사 발생, 정부의 '성역 없는' 수사 천명, 정보기관의 관련 정보 유출과 사찰 논란, 외부 세력 개입 논란, 국회 국정조사 실시를 놓고 벌어지는 정치권 공방, 유가족들의 진상 규명 요구, 검찰이나 경찰의 수사 결과 발표, 수사 결과에 대한 유가족과 시민들의 반발, 철저한 진상 규명과 책임자 처벌을 요구하는 유가족과 시민들의 연대 기자회견, 그리고 거리 투쟁.

참사가 일어나면 거의 어김없이 이렇게 나열한 현상들이 순차적으로 발생하고 피해자와 유가족 그리고 국민들의 분노와 우울증은 깊어갈 뿐이다. 그러니 어떤 참사가 그 전보다 우리 사회를 안전하고 행복한 미래로 업그레이드해주리라고 믿는 사람은 거의 없다. 나라가 한번 발칵 뒤집히는 경험을 하고 나서 얼마 지나지 않아 또 다른 참사가 언제 그런 일이 있었느냐는 듯이 일어나기 때문이다.

왜 그럴까? 도대체 무엇이 문제일까? 아마도 그 답을 국가 매뉴얼이나 법령 혹은 정부 공문서로 작성해 넣는 것이 어려워서는 아닐 것이다. 그랬다면 이런 참사는 반복되지 않았을 것이며 어이없는 희생에 국민들이 집단 우울증에 다시 빠지는 일은 없었을 것이다. 지금도 나름대로 '정답'이 기록되어 있는 문서는 차고 넘친다. 그러나 과연 우리 사회에서 발생한 각 참사에 대해 그 진상이 제대로 밝혀졌다고 생각하는 사람들이 얼마나 될까?

우리 사회에서 참사가 반복되는 가장 중요한 이유로 철저한 진상 규명의 부재를 꼽고 싶다. 그리고 그 부재는 자연스럽게 책임자들의 책임 회피로 이어진다. 악순환의 고리를 끊어내기 위해 우리 사회가 가장 시급히 갖춰야 할 것은 다름 아닌 철저하고 신속한 진상 규명 시스템이다. 진상 규명이 제대로 이뤄져야 참사의 책임 소재가 규명되고 이에 합당한 책임자 처벌이 이뤄질 수 있다. 그래야 희생자들에 대한 온전한 추모와 제도 정비가 이뤄지고 우리 사회가 궁극적으로 안전 사회에 다가설 수 있다.

그리고 진상 규명의 전제는 참사 현장을 기록하고 있는 증거가 훼

증거가 말하는 세월호 참사

손되거나 사라지기 전에 철저하고 신속하게 증거를 조사하는 것이다. 이는 두말할 나위 없는 주지의 사실이다. 관련자 모두 책임을 회피하고 진실을 말하지 않을 때 증거만이 그들의 거짓을 밝혀낼 수 있다. 참사가 어떤 이유로 발생하고 왜 수많은 희생자가 발생해야 했는지 관련자 누구도 진실을 말하지 않을 때 진상 규명에서 증거 조사는 핵심 요소다. 어떤 참사도 예외가 될 수 없다.

세월호 참사로 돌아와보자. 사참위 조사국은 세월호 참사에 대한 올바른 진상 규명을 위해 증거 조사에 적지 않은 공력을 기울였다. 그리고 3년 6개월간 치열하게 조사한 결과를 보고서에 담아 제출했다. 하지만 그 보고서는 결과적으로 '불채택'됐다. 결국 보고서는 담고 있는 분석 내용이 문제 되어 탄핵받은 것이 아니기에 사안의 엄중함을 고려해 책자로 출판하고 독자의 판단을 구하기에 이르렀다.

물론 조사 기간 중에 확실한 결론을 내지 못한 책임과 이에 대한 비판은 조사국을 포함해 사참위 구성원이라면 그 누구도 피할 수 없고 피해서도 안 되는 것이다. 하지만 전원위원회가 이해하기 어려운 정무적 판단에 따라 '불채택' 결정을 내렸다고 해서 증거 조사의 과정과 결론이 사장돼서는 안 된다고 판단했다. 이는 전원위원회 결정 과정의 부당함 여부를 떠나 조사 과정과 결과에 담겨 있는 엄중한 내용 때문이다. 이제 증거 조사에 대한 최종 판단을 독자들의 몫으로 남겨두고자 한다.

2023년 1월

동수 아빠가 말하는 세월호 참사 진상 규명

사랑하는 내 아들, 동수

2014년 4월 16일 476명이 탄 6800톤급 배 세월호가 진도 앞바다에서 침몰하는 참사가 발생했다. 세월호는 단원고 학생 250명이 학사 일정에 따라 제주도로 수학여행을 가던 중이었다. 단원고 학생인 아들 동수도 그 배에 타고 있었다. 아들은 주검이 돼 나(동수 아빠 정성욱)의 품에 돌아왔다. 세월호, 그날은 그렇게 내 인생을 송두리째 바꾸었다.

4월 16일 오전 10시 30분쯤 아내에게서 전화가 걸려 왔다. 회사 휴게실에 있는 TV를 틀었다. 뉴스가 나왔다. 세월호 사고를 알리고 있었다. 바로 단원고 강당으로 달려갔다. 가서 보니 발언을 마친 안산시장이 단상을 내려가고 학부형이라는 한 분이 올라와 "전원 구조가 됐다"고 말하고 있었다. 그러나 강당 한편에 놓인 TV에서는 '단원고 학생 76명 구조'라는 뉴스 자막이 나왔다. 나도 모르게 "왜 거짓말을 하냐"

며 고함을 질렀고 주위 사람들과 실랑이를 벌였다. 내성적이던 나는 남 앞에서 큰 소리를 내는 성격이 아니었다. 그렇게 큰 소리를 내며 싸움을 한 것은 그때가 처음이었다. 그리고 그 후 오랫동안 소리를 지르며 싸우게 될 줄을 당시는 알지 못했다.

그렇게 싸워봐야 의미가 없을 것 같아서 아이들이 머물러 있다는 진도체육관을 향해 바로 차를 몰았다. 진도체육관이 어디쯤에 있는지 설명해주는 이가 없어 내비게이션의 경로 안내에 따라 내려갔다. 오후 3시 반쯤 진도체육관에 도착했다. 단원고 학생들 몇몇과 행정직 요원들이 있었다. 다른 아이들은 어디에 있느냐고 물어보니 배에 176명이 있다고 했다. 그 사이 안산에서 출발한 버스가 도착했고, 진도체육관은 금방 아수라장으로 변했다.

동수는 어디에도 없었다. 기다리고 기다렸으나 더 이상 배가 오지 않는다는 소식이 전해졌다. 나는 더는 내가 아니었다. 무조건 팽목으로 가자고 했다. 팽목항에 도착해 다른 부모들과 함께 아이들이 도착하면 쉴 곳을 만들었다. 그래도 아이들은 오지 않았다. 해경에게 현장으로 가보자고 요구했고 이윽고 그들의 배를 타고 사고 해역으로 찾아갔다. 시커먼 하늘과 바다만 있을 뿐, 우리는 아무것도 볼 수 없었다.

아무도 사고의 원인을 말해주지 않았다

우리 동수는 2014년 5월 6일 석가탄신일에 바다에서 나왔다. 그때가 연휴라 친가와 외가 가족들이 모두 현장을 찾았다가 돌아간 뒤였다. 그날 저녁 수색을 위한 마지막 잠수가 저녁 8시 15분인가 그랬다. 마지막으로 남자애 하나를 확인하고 숙소로 돌아왔는데 밤 9시 10분 전화가 걸려 왔다. 동수로 추정되는 학생이 올라왔다고. 좀만 더 기다렸으면 물에서 나오는 대로 바로 품에 꼭 안아줬을 텐데, 그렇게 오래 기다렸을 텐데. 지금도 그때를 생각하면 후회가 돼 가슴이 먹먹하다.

팽목항을 찾고부터 동수를 기다리는 내내 사고의 원인에 대해 거듭 생각했다. '저렇게 큰 배가 왜 침몰했을까' 너무 궁금했다. 당시 서해 바다에서 군사 훈련이 있었다는데 혹시 연관이 있지 않나 하는 이야기를 다른 가족들과 나누기도 했다.

4월 18일 해군에 재직하고 있던 사촌에게 전화를 했다. 세월호 참사가 나면서 해군 사령부에 휴대폰 반입이 금지됐다고 했다. 다른 이야기는 해주기 어렵지만 세월호 안에 아이들이 있는 것은 맞다고 했다. 현장에선 핵폐기물 때문이다, 방사능 때문이다, 별별 이야기가 다 돌았다. 의문은 커져갔지만 누구도 답을 말해주지 않았다.

동수를 찾고 난 뒤 다시 팽목에 내려갔을 때였다. 진도군에서 해군과 해경, 전문가들이 참석하는 회의가 있었다. 전문가들은 세월호 같은 큰 배는 사고가 나도 최소 대여섯 시간은 바다에 떠 있는 법인데 1시간여 만에 침몰한 것은 이해되지 않는다고 말했다. 그런데 회의 참석자들은 정작 침몰 원인에 대해선 '화물 고박 불량'만을 떠들었다. 나는 '화물 고박 불량'만으로 세월호처럼 큰 배가 침몰했다는 게 납득되지 않았다. 어떤 전문가도 침몰 원인에 대해 상세히 말하지 못했다.

4월 18일과 19일 세월호 가족들이 배 안에 있는 CCTV DVR를 빨

증거가 말하는 세월호 참사

리 꺼내달라고 해경에 요구했다. 그런데 DVR는 6월 22일에야 수거됐다. 누구인지 기억이 잘 나지 않지만 DVR와 진도 VTS의 증거가 중요하다고 알려주는 이들이 있었다. 세월호 가족들은 뒤늦게 증거를 확보하려고 노력하면서 증거보전 신청에 나서게 됐다.

사라지는 자료들, 증거를 지켜야 했다

민변과 대한변협 소속 변호사들의 도움에도 제대로 증거를 보전하기는 어려웠고 당시 일부 자료를 잃어버리기까지 했다. 이해할 수 없는 일들이 일어났다. 돕던 이들이 배신하고 그들과 함께 자료가 없어지기도 했다. 한 학생의 삼촌이라고 하던 사람이 방송사 기자와 함께 세월호 가까이 잠수해 촬영한 적이 있는데 이때 찍은 영상도 사라져 버렸다.

초기 팽목에서 나는 또 다른 삼촌이라는 이와 함께 배를 타고 현장의 바지선까지 갔었는데 대기실에서 갑자기 사람이 없어졌다. 그이의 얼굴을 기억하고 있어 팽목항과 바지선을 두루 살펴봤지만 끝내 찾지 못했다.

2015년부터 4.16세월호참사가족협의회에서 인양분과를 만들어 자료를 모으기 시작했다. 내가 인양분과장을 맡아 제일 먼저 살펴본 자료는 잠수 일지였다. 초창기 잠수 일지에 '파공 유무'라는 표현이 있었다. 세월호에 파공이 있었나 하는 의문이 들었다. 배를 서둘러 인양해야 답을 얻을 수 있다고 생각했다. 세월호 인양이 중요하다고, 진상 규명을 위해 배를 빨리 끌어올려야 한다고 목소리를 냈다. 촛불 집회에 나가서도 인양에 대해 말하면서 여론의 공감을 모았다.

그때 가족협의회 사무실에서 컴퓨터에 이상한 일이 벌어졌다. 어느 날 보니 컴퓨터의 모든 자료가 다 휴지통 폴더에 들어가 있었다. 외부에서 접속 시도가 있었는지까지 확인했지만 그 이상 밝히기는 어려웠다. 이런 일이 반복되면서 두렵기도 했지만 세월호 진상 규명과 인양을 방해하는 사람들, 여전히 감추고 싶어 하는 사람들이 있구나 하는 생각이 들었다.

인양 과정에서 철저히 배제되다

1주기가 지난 2015년 4월 22일 해수부(해양수산부)는 세월호를 인양하겠다고 발표됐다. 2014년 11월 11일 정부가 수색을 종료한 뒤 바로 인양에 나서리라고 기대했는데 뒤늦었다고 생각했다. 발표가 난 뒤에도 인양 작업은 더디게 진행됐다. 지금 생각하면 당시 유가족들이 요구하는 세월호특별법 시행령 관련 논란을 무마하기 위한 것이 아니었나 하는 의심이 든다.

2015년 5월 해수부가 세월호 인양 설명회를 준비할 때 정작 우리는 그런 사실을 몰랐다. 기자들에게서 전화가 왔다. 인양 설명회에 가족들도 오냐고. 어찌 된 일인지 알아보려고 해수부에 전화했지만 유가족들은 참석할 수 없다는 답을 받았다. 결국 우리는 참석하지 못했다.

정부의 인양 과정은 그렇게 철저히 유가족을 배제한 상태에서 진행됐다. 인양 업체 선정이 어떻게 진행되는지, 최종적으로 어떤 업체가 선정됐는지도 알려주지 않았다. 상하이샐비지가 인양 업체로 선정되고 실제 추진이 진행되자 우리는 해수부에 현장 바지선에라도 가서 같이 있게 해달라고 부탁했다. 부탁은 받아들여지지 않았다.

우리는 2015년 8월 31일 동거차도에 들어가 인양 과정을 지켜보기로 했다. 가까운 곳에서 직접 봐야 한다는 생각에서였다. 바다와 선박, 지역에 대해 전혀 몰랐지만 우리는 너무 절박했다. 동거차도에 감시 초소를 만든 건 지성 아빠 덕분이었다. 지성이가 동거차도 앞 미역 양식장에 걸려 발견됐기에 지성 아빠는 그곳이 해역에서 가깝다는 걸 알고 있었다. 우리들은 진실호라는 배도 한 척 장만했다. 인양 작업을 하고 있는 해역 근처까지 가 감시를 했다. 장동원 팀장과 상호 아빠는 선박 운전면허까지 땄다.

그런데 정작 상하이샐비지의 작업은 밤에만 진행됐다. 왜 굳이 주간 작업을 하지 않고 밤에만 인양 작업을 하는지 의문스러웠다. 처음에는 인천 해양수색구조협회에 잠수사 협조를 요청했다. 그 소식을 듣고 우리는 달려가기도 했다. 그러나 업체 측은 잠수사들을 모두 중국 사람들로만 뽑아놓고 우리는 물론 외부와의 연락을 철저히 막았다. 한번은 잠수사가 다쳐 병원에 실려 갔다는 소식을 듣고 달려갔는데 역시 접근이 허락되지 않았다.

인양 과정을 보면서 의심은 눈덩이처럼 커지고

당시 인양 작업에 참여한 상하이샐비지 측 직원을 만나게 됐다. 인양 과정을 기록하는 업무를 맡은 그이에게서 보고서가 4벌 작성된다는 이야기를 듣게 됐다. 상하이샐비지가 작성한 중국어 원문, 한글 번

역본, 영국 TMC 보고용, 언론 보도용 작업 일지가 순서대로 만들어진다는 것이었다. 당시 우리가 보고 공유했던 보고서는 언론 보도용이었다.

내부 사정을 좀 더 알고 싶어서 수소문해 번역할 사람을 소개받았다. 기록 담당자에게 번역을 하고 있는 작업 일지 등 보고서를 보고 싶다고 했다. 그는 도와주고 싶지만 중국에 아들이 있어서 더 이상 개입하기 어렵다고 했다. 그렇지만 상하이샐비지가 한국 법전까지 분석해가며 여러 상황에 대응하고 있다는 이야기를 전해주었다. 세월호를 인양하면서 그 과정을 있는 그대로 알리고 공유하면 될 것을 법적 대응까지 준비하고 여러 벌의 일지, 보고서를 만드는 이유는 무엇일까. 제대로 된 보고서는 당시도, 나중에도 보지 못했다. 우리에게 사실을 알려주려 했던 직원들이 나중에 상하이샐비지에서 쫓겨났다는 이야기를 들었다.

해수부는 당초 최저가 입찰 금액으로 사업을 따낸 상하이샐비지의 인양 기간을 계속 연장해주었다. 결국 당초 계약 비용보다 두 배 넘게 소요됐다. 무엇보다 상하이샐비지는 대형 선박 인양을 해본 적이 없는 업체였다. 폰툰(철·고무 등으로 만든 부력제)을 활용하는 인양은 세월호가 처음이었다고 들었다. 결국 세월호로 인양을 실험해본 셈 아닌가. 세월호는 끌어올리는 과정에서 램프가 잘렸고 선수 들기에 실패해 선체가 길게 찢어지고 말았다. 찢어진 세월호는 우리 유가족들의 마음처럼 보인다.

해수부와 상하이샐비지는 4·16세월호참사특별조사위원회(세월호

특조위)의 조사도 받아들이지 않고 오히려 방해했다. 세월호특조위가 뒤늦게 조사했지만 아무것도 밝혀내지 못했다. 나중에 구성된 세월호 선체조사위원회(선조위) 역시 진실에 다가가기엔 역부족이었다. 인양이 진행되는 당시 버젓이 우리 옆에서 은폐가 일어나고 있었지만 우리는 아무것도 할 수 없었다.

인양 작업 중에 시신을 발견했다는 소문이 나기도 했는데 세월호가 올라온 뒤 두 사람이 계단 밑에서 수습됐다. 그렇다면 잠수사가 작업 중에 시신을 봤다는 소문이 사실일 수 있다는 생각이 들었다. 2015년 8월 이후 실제 인양된 2017년 3월까지 우리는 동거차도에서 발전기를 돌려 전기를 연결하고 화장실도 만들면서 버텼다. 당시 조사 방해를 받고 있던 세월호특조위가 힘겹게 함께했고 동거차도 이장과 동네 사람들한테 도움도 많이 받았다.

세월호에서 침몰 원인을 찾아야 한다

2017년 3월 22일 세월호가 인양되던 날 가족협의회는 해수부로부터 '인양 테스트를 한다'는 연락을 받았다. 해수부 어업지도선을 타고 동거차도에 가보니 기자들이 많이 와 있었다. 기자들은 해수부로부터 연락을 받아 그날 세월호가 인양된다는 걸 알고 있었다.

3월 23일 오전 3시 34분 세월호가 물 위로 모습을 드러내던 순간의 서늘함, 말로 표현할 수 없는 두려움과 무서움을 나는 잊을 수가 없다. 머리를 크게 한 대 얻어맞은 느낌. 수천 번 상상했던 모습과는 너무나 달랐다. 세월호의 처참한 모습을 보면서 갑자기 온몸에 마비가 오기 시작했다. 그 충격으로 한동안 배를 타지 못했다.

목포신항으로 옮겨져 4월 11일 육상에 거치된 뒤 가족협의회에서 사소한 다툼이 있었다. 나는 모두 참사 현장으로 내려가 지켜야 한다고 주장했다. 그러나 현실은 쉽지 않았다. 나라도 세월호를 지켜야겠다고 결심했다. 목포신항에서 벌어질 가족협의회의 결정권을 인양분과장인 내게 일임해달라고 요청했고 결국 받아들여졌다. 나는 세월호 자체에서 침몰 원인을 찾을 수 있으리라고 생각했다. 그런데 세월호가 갑자기 인양돼 목포신항으로 들어오면서 조사할 수 있는 선조위 조사관이 없었다. 우리 유가족들이 그 일을 다 해야 한다고 생각했다.

처음에는 거치된 세월호 앞까지 걸어가는 것도 너무 힘들었다. 세월호를 싣고 옮겨 온 네덜란드 선박 화이트마린 앞까지 가는 것도 용기가 필요했다. 그런데 우리는 세월호 작업 현장에 들어갈 수 없었다. 얼마 뒤 인부 옷을 입고야 배 안에 들어갈 수 있었다. 처음부터 무조건 사진과 영상을 찍었다. 진상 규명을 위해 증거를 최대한 남겨야 한다는 생각이었다. 어떻게든 증거를 남기자. 그래야 조사할 수 있으니까.

인양 때도 그랬지만 배가 올라오고서도 해수부는 계속 배를 절단하고 훼손하자고 요구했다. 미수습자를 찾는 일이 급선무였으므로 해수부 및 미수습자 가족들과 합의해 선미를 절단하기로 했다. 또 세월호 안에 있는 차량을 밖으로 꺼내기 위해 우현을 절단했다. 그렇게 증거가 훼손되고 사라졌다. 차량 블랙박스에 세월호의 침몰 순간이 담겨 있을 터라 용역 업체에 최대한 손상 없이 차량을 꺼내달라고 부탁했다. 우리는 차량이 나올 때마다 블랙박스를 수거해 조심스럽게 극초

증거가 말하는 세월호 참사

순수액에 담아 보관했다. 유가족들은 휴대폰과 디지털 증거, 선원 수첩 등 무엇이든 나왔다 하면 바로 뛰어갔다. 하나하나 세척한 뒤 보관했다. 침몰의 원인이 담겨 있고 아이들이 남기려 했던 그 무언가가 남아 있으려니 생각하면서.

블랙박스와 휴대폰이 말하는 진실

그런데 해수부와 상하이샐비지, 선조위 조사관들까지 블랙박스와 휴대폰 같은 증거들의 소중함을 모르는 것 같았다. 수거 작업을 마치고 나온 폐기물에서 한 어머니가 핸드폰 두 개를 찾았다. 우리는 해수부에 폐기물을 다시 뒤져보라고 이야기했다. 아무도 추가 작업을 하지 않기에 우리가 나서 다시 뒤져보는데 핸드폰이 또 나왔다. 2017년 추석 전이었다. 당시 김영모 선조위 부위원장에게 목포신항 현장으로 내려오라고 했고 그에게 마구 화를 냈다. 추석이 지나서야 추가 수거 작업이 진행됐다.

우리는 아이들이 죽은 이유를 알고 싶었다. 가장 중요한 증거인 세월호가 올라왔으니 이제 그 답을 해달라는 것이었는데 여전히 아무도 답을 알지 못했다. 기대했던 선조위는 위원과 조사관들끼리 초기부터 싸우기 바빴다. 해수부 산하에서 기존 조사에 참여했던 위원들은 자신들의 결론을 처음부터 바꿀 생각이 없었다. 결론을 정해놓고 조사에 참여한 것이다.

조사가 끝나기도 전에 선체 조사 자문 기관인 브룩스 벨이 김창준 선조위 위원장에게 '외부 충돌은 없었다'고 보고했다는 내용의 기사가 나가기도 했다. 기사를 보자마자 김창준 위원장을 찾아가 4시간 동안 싸웠다. 결국 선조위는 두 개 결론을 냈다.

세월호 현장을 지키고 선조위의 조사 과정을 가까이서 지켜보며 내가 제일 화가 났던 점은 정확한 팩트를 확인해 조사를 진행하는 게 아니라 처음부터 원하는 결론을 내려놓고 그것을 확인하는 방식이었다. 위원과 조사관, 전문가들 모두 자신들의 생각에 따라 결론을 내려놓고 오히려 조사를 통해 각자 자신들의 결론을 입증하려 들었다.

당시 왜 그렇게 현장을 떠나지 못하고 싸우고 악다구니를 썼을까. 그때 나는 화를 내고 소리를 지르고 스스로를 상하게 하는 것 말고는 할 수 있는 게 없다고 느꼈다. 혼자 있을 때는 '내가 왜 이 짓을 하고 있나' 하는 생각이 들었다. 나도 남들처럼 떠나버리면 그만인데….

밤마다 찾아오는 아이들

목포신항에서 자살 시도를 한 적도 있다. 인근 편의점을 오고가며 사 모아둔 타이레놀을 한 번에 먹었다. 사람 목숨이 그렇게 쉽게 끊어지지 않았다. 죽고 싶을 만큼 힘들고 스스로가 용납되지 않던 때가 있었다. 미수습자 한 명을 찾은 날이었던 것으로 기억한다. 현장에 있던 조사관이 한 명을 찾았다고 하기에 어디서 찾았느냐고 물었다. 영상을 보여주는데 내가 방금 둘러보고 온 곳이었다. 몰라보고 그냥 지나쳐 온 것이었다. 미칠 것 같았다.

목포신항에서는 매일 세월호를 돌아보았는데 아이들이 계속 꿈에 찾아왔다. 아이들은 교복을 입고 얼굴이 없는 모습이었다. 그동안 동수 꿈도 꾸지 않았는데, 목포신항에서는 아이들이 밤마다 찾아와 잠을 잘 수가 없었다. 컨테이너 숙소에서 매일 새벽 6시까지 TV를 켜놓고 밤을 지새웠고 1시간 졸다가 다시 배에 들어갔다. 세월호가 육지에 올라오면서부터 찾아오던 아이들은 2018년 5월 세월호가 직립을 하고 나서부터는 오지 않았다.

선조위의 조사가 진행되는 중에도 답답함은 점점 더 커졌다. 몸무게가 50킬로그램으로 줄고 잇몸이 다 주저앉았다. 치료를 받지 않다 보니 나중에는 손으로 이빨을 뽑는 지경이 됐다. 나도 모르게 정신이 나갔다가 돌아오기를 반복했다. 마지막 쓰러졌을 때는 동수 엄마와 수빈이도 몰라보는 상황이었다.

2014년 4월 16일부터 그렇게 나는 경주마처럼 쉬지 않고 달렸다. 2018년 12월 사회적참사특별조사위원회(사참위)가 출범하고 난 뒤 쉬면서 나 자신을 돌아보게 됐다. 결국 진상 규명의 긴 터널은 가족들이 가야 한다는 생각을 하게 됐다. 박병우 사참위 국장을 목포신항에서 처음 만나 세월호 옆에서 '모든 자료를 다 보관하려고 했다'며 적극적인 협조를 약속했다. 그동안 모았던 영상과 자료들을 최대한 제공하려고 노력했다. 선조위와 달리 사참위는 조사관들 개개인에게 특별한 주문을 하지는 않았다. 최대한 자유롭게 최선을 다해 조사해달라는 취지였다.

거듭된 배신, 진상 규명은 이제 유가족들의 몫

사참위에 바라는 바가 있었다. 가족협의회 회의에서도 그런 말을 했다. 세월호가 왜 침몰했는지 그 원인을 밝혀달라는 것. 선조위가 못 내린 결론을 내려달라고. 침몰 원인이 밝혀지면 구조 과정과 정부 대응 문제의 결론도 그에 따라 내릴 수 있지 않겠느냐고. 사참위가 가장 먼저 세월호 CCTV DVR를 조사한다고 했을 때 나와 유가족들이 적극적인 협조를 약속했던 이유이기도 하다.

세월호 참사의 원인에 대해서는 아직도 잘 모르겠다. 그러나 인양 당시 상하이샐비지가 찍은 수중 촬영 영상을 확인하고 사참위의 관련 조사 과정에 참여하면서 스테빌라이저를 통한 외력 가능성에 대해서는 조심스럽게 확신이 들었다. 이 부분에 대한 논란이 왜 객관적인 사실 검증으로 나아가지 못했는지 너무 안타깝다. 이제 진상 규명의 공을 받아 안은 유가족들이 차가운 가슴과 냉철한 머리로 들여다봐야 할 부분이다.

애를 많이 썼지만 사참위는 결국 결론을 내지 못했다. 사참위에 크게 실망했을 때는 전원위원회의 종합보고서 보고 때였다. 종합보고서에 세월호 AIS 항적을 그대로 사용한다고 하기에 '책임질 수 있느냐'고 따져 묻기도 했다. 신뢰성이 확인되지 않은 증거를 그대로 보고서에 사용하겠다는 건 증거 중심의 조사를 한다는 사참위의 처음 약속과도 맞지 않았다.

선조위 종합보고서도 작성 과정에서 내부 소통이 제대로 되지 않으면서 조사관과 가족들한테 외면받았다. 사참위 종합보고서 역시 조사를 맡은 조사관들과 소통하지 않고 외부 집필진들의 의도대로 작성됐다고 생각한다. 가족협의회는 처음부터 종합보고서 작성 과정에서 유

증거가 말하는 세월호 참사

가족들과 소통할 것을 요구했고 문호승 사참위 위원장이 이를 약속했었다. 그러나 결국 이번에도 배신을 당한 셈이 됐다. 유가족들이 요구한 전원위원회 발언 기회는 거절되고 실제 종합보고서 작성 과정에서 편찬위원회는 비공개로 진행됐다.

팽목항에 있을 때 나는 동수가 오기 전까지 모든 아이를 다 지켜보았다. 그때부터 지금까지 어떻게든 진실을 밝혀야겠다는 생각에 변함이 없다. 2년여 세월호와 함께 목포신항에 있으면서 아이들을 향한 그리움은 더욱 커지고 생각은 확고해졌다. 이제 처음처럼 진상 규명의 몫은 유가족들에게 돌아왔다. 그동안의 보고서와 받은 자료들을 다시 꼼꼼히 읽어보고 분석할 것이다. 가족협의회 내에 진상규명위원회를 다시 만들고 함께할 가족과 전문가, 시민들을 모아내야 한다.

유가족으로서 내가 이번 출판 작업에 함께 하는 이유는 세월호 참사 진상 규명 과정에서 어떠한 증거나 조사 결과도 누락돼서는 안 된다는 판단 때문이었다. 세월호 참사 진상 규명을 위해 증거에 대한 확인과 정합성·신뢰성에 대한 판단은 유가족들이 무엇보다 강조한 부분이었다.

조사 결과가 납득할 수 없다는 이유로 채택되지 않고 종합보고서에도 담기지 못했다. 세월호 참사 진상 규명에서 증거 자료의 중요성은 우리 유가족들이 참사 당시부터 강조했던 부분이다. 또다시 어떠한 조사 결과나 증거 자료도 누락돼서는 안 된다. 그래야 앞으로 나아갈 수 있다.

차례

1

세월호 참사와
진상 규명

그날을 겪은 우리 모두에겐 박제된 순간의 기억들이 존재한다. 특히 TV 화면의 오른쪽 상단 자막에 고정돼 있던 실종자 수가 바로 그런 기억 중 하나다. 전원 구조됐다는 오보가 나간 뒤 어느 순간부터 그 수는 새겨진 듯 전혀 변하지 않았다. 분명히 배가 물 위에 떠 있고 해경이 옆에 도착해 구조하고 있었는데, 수학여행을 떠난 학생들이 대부분을 차지했던 그 수는 절대 변하지 않았다. 도대체 무슨 일이 있었나? 어떻게 그런 일이 일어날 수 있나?

그날 이후 온 국민이 그랬듯 나(박병우 조사국장) 또한 세월호에 시선이 꽂혔다. 그리고 얼마 지나지 않아 유가족들을 만나게 되어 같이 울며 거리를 헤매고 다녔다. 그들은 언제 어디서라도 동네 호젓한 호프집에서 만나 서로 살아가는 얘기로 밤을 지새울 수 있는 다정하고 평범한 이웃이었다. 그들과 함께한 지 4년이 지나 진상 규명을 책임지는 자리를 요청받았을 때 나는 기꺼이 받아들였다. 나 스스로와 별이 된 아이들에게 어떤 성역도 용납하지 않고 끝까지 진실을 밝혀내리라는 다짐과 함께.

세월호 참사 진상 규명 조사

'세월호 참사의 진실은 밝혀졌나?'라는 질문과 마주하면 누구라도 선뜻 간단명료히 그 답을 내놓기는 어렵다. 이 질문에 답하려면 세월호 참사를 어떻게 의제별로 나누고 진상 규명 과제를 어떤 의제에 넣을지 먼저 고민해야 한다.

세월호 참사는 크게 세 의제로 구분해볼 수 있다. 첫째, 세월호는 왜 넘어졌나(침몰 원인). 둘째, 국가는 왜 승객들을 구조하지 않았나(구조 방기). 셋째, 국가는 왜 그토록 진상 규명을 방해했나(진상 규명 방해). 의제들의 우선순위를 정하는 일은 크게 의미가 없는데 각 의제별 질문에 대한 정답이 제출되면 필히 서로 깊은 연관을 맺고 있을 것이기 때문이다.

정답을 내는 데 가장 필요한 것은 다름 아니라 증거다. 비단 세월호 참사 같은 사안이 아니더라도 증거는 진실을 밝히는 데 필수 불가결한 요소다. 증거란 '(법원이) 사실의 진위를 판단하는 데 쓰는 자료'를 뜻한다. 관련자들의 진술이나 자백이 있다 한들 그 내용을 입증할 증거가 없으면 진술과 자백의 신뢰성은 떨어지게 마련이다. 증거가 확보되면 관련자가 아무리 부인해도 그 사안의 진실은 부인될 수 없다.

검찰이 피의자의 자백과 증거를 함께 확보해 법원에 기소하는 경우는 얼마나 될까? 정확한 통계는 없지만 그 확률은 매우 낮은 것으로 알려져 있다. 통상 혐의를 부인하는 피의자에 맞서 증거를 확보해 기소하는 경우가 많다는 얘기다. 증거가 확실하면 결국 피의자는 혐의를 인정할 수밖에 없게 된다. 이 점이 사참위 세월호참사 진상규명조사국(조사국)이 수사기관에 수사를 요청할 때 중요한 배경으로 작용했다.

세월호 참사는 5·18 민주화 운동이나 제주 4·3 항쟁 등과 같은 과거사가 아니라 현재 진행 중인 사건이다. 관련자 대부분이 여전히 현직에 재직하고 있는 사건인 이상 이들이 법적 책임을 감수하면서 이제야 스스로 범행을 시인하는 경우를 기대하기란 거의 불가능하다. 조사국의 조사에서 관련자가 자신의 혐의를 시인하는 경우는 거의 없었고 그래서 더욱 과제별 증거 조사에 힘을 쏟았다.

그리고 몇 가지 중요 사안에서 확실한 증거를 확보했다는 판단이 들어 전원위원회 의결을 거쳐 검찰과 특검에 수사를 의뢰했다. 조사국이 증거로 그들의 혐의를 충분히 입증할 수 있으리라고 판단했고 전원위원회가 이를 인정했던 것이다.

하지만 검찰과 특검은 조사국이 제출한 각종 증거에 대해 대부분 증거 불충분으로 판단해 불기소 처리했다. 조사국은 다시 검찰과 특검의 수사 자료를 입수해 검토했다. 조사국의 수사 요청 내용이 검찰과 특검의 수사 결론에 의해 합리적으로 탄핵이 이뤄진 것인지 검토한 것인데, 이렇게 해야 진실에 한 발 더 접근할 수 있으리라고 판단했다. 조사국은 이런 검토를 거쳐 최종 보고서를 작성해 전원위원회에 보고했다.

세월호 참사 진상 규명에서 가장 예민한 의제 가운데 하나인 '병합(직나7-13-14), 세월호 참사 관련 증거자료의 조작·편집 제출 의혹 등에 대한 조사'(병합증거조사) 결과는 치열한 전원위원회 논의 끝에 최종 불채택이라는 결정을 받고 말았다. 하지만 조사국이 제출한 조사 결과에 대한 위원들의 지적이 기술적으로 수긍 가능한 정당한 것이 아니고, 대부분 기술적 내용과는 무관하게 정무적 판단에 따라 불채택 결정이 내려졌다는 점이 부각되면서 결정의 타당성에 의문이 제기됐다. 유가족들은 이런 불합리한 과정을 공개적으로 문제 삼기도 했다.

이번 책은 14개 직권 조사 과제 가운데 3개 과제를 병합해 진행한 조사의 결과를 담고 있다. 그만큼 세월호 참사 진상 규명에서 비중이 큰 조사 결과인 만큼 조사 내용과 근거 자료를 알려 국민의 판단을 받아야 한다는 취지로 책을 펴내게 됐다.

무엇을 조사했나?

병합증거조사의 핵심 대상은 주로 침몰 원인과 가장 밀접히 연관된 증거들이다. 크게 두 가지를 꼽자면 항적(AIS)과 선내 CCTV를 들 수 있다.

해상 사고가 발생할 때 정부가 일반적으로 그 원인을 살펴보기 위해 제일 먼저 확보에 나서는 증거물이 항적과 선체 거동을 알려주는 VDR(항해기록장치)다. 보통 VDR에는 항적과 사고 당시 조타실에서 선원들이 주고받은 음성 녹취록 등이 저장돼 있지만 세월호엔 VDR가 설치돼 있지 않았다. 따라서 항적을 우선 확보해 항적과 선체 거동을 분석하는 것이 사고 원인을 규명하는 시발점이자 핵심이라고 할 수 있다. 그래야 세월호 참사를 발생시킨 최초의 사고 원인이 외력과의 충돌인지, 선원들의 실수인지, 기계 고장인지 등을 파악할 수 있다.

선체 내·외부를 실시간으로 촬영하는 선내 CCTV가 사고 원인을 파악하는 데 핵심 증거로 꼽히는 이유를 따로 설명할 필요는 없을 것이다. 사건의 진상을 파악하기 위해 우선 확보해야 할 증거가 CCTV라는 것은 너무도 당연하다.

두 가지 핵심 증거 외에 선적된 차량들에 장착돼 있던 블랙박스와 해경의 주요 통신 수단인 TRS나 VHF 등을 꼽을 수 있다.

항적(AIS)

AIS는 선체의 속도, 위치, 방위각 변화 같은 선체 거동에 대한 세부 정보를 초 단위의 동일 시간대로 묶어 하나의 패킷 정보로 생성한 다음 인근 선박과 기지국에 송신한다. 이 패킷 정보를 분석하면 선체가 어떤 상태로 움직였는지를 한눈에 파악할 수 있다. 이는 자동차의 위치를 GPS를 통해 실시간으로 파악하는 것과 유사한 원리인데 이런 경우 시속 100킬로미터 이상으로 달리는 자동차의 실시간 위치까지도 거의 오차 없이 파악할 수 있다. 선박의 위치와 속도 역시 GPS 정보에 기초해 기록되므로 선박의 AIS 정보를 분석하면 선박의 거동을 자동차의 움직임과 유사한 정도로 파악할 수 있다.

하지만 세월호가 넘어진 상황을 실시간 데이터로 기록하고 있어야 할 AIS를 조사해보니, 참사 당일의 데이터 원문을 확보하는 과정 및 항적 표출과 관련한 전반적인 과정에 납득하기 어려운 점이 많았다. 즉 참사 당일 AIS 저장이 지연됐다는 해수부의 주장은 사실과 달랐다. 해수부가 제출한 AIS 데이터의 내부 정합성을 정밀 검토한 결과 저장이 지연됐다는 6시간 구간의 AIS 데이터를 신뢰하기 어려웠다. 이 때문에 해수부가 제출한 세월호 AIS 정보는 선체 침몰 원인 조사에서 증거로 활용할 수 없었고 그런 최종 조사 결과를 전원위원회에 상정하게 됐다.

선내 CCTV

세월호 선내 CCTV엔 두 가지 이슈가 존재한다. 첫째, 참사 초기부터 CCTV 확보가 사고 원인을 밝히는 데 매우 중요하다는 사실이 언론과 검찰, 해경 내부 정보를 통해 확인됐는데도 CCTV 데이터 저장 장치(DVR)가 참사가 발생하고 두 달이 넘은 시점인 2014년 6월 22일에야 수거됐고 그 과정 역시 매우 불투명했다. 둘째, CCTV로 그 기록 중 영상 기록 최종 시간인 4월 16일 08:34:21(시스템 시간. 이하 괄호로 실제 시간 표기 08:49:44)까지 영상이 남아 있어야 할 텐데 08:30:59(08:46:22)까지만 CCTV 영상이 복구되고 마지막 '3분 22초' 영상이 없었다.

우선 사참위 조사국은 DVR가 2014년 6월 22일보다 앞선 시점에 은밀히 수거됐고 정작 6월 22일엔 원래 세월호에 설치돼 있던 DVR가

증거가 말하는 세월호 참사

아니라 별도 DVR를 인위적으로 수거하는 연출이 이뤄졌을 가능성이 높다고 판단해, 전원위원회의 검증 끝에 만장일치 의결로 2019년 3월 관련자들에 대한 수사를 검찰에 요청했다.

한편 세월호 CCTV 영상이 08:30:59까지만 복구됐다는 점에 대해 한 언론사는 'DVR 시스템을 분석하고 복구한 결과는 기술적으로 전혀 문제가 없다'는 식으로 보도했다. 이 보도는 '(기존의) CCTV 영상 복구는 더 이상 의혹이 없는 것으로 밝혀졌고 CCTV 복구와 관련한 더 이상의 조사 행위는 불필요한 것'이라는 취지로서, 사실과 전혀 다른 왜곡된 메시지를 보내기에 충분한 것이었다.

하지만 조사국은 모든 CCTV는 전원이 끊기는 순간까지 영상을 기록하게 설계돼 있고 세월호 선내 CCTV 역시 예외가 아니라는 점을 확인하고 침몰 순간이 담긴 시간까지 해당하는 영상 데이터에 대해 추가 복구를 시도했다. 결국 3분 8초 분량의 영상을 추가로 복구하는 데 성공했다. 즉 08:34:08(08:49:31)까지 복구해낸 것이다.

최종 선체가 45도 기울어 넘어진 시점인 08:34:25(08:49:48)보다 17초 전까지만 복구돼 아쉽기는 하지만 그동안 미지의 영역으로 남아 있던 08:34:08까지의 시간대별(0.5초당) 횡경사를 밝혀냄으로써 선체 침몰 원인에 대한 결정적 증거를 확보할 수 있었다. 조사국은 CCTV 영상 데이터 복구 과정을 비롯해 복구된 데이터 전반을 조사하고 CCTV 영상이 왜 선체가 넘어지기 3분 26초 전까지만 복구됐는지를 조사해 밝히려고 했다.

블랙박스

블랙박스는 CCTV와 마찬가지로 선체가 전도된 시점까지의 선체 횡경사 변화를 실시간으로 담고 있으므로 침몰 원인을 밝히는 데 매우 중요한 증거가 될 수 있다. 앞서 선조위는 외부 용역을 통해 블랙박스의 시간 동기화를 시도했는데 3가지 결과를 내면서 선체 거동을 특정하기 어려웠다. 하지만 사참위 조사국은 자체 조사를 통해 시간 동기화를 확정할 수 있었다. 특히 C 데크에 선적된 차량 7대에서 반출한 블랙박스에 침몰 순간이 담겨 있던 덕분에 조사국은 7대 블랙박스에 대해 시간 동기화를 실시한 뒤 영상 분석을 거쳐 침몰 원인을 좀 더 정밀히 분석할 수 있었다.

주요 통신수단(TRS와 VHF)

TRS는 해경의 주요 통신수단 중 하나로 휴대폰 정도 크기의 통신단말기이다. VHF는 해상에서 가장 많이 쓰이는 무전기다. 조사국은 해경의 주요 통신수단을 조사하던 중 이해하기 어려운 현상을 발견했다. 2014년 5월 9일부터 11일까지 사흘간 19시~21시부터 다음 날 아침 08시경까지 'DVR-NEXT 서버'(TRS-VHF 음성 저장 서버)의 전원이 꺼져 있었다. 이는 해경의 주요 통신수단인 TRS와 VHF 간의 교신 음성을 실시간으로 녹음하는 중앙 서버가 특별한 사유 없이 임의로 셧다운됐다는 것을 의미한다. 이 사안은 이후 조사국이 찾아낸 '0509 DVR 인양 후 인수인계 내역'이라는, 해군과 해경의 공동 지휘 체계인 현장지휘본부의 상황 기록의 내용과 기간이 겹쳐 조사 대상이 됐다.

증거가 말하는 세월호 참사

또 하나의 강고한 성역, 음모론

보통 성역이란 어떤 경우에도 침범할 수 없는 영역을 말한다. 사회적으로 중요한 사안에 대해 조사나 수사가 필요한 경우 언론에 '성역 없는 조사(혹은 수사)'라는 문구가 어김없이 등장하곤 한다. 세월호 참사 진상 규명에도 마찬가지로 '성역 없는 진상 규명'이라는 외침이 주요 구호로 등장해 사회 곳곳에 메아리쳤다. 당시 성역이란 청와대나 국정원, 기무사 같은 국가 주요 권력기관을 의미했다.

하지만 조사국은 조사가 본격 진행되면서 예상치 못한 큰 벽에 마주치게 됐다. 그것은 조사 대상으로 지목된 주요 국가 기관들과는 또 다른 성격의 성역이었다. 이 성역은 특정 언론사가 '세월호 참사는 해상 안전사고에 불과한 것이기에 은폐되거나 조작된 증거가 존재할 수 없으며, 따라서 증거 관련 조사를 시도하려는 생각 자체가 바로 음모론에 입각한 것'이라는 취지로 주장한 데서 비롯된 것이라 할 수 있다. 그리고 그들은 조사 기간 내내 사참위 조사국장을 비롯해 조사관들을 음모론자로 음해하는 등 이해할 수 없는 방식으로 인신공격까지 서슴지 않았다. 조사국의 조사 내용에 대해 지속적으로 음모론으로 연결하려는 언론사의 태도는 내인설만이 침몰 원인을 설명할 수 있다는 자신들의 일방적 주장을 관철하려는 조급한 마음에서 비롯된 것으로 보인다.

그리고 특정 언론사를 비롯해 음모론을 언급하는 세력은 사참위 조사의 목표가 출범 당시부터 침몰 원인이나 증거 조작 등 전반적인 진상을 조사하는 것이 아니라 '안전 사회 구현'에 맞춰졌어야 한다고 주장하고 있다. 진상 규명이 이뤄지기 전부터 이런 주장이 나오게 된 이유는 이들이 '세월호 사고는 자본이 이윤만을 탐한 나머지 안전 수칙을 제대로 지키지 않아 발생한 해상 안전사고'로서, '다만 승객 구조에 나섰던 공권력이 무능해 승객들을 구하지 못해 발생한 우연한 사고일 뿐이므로 앞으로 유가족과 국민 모두는 (침몰 원인 등에 대한 진상 규명보다는) 우리 사회를 안전 사회로 만들어가는 데 매진해야 할 것'이라는 성급한 결론을 미리 내려버렸기 때문이라고 할 수 있다.

'안전 사회 구현', 이는 아무리 강조해도 지나치지 않을 너무도 당연한 사회적 요구다. 이를 누가 부인할 수 있겠나. 하지만 어떤 참사라도 진상이 제대로 규명되지 않은 상태에서 안전 사회 구현부터 강요된다면 그것이야말로 꼬리가 몸통을 흔들어대는 옳지 않은 주장이라고 할 수 있다. 진상 규명이 완료되지 않은 상태에서 세월호 참사를 곧바로 안전 사회 구현의 반면교사로 삼아야 한다고 주장하는 것은 설부름을 넘어 진상 규명을 가로막는 위험한 궤변이 될 수 있음을 유의해야 한다.

왜 배가 넘어졌는지, 왜 구조하지 않았는지, 왜 진상 규명을 방해했는지가 깔끔히 밝혀져야 그 규명된 진상에 근거해 뿌리부터 바로잡고 그다음 제대로 된 안전 사회를 구현할 수 있다. 그것이 안전 사회를 구현하는 올바른 순서다. 막무가내로 그 순서를 바꿀 것을 강요한다면 누구든 그런 주장의 의도가 무엇인지 생각하지 않을 수 없다.

이와 관련해 짚고 넘어가야 할 사안이 있는데, 사참위가 조사한 결과 선조위의 내인설 보고서에 기재된 핵심 내용은 사실이 아닌 것으로 밝혀졌다. 선조위의 내인설 보고서에 사실이 아닌 내용이 침몰 원인으로 적시돼 있다는 뜻이다. 지금이라도 내인설 보고서의 집필진은 그 사실을 시인하고 관련 내용을 수정하거나 폐기를 선언해야 한다. 그래야 신뢰를 얻을 수 있다. 그렇게 선언한 다음 설득력이 있는 과학적 근거를 제시해야 한다. 그런 과정을 거치지 않은 채 이전 선조위 보고서에 기재된 내인설 주장을 되풀이한다면 그 주장은 사상누각에 지나지 않는다.

그리고 유가족과 국민들에게 송구하기 이를 데 없지만 지적해야 할 사실이 또 하나 있다. 사참위는 과연 참사 원인 가운데 주요 의제인 침몰 원인에 대해 확정했나? 이에 대한 답을 살펴보면 '외력의 가능성을 열어놓고 확인한 결과, 세월호 선체의 외부가 변형·손상된 원인은 수중체 접촉에 의한 외부 충격일 가능성을 배제할 수 없다. 그러나 위원회는 (여러 지점을 검토한 결과) 외력 충돌 외의 다른 가능성을 배제할 정도에는 이르지 못했으며, 외력이 침몰의 원인인지 확인되지 않았다'로 축약된다.

물론 사참위 조사국은 이런 결론에 이르기까지 이루 말할 수 없는 정신적 고통에 시달렸지만 이것이 전원위원회에서 조사국과 위원들의 치열한 논쟁 끝에 최종 합의된 내용이다. 조사국은 외력에 의해 선체가 넘어졌을 가능성을 높게 보면서도 전원위원회에서 논의 과정을 거치면서 이와 같은 내용으로 합의에 이르게 된 것이다. 결론적으로 침몰 원인에 대해선 선조위 조사 때와 마찬가지로 여전히 깔끔히 밝혀지거나 정리되지 못했다. 이제 앞으로 반드시 추가 조사가 필요하다는 점을 말씀드리고 싶다.

　여전히 일각에서는 지금도 조사국의 침몰 원인 조사 및 병합증거조사에 대해 우리의 치열한 조사를 통해 사실로 확정된 팩트와 무관하게 음모론을 배경으로 한 조사 결과 정도로 비하하며 비난하고 있다. 이런 불합리한 분위기에 편승되어 특히 병합증거조사의 결과는 기술적 검토도 제대로 이뤄지지 않은 채 전원위원회에서 불채택 결정을 받았다. 특정 언론은 사참위가 병합증거조사를 진행한 행위 자체를 음모론의 영역으로 분류해 비난하기도 했다.

　게다가 특정 언론은 사참위 조사관들을 향해 '침몰 원인은 원래 내인에 있음에도 가당치 않은 의혹들을 부추겨 유가족들을 현혹하면서 세월호 운동을 지속하기 위해 계속 조사를 끌고 가려 한다'며 악의적인 마타도어를 공개적으로 또 지속적으로 유표하고 있다. 이런 주장이야말로 또 다른 음모론이라고 할 수 있다. 이런 상황이 발생한 이유를 살펴보면 조사국의 조사 결과에 대한 신뢰성을 훼손하기 위해 의도적으로 조사국장과 조사관들을 음모론자로 비난하는 것이 아닌지 의심이 들 수 있다. 이유는 자신들이 참사 초기부터 지속적으로 주장해온 선조위 보고서(내인설)의 내용이 사실이 아니라는 조사 결과가 도출되면서 이런 현상이 심해졌기 때문이다. 보통 메시지의 내용을 왜곡하거나 대중들로부터 분리할 필요가 있을 때, 그 메시지를 전하는 메신저의 신뢰성을 흔들고 공격함으로써 메시지 내용에 대한 접근을 방해하는 것은 언론계에서 종종 사용되는 기법이다.

　하지만 진실을 알고 싶다면 메신저가 아니라 메시지에 담겨 있는 내용이 사실인지를 냉정히 살피고 분석해야 한다. 그런 통찰력 없이 메신저를 근거 없이 공격하는 마타도어에 휘둘린다면, 진실은 요원히 멀어져 갈 것이다. 지금부터라도 세월호 참사의 진실을 찾고자 한다면 메신저가 아니라 메시지에 담겨 있는 내용에 주목해야 한다.

빙산에 갇혀 있는 세월호 참사의 진실

몇 달이 지나면 벌써 세월호 참사 9주기가 된다. 이제는 팩트로 얘기해야 할 시간이다. 팩트에 근거하지 않은 가설적 결론을 통해 자신의 입지를 정리하고 입장을 커밍아웃하며 서로 갈등하던 시기는 지났다. 지난 수개월간 조사국의 조사 결과를 둘러싼 갈등을 마주하며 우리 사회의 정치권이나 언론을 비롯한 일부 세력에 적지 않게 실망하기도 했지만, 여전히 진실을 추구하려는 우리 사회 지성의 힘을 신뢰하기에 이 책의 출판에 선뜻 나서게 됐다.

조사국이 집필한 '2소위 보고서'의 서문에 나와 있듯이 진실은 송곳과도 같다. 덮으면 덮을수록 뾰족하게 뚫고 올라오는 힘, 누르면 누를수록 뾰족하게 뚫고 올라오는 힘, 그것이 바로 진실의 힘이다. 가능하면 이 책에 팩트만을 담으려 했다. 물론 뾰족한 팩트와 팩트 사이를 연결하는 맥락이 서로 잘 맞지 않을 수도 있다. 그것은 아마 진실이라는 송곳이 빙산에 갇혀 있는 세월호 참사의 진상을 온전히 한눈에 드러낼 만큼 촘촘하지 않기 때문일 것이다. 역부족일 수도 있고 그만큼 빙산이 강하고 단단하기 때문일 수도 있다. 그러기에 팩트와 팩트를 연결할 때 섣부른 해석을 최대한 자제하고 신중을 기했다. 세월호 참사의 진실을 온전히 알고 있을, 하늘의 별이 된 희생자 304명이 우리를 지켜보고 있을 것이기에.

핵심 증거들에 대한 조사 결과를 담은 이 책이 여전히 빙산에 갇혀 있는 세월호 참사의 진실을 구해내는 데 마지막 디딤돌이 되기를 바란다.

2

세월호가 지나온 길, AIS 항적

세월호 참사에서 증거 자료는 사고 시점부터 원인까지를 밝히는 출발점이 됐다. 현재까지 알려진 세월호 참사의 사고 발생 시점(08시 49분 또는 08시 50분)은 AIS(선박자동식별장치) 같은 세월호 항적 데이터에 나타난 '우변침' 지점이 08시 49분대라는 점, 해경 통신자료(TRS 등)에 나오는, 사고 발생 보고와 구조 세력 동원 등과 관련한 통신 기록이 08시 49분 이후라는 점, 세월호에 설치돼 있던 선내 CCTV의 영상이 우변침 직전까지만 기록되어 있다는 점 등에 의해 확인됐다.

기존 조사에서도 사고 발생시 희생 학생이 최초로 신고한 시점, 급변침과 횡경사 시점, 침몰 시점과 장소 역시 세월호의 AIS 항적에 근거했고 이후 상황 보고서와 교신 기록 등에 적힌 내용에 의해 확정됐다. 이처럼 AIS 데이터는 그동안 공식적으로 진행된 사고 원인 판단의 핵심 근거였다. 박근혜 정부의 '강제 해산'으로 활동이 중단됐던 세월호특조위를 제외하고, 침몰 과정에서 선원들의 책임 문제를 다뤘던 검찰 수사와 재판, 해양안전심판원(해심원) 조사, 그리고 선조위까지 모두 정부가 제출한 AIS 데이터에 토대해 사고 원인을 확정하거나 추정했다.

그러나 기대와 달리 중요한 증거들이 석연치 않은 이유로 뒤늦게 확인되거나 확보되면서 끊임없이 신뢰성 논란에 휩싸였다. AIS 항적에 대한 논란 역시 참사 초기부터 계속 이어졌다.

세월호 AIS 데이터가 정상인지 비정상인지, 비정상이라면 그 원인이 자연 발생적인지 고의적인지는 반드시 규명돼야 한다. 비정상 데이터에서 정확한 사고 원인이 도출될 리 없고, 게다가 그것이 조작의 결과가 맞다면 세월호 사건에 대한 조사와 수사는 지금까지와는 근본적으로 다른 방향을 취해야 해서다. '우연한 해상 교통사고'라는 범주에서는 정부 데이터를 조작할 까닭이 없지 않은가.

해수부는 세월호 참사 직후 바로 AIS 항적을 발표하지 못하고 당일 16시에야 1차 항적을 발표했다. 그러나 가장 중요한 사고 구간인 3분 36초가 비어 있었다. 최초 발표된 항적은 배의 항적이라고는 볼 수 없는 삼각형 형태로 돼 있어 내용을 잘 모르는 일반인들도 의혹을 품었다.

해수부는 사고 닷새 뒤인 4월 21일 추가 복구했다며 2차 항적을 발표했다. 이번엔 36초가 비어 있었다. 4월 26일 3차 항적이 발표됐는데 이번엔 29초가 누락돼 있었다. 해수부는 1차 항적에서 3분 36초 구간이 없는 이유에 대해 사고 당일 목포VTS 센터의 항적 원본을 복원하

증거가 말하는 세월호 참사

는 과정에서 사고 직전 그 구간의 항적 데이터가 주기에 따른 정상 데이터가 아니라 특별 메시지[1]로 분류됐기 때문이라고 밝히며 정밀 복원해 추가했다고 했다. 5월 13일 두우패밀리호의 VDR를 입수해 4차 항적을 발표했지만, 역시 29초 구간이 누락돼 있었다.

초기 사고 조사에 나선 해수부와 해심원은 '이해할 수 없는 데이터와 논란'에 대해 주무 부처인 과학기술정보통신부(과기부)가 빠진 상태에서 서둘러 '단순한 기기 오류' 또는 '수신 데이터 누락' 등으로 결론지었다. 책임 부처의 조사가 빠진 '부실한' 결론이 나오면서 진상 규명의 주요 쟁점이었던 AIS 항적에 대한 조사 과제는 미궁으로 빠졌고 한편으로는 '특정 프레임'[2]의 도구가 되기도 했다.

사참위는 참사 직후부터 제기돼온 주요 증거 자료의 신뢰성과 조작 및 편집 의혹 사건을 직권 조사 과제로 채택해 조사를 진행했다. 조사는 원본을 입수하고 기존 조사와 수사에서 나온 증거 자료를 모은 다음 채택하는 과정과, 조사 결과를 검토하는 것에서부터 시작했다. 동시에 조사 권한과 자료 입수의 한계를 극복하기 위해 수사 요청 및 특검 요청을 병행해 진행했다.

---

1 ITU(국제전기통신연합) 기준(ITU-R M.1371-5)에서 특별 메시지(special message)는 27개 AIS 메시지 중 3번에 해당되는 메시지를 말한다. 이는 선박의 항해 상태와 대지속력, 선수방위에 따라 보고 주기가 변할 때 발생한다. 보고 주기가 변하는 경우란 기준 속력(14노트 또는 23노트)을 넘을 때, 또 기준 속력 미만으로 떨어지고 3분 후, 또 선수방위가 30초 동안 5도 이상 변할 때를 가리킨다. 응답 메시지(response)로 기지국에서 특정 메시지를 통해 응답을 요청할 때 발송되기도 한다.

2 AIS 항적 논란이 지속되면서 AIS의 정합성을 거론하는 것만으로도 일각에서 '음모론자' 등의 프레임을 씌우는 기류가 만들어지기도 했다.

항적 발표	근거	누락 구간
2014.4.16. 16:00 1차 항적	목포VTS센터 원문 로그 데이터를 수집해서 복원	08:48:37~08:52:13 3분 36초 구간 누락
2014.4.21. 2차 항적	목포VTS센터 원문 로그 데이터를 수집해서 복원	08:48:37~08:49:13 36초 구간 누락
2014.4.26. 3차 항적	목포·진도VTS 원문 로그 데이터로 추가 항적 복원	08:48:45~08:49:13 29초 구간 누락
2014.5.13. 4차 항적	두우패밀리호 VDR 자료와 비교 분석	08:48:45~08:49:13 29초 구간 누락

해양수산부의 세월호 항적 발표 과정

2020년 12월 17일 사참위는 조사 중간 결과를 발표하는 기자회견에서 참사 당일 해수부 상황실에서 발생했다고 발표한 '6시간 동안의 AIS 항적 미저장'은 사실이 아니고, 그날 해수부 상황실에선 세월호의 것이 아니라 전혀 다른 항적을 VMS(선박 모니터링 시스템) 화면에 표출해놓고 상황 전파와 구조 수습을 위해 대처한 것으로 판단되므로 특검 수사가 필요하다고 했다. 그러나 2021년 5월 13일 출범한 '4·16세월호참사 증거자료의 조작·편집 의혹 사건 진상규명을 위한 특별검사(특검)'는 AIS 조사를 과제로 선정하지 않았다. 앞서 2019년 11월 7일 발족한 '검찰 세월호참사 특별수사단(특수단)'은 유가족들의 고발에 따라 AIS의 정합성에 대해 검토했다.

1년여 수사를 진행한 특수단과, 수거 과정과 데이터 조작 여부를 함께 살폈던 특검 모두 증거 불충분으로 공소를 제기하지 않았다. 결과적으로는 사참위의 조사 결과조차 제대로 검증하지 못하고 결론을 내

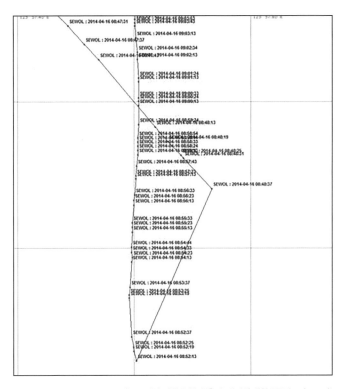

최초 공개된 세월호 항적(출처: 해심원 세월호특별조사보고서)

린 것은 비판적 평가로 남겨둔다. 이후 사참위는 검찰과 특검이 수사 요청의 취지에 따라 영장 청구를 통해 수집한 광범위한 증거 기록들을 입수해 추가 조사에 활용했다.

사고 구간이 빠진 최초의 '삼각형 항적'

2014년 당시엔 14개 VTS(해상교통관제센터)와 42개 기지국에서 수신된 메시지가 실시간으로 해수부의 정부통합전산센터(현 국가정보자원관리원)의 GICOMS(해상안전종합정보시스템)로 전송됐다. 전산센터에 모인 AIS 데이터는 다시 해수부와 해경, 해운조합, 국정원, 청와대 등 관계 기관에 전송된다. GICOMS와 연결된 VMS를 이용하는 공공 및 민간 기관들은 언제든 실시간으로 선박의 위치와 AIS 기록을 확인할 수 있었다.

2014년 4월 16일 08시부터 09시 사이에 제주VTS와 해경이 전남 진도 병풍도 인근을[3] 운항하고 있던 세월호로부터 구조 요청 신고를 받은 사실을 해수부에 전파했고, 해수부는 종합상황실 내에 중앙사고수습본부를 구성하고 사고 수습 업무를 진행했다.

해수부(항해지원과)는 당일 16시 56분 종합상황실에서 중앙사고수습본부와 기자들을 대상으로 세월호 사고의 개요와 조치 사항 등을 담은 상황 보고서와 사고 구역의 세월호 항적을 표시한 VMS상 전자해도 화면을 전면에 있는 대형 스크린에 띄워놓고 브리핑을 했다.

이날 해수부가 언론에 공개한 세월호 1차 항적을 보면, 세월호가 맹골수도를 지나 병풍도 동쪽 지점(08:48:37, 34°9.88′N, 125°57.73′E)[4]까지 남동쪽으로 이동한 뒤 중간에 끊어지고 나서 3분 36초 후 끊어진 지점보다 조금 남서쪽 지점(08:52:13, 34°9.65′N, 125°57.60′E)에서 다시 나타나 북쪽으로 동거차도 남쪽 부근 지점(10:13:03, 34°12.35′N, 125°57.41′E)까지 이동하다가 끊어진 형태였다.

---

3 제주VTS는 09시 16분 항행 방송으로 병풍도 동쪽 1마일로(국정조사 요구자료 Ⅲ 해양수산부 716쪽), 해경(목포 해경)은 상황보고서(1보)에 병풍도 북방 1.8해리로 표시했다(목포 해경의 상황보고서 20140416~20140418 9쪽).

4 경위도 좌표는 해수부가 2015년 9월 14일 세월호특조위에 제출한 1차~3차 세월호 항적(엑셀 파일) 중 1차를 참고했다(분 단위 소수점 둘째 자리까지 표시하고 이하 반올림함).

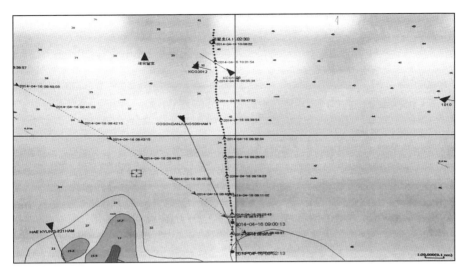

참사 당일 16시 56분 해수부가 브리핑한 VMS 화면의 세월호 1차 항적

　　해수부는 참사 다음 날인 4월 17일 오후 질의응답 자료를 통해 "AIS 항적 자료를 1차 분석한바, 08시 49분께 선박에 이상 징후(급 우현 선회)가 발생한 것으로 추정된다. 최종 결과는 정밀 분석을 통해 확정할 예정"이라고 설명했다. 그러나 발표된 항적은 선박의 일반적인 운항 형태인 완만한 곡선이 아니라 뾰족한 삼각형 형태인[5] 데다가 해수부가 이상 징후가 발생한 것으로 추정한 08:48:37 이후 3분 36초 동안 AIS 데이터가 없는 상태였다. 이와 대해 언론은 사고 직전에 기계적 손상이나 정전 등으로 세월호가 AIS 데이터를 보내지 않은 것 같다고 보도했다.[6]

　　참사 당일 해수부는 목포VTS에서 1번 메시지와 3번 메시지를 포함

5　연합뉴스 2014.4.17. '세월호 막판에 항로 급히 바뀌어(종합2보)' 참조
6　YTN 2014.4.19. '왜 급선회?... 미스터리 4분' 참조

한 모든 AIS 데이터를 입수했다. 그 데이터를 통합 서버에 입력만 했으면 문제가 된 3분 36초간 항적이 복원됐을 것이다. 하지만 해수부가 1차 복구 시점이라고 밝힌 4월 16일 16시 굳이 1번 메시지와 3번 메시지를 구분한 뒤 3번 메시지(3분 36초간 항적)를 누락하고 1번 메시지만 입력한 이유는 명확히 밝혀지지 않았다. 해수부는 같은 해 8월 "사고 직전 3분 36초의 항적 데이터가 주기에 따른 정상 데이터가 아니라 특별 메시지로 분류되어 정밀 복원시 확인됐음"이라고 국정감사에서 보고했는데, 3번 메시지가 정상 데이터가 아닌 것처럼 설명한 이 보고는 명백한 거짓이다.

AIS 항적을 왜 바로 조회하지 않았나

해수부 해상안전종합정보시스템의 중요한 구성 요소 중 하나인 VMS는 선박에서 보내는 AIS 데이터를 바탕으로 전자해도에 선박의 실시간 위치와 항적(선박의 운항 경로)을 보여주는 시스템이다. 해수부 상황실 직원 같은 VMS 사용자는 VMS를 이용해 선박의 항적을 언제든지 바로 조회할 수 있다. 그러나 해수부는 항적을 바로 발표하지 못했고, 1차 항적을 발표할 때도 사고 구간이 비어 있다고 했다가 닷새가 지나서야 정밀 분석했다며 추가 항적을 발표했다. 1차 항적 당시 비어 있던 3분 36초간 AIS 데이터는 세월호가 실제로 전송한 데이터가 아닐 수도 있다는 문제 제기도 있었다.

참사 초기에 보고한 사고 장소를 보면 해수부를 포함해 각 기관별, 자료 유형별로 크게 차이가 나 과연 사고가 어디서 발생했는지 정확

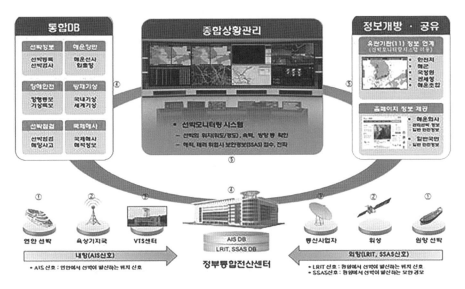

해양안전종합정보시스템(GICOMS)과 선박모니터링시스템(VMS)

히 알기 어려웠다. 이 때문에 수색과 구조가 원활히 이뤄지지 못한 것은 아닌지 의문이 제기됐다. 또 해경과 해수부, 해운조합 등 사이에 해수부의 해양안전종합정보시스템을 통해 데이터를 확인하는 VMS 확인 상황이 각각 다를 뿐 아니라 현장과도 내용이 전혀 달라 혼선을 빚고 있었음을 확인할 수 있다.

사고 소식을 접수한 해경은 헬기를 동원해 현장 구조를 지시했다. 가장 먼저 현장에 도착한 목포항공대의 511헬기는 09:02 목포해경서 상황실에서 '병풍도 인근 해상에서 여객선 침몰 중'이라는 내용을 접수받아 09:27 현장에 도착한다. 511호기가 접수한 사고 지점 좌표는 '34°11.56′N, 125°56.20′E'이었다. 512, 504, 502호기 모두 같은 좌표를 전달받고 출동했다. 해당 위치는 해수부가 이후 발표한 세월호 AIS

사고 장소	정부 기관(보고 방식과 일시)
병풍도 북방 1.7마일	▶ 해양수산부(문자, 09:20)(상황보고서, 10:00)
병풍도 북방 1.8해리	▶ 목포해경서(상황보고서, 09:02), 　서해해경청(상황보고서, 09:22), 　해양경찰청(상황보고서, 09:30) ▶ 목포해경서(상황문자시스템, 09:03)
관매도 부근	▶ 목포해경서(상황문자시스템, 09:03) ▶ 전남경찰청(긴급문자, 09:07) 　(상황보고서, 09:40) ▶ 안전행정부(문자, 09:31) ▶ 중앙재난안전대책본부(상황보고서, 10:00)
관매도 해상 1.7킬로미터 지점	▶ 119 소방상황실(상황관리, 09:25)
진도 서남방 30킬로미터 해상	▶ 청와대 위기관리센터(상황보고서, 10:12)
진도 서남방 27킬로미터 해상	▶ 육군 제2작전사령부(상황보고서, 11:15)
진도 서남방 4해리(7킬로미터) 근해	▶ 해군 작전사령부(상황보고서, 10:00) ▶ 기무사령부(상황보고서)

참사 초기 정부 기관의 사고 장소 보고 현황(요약)

와 4킬로미터 넘게 떨어져 있는 전혀 다른 지점이었다.

언론도 해수부가 닷새 만에 누락된 항적 기록을 추가해 새로 복원한 수정본을 내놓은 점을 두고 무선 설비 관계자의 "전파를 주고받았으면 분명히 흔적이 있었을 텐데, 일주일가량 걸렸다는 게 이해가 안 가요"라는 의견을 내세워 의문을 제기했고,[7] 유가족도 2014년 7월 21일 AIS 항적 기록이 4차례나 수정되는[8] 등 복원하는 시간이 오래 걸

7　JTBC 2014.4.25. '항적 기록 복원에 6일 해수부 후속 조치도 의문투성이' 참조

8　1차, 2차 항적을 공개한 뒤 해수부는 2014년 4월 26일 진도VTS에 저장된 원본 데이터를

　　　　　　　　　　　　　　　증거가 말하는 세월호 참사

린 이유에 대해 의문을 제기하고 진상 규명을 촉구했다.[9]

이런 문제는 2014년 7월부터 진행된 국회 세월호국정조사특위에서도 제기됐다. 해수부는 사고 당일 정부통합전산센터의 AIS 데이터베이스에 6시간(03:37~09:30) 동안 AIS 데이터 저장이 지연되고 일부 항적만 저장된 까닭에 목포VTS에 저장된 AIS 원본 데이터를 수집해 당일 16:00경 긴급히 항적을 복구했지만, 특별 메시지인 3분 36초간 항적은 4월 21일 정밀 복구해 확인했다고 답변했다. 즉 AIS 데이터의 저장이 일부 지연됐을 뿐 선박의 실시간 위치 정보는 해수부와 해경 등 관계 기관의 상황실에 제공됐고, 저장 장치 이상 발생에 따른 피해는 "별도로 없었다"고 답변했다.

전국 14개 VTS에서 수집된 AIS 데이터가 정부통합전산센터에 전송돼 선박의 실시간 위치 정보가 정상적으로 제공됐고 단지 AIS 데이터베이스에 항적 저장이 지연된 것이라면, 지연 상황이 해소된 뒤에는 전국 14개 VTS에서 수집된 AIS 데이터가 AIS 데이터베이스에 저장돼 세월호가 전송한 모든 AIS 데이터를 VMS를 통해 바로 확인할 수 있지 않나. 그런데 왜 외부(목포VTS) 데이터를 활용해 오랫동안 복원하게 됐나. 이에 대한 명확한 설명이 없어 여전히 의문은 해소되지 않았다.

통해 데이터를 추가 복원해 3차 항적을 발표했고, 5월 13일 해양안전심판원에서 참사 당시 인근에 있던 선박 두우패밀리호의 VDR와 비교 분석해 4차 항적을 발표했다.

9   연합뉴스 2014.7.21. '세월호 유가족 참사 관련 89개 의혹 제기'; 오마이뉴스 2014.7.21. '대통령 행방 묘연 8시간 세월호 진실 위해 꼭 밝혀야'

두 개 항적을 띄워놓고 상황 전파?

해수부 상황실에서는 해경과 소방 등 유관 기관으로부터 해상 사고를 접수하면 해상안전종합정보시스템(VMS 포함)에서 사고 선박의 위치와 제원 등을 알아본 뒤 사고 개요와 조치 사항 등을 담은 상황 보고서를 작성해 보고하고 유관 기관 및 부서에 이를 전파한다. 그리고 상황실 요원은 수색과 구조 지원 같은 상황 관리를 위해 지속적으로 VMS를 활용해 사고 선박의 현재 위치를 살피고 항적 조회를 통해 사고 선박의 이동 경로와 인근 선박을 파악한다.

참사 당일 해수부 상황실에는 사고 소식을 듣고 나온 기자들이 일찍부터 취재하고 있었던 터라 보도 영상에 상황실 내 VMS 화면이 담겼다. 그날 해수부 상황실 모습이 담긴 보도 영상 등을 분석해보면 10:05, 11:13, 14:30 등 시간대에 맹골수도 진입부터 사고 구역까지 세월호 항적이 표시된 VMS 화면을 확인할 수 있다. 그런데 여기에 나타난 세월호 항적은 해수부가 그날 16:56경 공개한 세월호 항적에 비해 모양은 유사하지만 위치는 다르다는 사실을 알 수 있다.[10]

당시 근무했던 해수부 항해지원과장 등 시스템 관계자들은 사참위의 추가 조사에서 당시 VMS 화면에 세월호 항적이 나오지 않았다는 본인들의 그간 보고 내용과 진술에 대해 정확히 설명하지 못했다. 이에 반해 해양 사고 발생시 VMS를 업무에 활용하는 상황실 근무자들

---

10 남동쪽으로 이동하다가 방향이 바뀌는 시점의 세월호 위치가 참사 당일 14:30경 VMS 화면에 나타난 지점($34°11.00'N$, $125°57.60'E$, 해도에 겹쳐 대략의 경위도 좌표를 구함)과 같은 날 16:56경 VMS 화면에 나타난 지점($34°9.88'N$, $125°57.73'E$) 간에 1해리(1.852킬로미터) 이상 차이가 난다.

증거가 말하는 세월호 참사

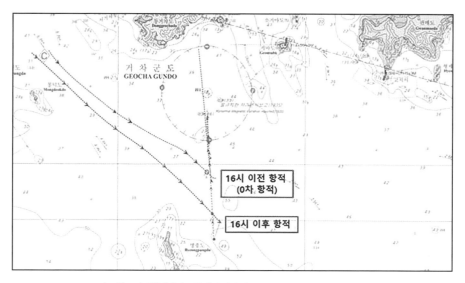

16시 이전 항적
(0차 항적)

16시 이후 항적

2020년 12월 17일 사참위가 발표한, 참사 당일 해수부 상황실에서 표출된 두 개의 세월호 항적

은 당시 VMS 화면에 세월호 항적이 정상적으로 조회되고 있었다고 진술했다. 보도 영상과 사참위가 입수한 비보도 영상에서도 10시쯤부터 VMS 화면에 항적이 표출되고 있었음을 확인할 수 있다. 그러나 이때의 항적은 해수부가 발표한 세월호 항적과 다르다.

사참위가 이런 사실을 발표한 뒤, 해수부는 해당(16시 이전) 항적은 "둘라에이스호의 항적"이고, 다른 선박의 항적에 사고 지점까지 표시해 세월호라고 설명한 이유에 대해서는 "모르겠다"고 말하며 어이없는 답변을 현재까지 고수하고 있다. 해수부의 해명이 맞다면 참사 당일 해수부는 상황실 VMS에 다른 선박의 항적을 표출해놓고 상황을 전파하고 사고 대응을 했다는 설명인데 이는 납득하기 어렵다.

참사 당일 AIS 서버가 저장이 지연됐다?

해수부는 자신들이 운용하던 해상안전종합정보시스템을 통해 검색해 VMS 화면을 표출하면 바로 확인할 수 있는 항적을 왜 참사 당일 16시가 넘어서야 확인할 수 있었을까. 그나마도 가장 중요한 사고 구간인 3분 36초가 비어 있는 항적이었다. 4차에 걸쳐 항적을 복구했는데도 최종적으로 29초 구간에 대해 실패했다. 해수부는 당일 AIS 서버에 이상이 생겼기 때문이라고 뒤늦게 해명했다.

해상안전종합정보시스템을 유지·보수하는 업체는 2014년 4월 22일, 해수부가 참사 당일 09:30 세월호의 항적 검증을 요청해 그날 16:00에 1차로 긴급 항적 복원 작업을 했고 4월 20일 18:30 2차로 정밀 복원 작업을 했다는 내용의 '여객선 세월호 항적검증 요청관련 조치결과 보고' 문서를 해수부 항해지원과에 보고했다. 2014년 5월 2일 업체는 참사 당일 6시간쯤 동안 정부통합전산센터의 AIS 데이터베이스에 선박이 보낸 AIS 데이터가 일부만 저장됐는데(5퍼센트. 해수부의 해명에 따르면 평상시 10분에 3000척이 저장되는데 해당 기간엔 10분에 150척만 저장됨) 그 원인은 서버 이중화 작업 중 통합 게이트웨이 설정 오류로 인해 저장 지연이 발생했기 때문이고, 2차 정밀 복원 후 4월 30일까지 목포 VTS 이외의 VTS로부터 AIS 원본 데이터를 수집해 복원 작업을 실시했다는 내용의 'AIS항적의 일부 저장 사유 및 조치보고' 문서를 항해지원과에 다시 보고했다.

해수부는 유지·보수 업체의 보고 내용을 토대로 장관에게 보고하고 국회 국정조사 때도 자료를 제출했고, 항해지원과장은 같은 해 7월

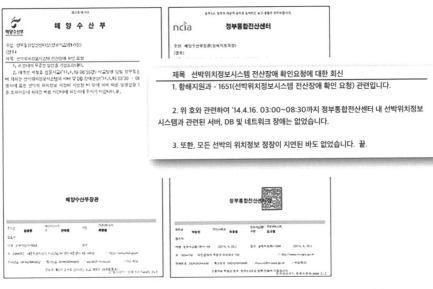

해양수산부

ncia 정부통합전산센터

제목 선박위치정보시스템 전산장애 확인요청에 대한 회신

1. 항해지원과 - 1651(선박위치정보시스템 전산장애 확인 요청) 관련입니다.

2. 위 호와 관련하여 '14.4.16. 03:00~08:30까지 정부통합전산센터 내 선박위치정보 시스템과 관련된 서버, DB 및 네트워크 장애는 없었습니다.

3. 또한, 모든 선박의 위치정보 정장이 지연된 바도 없었습니다. 끝.

2020년 12월 17일 사참위가 발표한, 참사 당일 해수부 상황실에서 표출된 두 개의 세월호 항적

세월호국정조사특위에 참석해 관련 내용을 증언하기도 했다. 그러나 사참위가 조사해보니 용역 업체와 해수부 항해지원과가 보고한 참사 당일 AIS 데이터가 6시간 동안 5퍼센트만 저장되는 등 항적 저장이 지연된 상황에 대해 상황실 근무자들은 당일 '듣지 못했다'고 진술했고, 시스템 관계자들 중 상황을 제대로 설명하는 이는 아무도 없었다.

해수부는 'AIS 시스템의 서버 및 데이터베이스에 장애 현상(2014. 4.16. 03:30~08:30)[11]이 발생해 모든 선박의 AIS 데이터 저장이 지연된 바 있다'면서 관련 발생 상황과 원인 등을 알려달라는 내용의 '선박위치정보시스템 전산장애 확인 요청'이라는 공문을 4월 21일 정

---

11 공문은 해수부의 기존 발표나 자료와 달리 장애 시작 시간을 '09:30'이 아닌 '08:30'으로 기재했다.

부통합전산센터에 보냈다. 이틀 후 정부통합전산센터는 '2014.4.16. 03:30~08:30에 동 센터 내 AIS 시스템과 관련된 서버, 데이터베이스 및 네트워크 장애는 없었고, 모든 선박의 AIS 데이터 저장이 지연된 바도 없었다'고 해수부에 회신했다.

그리고 회신 공문에 대해 당시 담당자였던 정부통합전산센터 정보시스템1과 주무관과 사무관은 당시 시스템 로그가 정상적으로 쌓이는 등 시스템이 정상적으로 운영되고 데이터베이스에 데이터도 이상 없이 저장되고 있었다고 진술했다. 이 공문은 해수부의 관련 자료 제출이 원활하지 않아 사참위가 실지조사를 실시하던 중에 직접 2014년 당시 '온나라시스템'을 검색하는 과정에서 발견했다. 해수부 담당자들은 사참위 조사에서 그때까지 해당 공문에 대해 알지 못했다는 반응을 보였다.

2014년 6월 27일 김현미 국회의원실에서는 해수부에 '항적 저장 프로그램에서 데이터가 과다하게 입력되어 저장 지연 발생'에 대한 정확한 사유와 과다 입력된 내용, 그리고 발생 시점의 AIS 데이터베이스의 리스너 로그listener log와 얼러트 로그alert log를 요청했다. 이후 해수부는 '위치 정보의 중복으로 생성된 데이터는 PK(primary key) 오류를 일으키며 데이터베이스 저장에 실패했고 DBMS의 부하를 증가시켜 저장 지연이 발생'했다는 답변과 함께 AIS 데이터베이스의 사고 발생 시점의 리스너 로그와 얼러트 로그 데이터를 의원실에 제출했다.

리스너 로그는 데이터베이스에 대한 접속 요청들이 모두 기록되는 파일로 누가(user), 언제(time stamp), 어디서(접속 host와 IP address),

번호	HOST	IP address	프로그램	유저	접속 주기	접속 횟수
1	AIS-APP	10.184.22.61	ReportLocationUpdater.exe	Administrator	1분	361
2	AIS-APP	10.184.22.61	MLTM_MSG2DB.exe	Administrator	10분	70
3	GICOMS-DB2	10.184.68.60	D:\oracle\ora92\bin\ORACLE.EXE	Administrator		33
4	PSC	10.184.22.65	C:\windows\system32\inetsrv\w3wp.exe	IUSR		7
5	GICOMS-WEB	125.60.24.200	C:\Windows\SysWOW64\inetsrv\w3wp.exe	DefaultAppPool		36
6	RTS-GW	125.60.24.208	D:\용역업체\DBMW4\DBMW4.exe	Administrator		10
7	TGW-1	10.184.22.81	D:\용역업체\DBMW4\DBMW4.exe	Administrator		9
8	AIR600-S	10.184.22.64	D:\용역업체\DBMW4\DBMW4.exe	Administrator		4
9	__jdbc__	10.1.210.205	JDBC driver를 이용해 접속			1
총 접속 횟수						531

리스너 로그의 접속 정보

어떻게(접속 프로그램) 접속했는지를 기록하는 파일이다. 사참위가 해당 로그를 분석했다.

분석한 리스너 로그는 해수부가 저장 지연이 일어났다는 참사 당일 03:30부터 09:30까지의 로그로, 저장 지연 현상이 없을 때의 기록은 확인할 수 없어서 로그 내용만으로는 비교 분석을 할 수 없었다. 항적 저장을 담당했던 것으로 추정되는 'ReportLocationUpdater.exe'와 'MLTM_MSG2DB.exe' 프로그램이 일정한 접속 주기로 접속했다

번호	내용
1	ORA-918 encountered when generating server alert SMG-4120 ORA-918 encountered when generating server alert SMG-4121
2	Thread 1 cannot allocate new log, sequence 43515 Checkpoint not complete Current log# 2 seq# 43514 mem# 0: O:\AISDB_REDO\REDO02.LOG Current log# 2 seq# 43514 mem# 1: Q:\AISDB_REDO\REDO02A.LOG Thread 1 cannot allocate new log, sequence 43515 Private strand flush not complete Current log# 2 seq# 43514 mem# 0: O:\AISDB_REDO\REDO02.LOG Current log# 2 seq# 43514 mem# 1: Q:\AISDB_REDO\REDO02A.LOG Thread 1 advanced to log sequence 43515 (LGWR switch) Current log# 3 seq# 43515 mem# 0: O:\AISDB_REDO\REDO03.LOG Current log# 3 seq# 43515 mem# 1: Q:\AISDB_REDO\REDO03A.LOG
3	Archived Log entry 43342 added for thread 1 sequence 43514 ID 0x55862ba0 dest 1:

얼러트 로그 메시지 유형

는 사실과 531회 모든 접속이 '정상 접속'됐다는 사실을 확인할 수 있었다.

여기서 사참위는 한 가지 특이한 점을 발견했다. 참사 당시 119에 신고되기 직전인 08:51:41 'GICOMS-WEB' 서버로부터 접속한 기록이 존재하고, 08:52:49 유일하게 접속 대상이 확인되지 않는 기록(자바에서 데이터베이스에 접속할 수 있게 하는 자바 API를 통해 접속)이 한 번 존재한다는 것이다. 현재까지 접속 기록만으로는 항적 저장 지연 현상을 설명할 수 없다.

얼러트 로그는 오라클 데이터베이스에서 작성한 메시지와 오류를 시간순으로 기록한 것으로, 예기치 않은 메시지와 잘못된 오류 등을 탐지하기 위해 상시 감시해야 하는 중요한 대상이다. 분석한 얼러트 로그에는 아쉽게도 PK 오류는 기록되지 않는다. 해수부에서 항적 저장 지연의 원인이라고 밝힌 PK 오류는 사용자 에러로 얼러트 로그에는 기록되지 않는다. 해수부가 제출한 얼러트 로그에서 3가지 형태의 메시지가 반복되는 것이 확인됐다.

1번 메시지는 그리드 제어(grid control) 오류 메시지라 데이터 저장과는 관련 없는 메시지로 판단된다. 2번과 3번이 리두 로그redo log 관련 메시지로서 데이터베이스에 저장되는 데이터의 양을 간접적으로 추정할 수 있는 것으로 판단된다. 리두 로그는 오라클 데이터베이스에서 발생한 모든 변경 사항을 기록하는 파일로써 데이터베이스에 문제가 생겼을 때 복구하기 위해 사용한다. 리두 로그는 관리자가 설정한 크기만큼 변경 사항이 증가하면 일련번호를 부여해 아카이브드 로그로 보관하고 새로운 리두 로그를 생성한다. 그때 발생하는 메시지가 3번 메시지다. 이 메시지를 분석해 시간별 아카이브드 로그 파일 발생 빈도를 정리하면 다음과 같다.

시간	발생 빈도	시작 연번	끝 연번
2014-04-16 03	8	43338	43345
2014-04-16 04	3	43346	43348
2014-04-16 05	3	43349	43351
2014-04-16 06	4	43352	43355
2014-04-16 07	4	43356	43359
2014-04-16 08	3	43360	43362

2014-04-16 09	6	43363	43368
2014-04-16 10	9	43369	43377
2014-04-16 11	8	43378	43385
2014-04-16 12	8	43386	43393
2014-04-16 13	8	43394	43401
2014-04-16 14	8	43402	43409
2014-04-16 15	8	43410	43417
2014-04-16 16	7	43418	43424
2014-04-16 17	6	43425	43431
2014-04-16 18	9	43432	43440
2014-04-16 19	8	43441	43448
2014-04-16 20	6	43449	43454
2014-04-16 21	6	43355	43460
2014-04-16 22	7	43461	43467
2014-04-16 23	7	43468	43474

세월호 참사 당일 AIS 데이터베이스 중 아카이브드 로그 시간별 발생 빈도

좀 더 자세히 분석하려면 평소의 시간당 아카이브드 로그 발생 빈도가 필요하다. 2014년 6월 우원식 국회의원실 요청에 따라 뒤늦게 해수부에서 제출한 2014년 9월 17일 00시~9월 18일 05시 아카이브드 로그 파일이 있어, 로그 파일의 파일명에 기록된 아카이브드 파일 연번과 생성 시간을 분석해 발생 빈도와 연번을 추출했다.

시간	발생 빈도	시작 연번	끝 연번
2014-09-17 00	3	53290	53292

증거가 말하는 세월호 참사

2014-09-17 01	3	53293	53295
2014-09-17 02	3	53296	53298
2014-09-17 03	3	53299	53301
2014-09-17 04	4	53302	53305
2014-09-17 05	3	53306	53308
2014-09-17 06	3	53309	53311
2014-09-17 07	4	53312	53315
2014-09-17 08	3	53316	53318
2014-09-17 09	4	53319	53322
2014-09-17 10	3	53323	53325
2014-09-17 11	4	53326	53329
2014-09-17 12	3	53330	53332
2014-09-17 13	4	53333	53336
2014-09-17 14	3	53337	53339
2014-09-17 15	4	53340	53343
2014-09-17 16	3	53344	53346
2014-09-17 17	3	53347	53349
2014-09-17 18	2	53350	53351
2014-09-17 19	3	53352	53354
2014-09-17 20	3	53355	53357
2014-09-17 21	1	53358	53358
2014-09-17 22	2	53359	53360
2014-09-17 23	1	53361	53361
2014-09-18 00	1	53362	53362
2014-09-18 01	2	53363	53364
2014-09-18 02	1	53365	53365
2014-09-18 03	1	53366	53366

2014-09-18 04	1	53367	53367
2014-09-18 05	2	53368	53369
2014-09-18 06	1	53370	53370
2014-09-18 07	1	53371	53371
2014-09-18 08	2	53372	53373
2014-09-18 09	1	53374	53374
2014-09-18 10	2	53375	53376
2014-09-18 11	1	53377	53377
2014-09-18 12	2	53378	53379
2014-09-18 13	2	53380	53381
2014-09-18 14	4	53382	53385
2014-09-18 15	4	53386	53389
2014-09-18 16	4	53390	53393

2014년 9월 17일 00시~9월 18일 05시 아카이브드 로그 시간별 발생 빈도

해수부가 저장 지연이 있었다고 주장하는 4월 16일 04시~09시의 발생 빈도를 앞의 표에서 9월 17일과 9월 18일 같은 시간대의 발생 빈도와 비교해봤다. 아카이브드 로그의 발생 빈도는 9월 17일, 9월 18일과 유사했다.

날짜	발생 빈도
4월 16일	17
9월 17일	17
9월 18일	7

아카이브드 로그 발생 빈도

이것이 9월 17일과 9월 18일만의 현상인지를 검증하기 위해 4월 16일 맨 마지막 연번과 9월 17일 첫 번째 연번의 차를 구한 다음 해당되는 시간으로 나눠 시간당 평균을 구했다.

$$(9월 \ 17일 \ 시작 \ 연번 - 4월 \ 16일 \ 끝 \ 연번) \div (153일 \ 경과 \ 시간 \ 수) =$$
$$(53290 - 43468) \div (153 \times 24) = 9822 \div 3672 ≒ 2.67$$

AIS 데이터베이스의 평소 시간당 아카이브드 로그의 평균 발생 건수는 2.67건으로 해수부가 제출한 9월 17일, 9월 18일의 시간당 평균 2.83건과 별 차이 없었다. 또 저장이 지연됐다는 4월 16일 04시~09시의 시간당 평균 3.4건보다 작은 값으로 확인됐다. 이는 평소의 데이터 발생량과 별 차이가 없었다는 뜻이다.

즉 해수부가 참사 당일 6시간 동안 일어난 저장 지연의 원인과 과정에 대해 제대로 설명하지 않는 가운데, 로그 기록 및 정부통합전산센터와 주고받은 공문 등은 '저장 지연이 없었음'을 말하고 있다.

진도VTS 증거보전 신청과 증거 훼손 정황

2014년 6월 유가족들은 법률 대리를 맡은 변호사들의 도움을 받아 세월호 참사 진상 규명에 도움이 되리라고 판단되는 진도VTS와 제주 VTS, 해군 KNTDS(전술지휘통제체제)의 자료, 세월호 DVR 등에 대해 증거보전을 신청하기로 했다(사건 번호 2014카기502). 첫 증거보전 대상인 진도VTS 자료는 '레이더 영상, 레이더 PLOT, AIS DATA, VHF

VOICE 교신 기록'이었다. 유가족 전명선은 사참위의 참고인 조사에서 증거보전을 신청하게 된 이유를 이렇게 설명했다.

"언론을 통해 가족들에게 전파되는 내용이 현장에 따라 다른 내용이 있었고, 거짓과 오보가 난무했다. 어느 누구도 믿을 수 없었다. 세월호 참사 진상 규명을 위한 제대로 된 증거 확보가 목적이었다. 특히 세월호 선체, 제주·진도VTS, 항만청과 해경 본청의 웹하드 영상, 교신 기록, 카카오톡 같은 자료가 증거보전 대상이었다."

형사소송법 제184조 1항에 따르면 '검사, 피고인, 피의자 또는 변호인은 미리 증거를 보전하지 아니하면 그 증거를 사용하기 곤란한 사정이 있는 때에는 제1회 공판기일 전이라도 판사에게 압수, 수색, 검증, 증인신문 또는 감정을 청구할 수' 있다. 증거보전 절차는 통상적으로 대상 증거물이 있는 현장에서 약식재판으로 진행된다. 담당 판사는 그 처분에 대해 법원 또는 재판장과 동일한 권한을 가진다.

소송 대리를 맡은 담당 변호사는 증거 훼손을 우려해 유가족들에게 증거보전을 통해 자료를 확보할 것을 조언하게 됐다고 말했다. 당시 유가족 대표는 "AIS에 대해 증거보전이 필요하다고 생각한 것은 세월호가 침몰하기까지 배가 어떻게 움직이는지 위도와 경도, 위치 정보 등을 다 볼 수 있고, 위성에 남아 있다고 생각해서 요청하게 됐다"고 설명했다.

증거보전 요청은 2014년 6월 5일 접수됐다. 신청인들은 증거보전 신청서에서 "국가에 대해 세월호 침몰에 따른 피해에 관해 국가 배상을 청구할 예정인바 본 건 증거보전을 통해 세월호 침몰에 따른 피해

○ **서증조사 및 검증 목적물**

진도연안VTS 내 컴퓨터 서버에 저장되어 있는 2014.4.16. 07:00부터 12:00까지 세월호에 대한 레이다 영상, 레이다 PLOT, AIS DATA, VHF VOICE 교신 기록 및 2014.4.16. 07:00부터 현재까지 위 각 기록에 대한 접속 기록

증거보전 검증 목적물(광주지방법원 해남지원 서증조사 및 검증 조서)

자의 사망과 관련해 국가 및 담당 공무원의 고의, 과실을 증명하고자 한다"라고 밝혔다. 증거보전의 사유에는 '진도VTS가 보유하는 교신 기록 등은 그 보존 기간(60일, 기한 2014년 6월 15일경)이 짧으므로 시급히 보전할 필요'가 있다고 적었다.

광주지방법원 해남지원은 2014년 6월 10일 증거보전을 결정하고 '2014.4.16. 07:00부터 12:00까지 사이의 세월호에 대한 레이더 영상 및 AIS 기록, 세월호와 해양경찰청, 진도해상교통관제센터 사이에 이뤄진 모든 형태의 교신 관련 자료 및 위 각 자료에 대한 로그인 기록'에 관한 검증 및 서증조사 실시를 주문했다.

법원의 서증조사 및 검증 조서에는 '목적물의 보관 위치 및 형태를 확인하고, 이미징 절차를 통해 위 목적물을 복사한 후 그 복사본을 제출받아 법원에 보관했으며, 위 목적물 중 접속 기록을 제외한 나머지 통합 영상을 현장에서 재생해 검증'하는 것이라고 적혀 있다. 당일 검증 절차는 이에 따라 진행됐다.

○ **이미징 절차를 통해 복사한 대상물**

• 목적물은 진도연안VTS 내 서버(VLR1, VLR2)의 각 D:드라이브//Log 폴더//4.15.폴더(4.16. 07:00부터 09:00까지) 및 4.16.폴더(4.16. 09:00부터 12:00까지)에 저장돼 있음

• VLR 1, VLR 2 각 서버를 한 개씩 분리해 차례로 이미징 절차를 통해 복사

• 목적물은 D 드라이브 일부에 저장돼 있었으나, 이미징 절차를 통한 복사를 위해 C, D 드라이브 전체가 복사돼야 하는 관계로 VLR 1, VLR 2의 각 C, D 드라이브 총 4개가 복사 대상물이 됨

증거보전 절차를 통해 입수한 대상물(광주지방법원 해남지원 서증조사 및 검증 조서)

결론적으로 절차를 통해 입수한 대상물은 VLR 서버였다. 조서에서 보듯이 신청인 측은 목적물이 VLR[12] 서버 내부에 저장돼 있다고 판단했다. 피신청인인 해경이 'AIS 원본 데이터가 VTS 센터 시스템 내부의 VLR에 들어 있다'라고 설명했기 때문이다. 신청인은 해경의 설명만 믿고 전문가의 도움을 받아 이를 이미징했다. 그러나 VLR에는 AIS 원문이 저장되지 않는다.

앞서 2014년 4월 26일 서해지방해양경찰청[13]이 제출하고 6월 5일 광주지방검찰청[14]이 진도VTS의 증거 자료들을 압수한 목록에도 VLR

---

12 VTS logging & reply, 레이더 물표 및 교신 음성 저장 장치. 하드디스크 2개가 동적 디스크 방식으로 연결되어 실시간으로 동시 저장된다.

13 2014.4.16. 08:00부터 11:00까지 VLR에 저장된 원본 파일과 디브리핑 장비를 통해 촬영한 동영상 파일만이 포함됐다.

14 VLR 원본 데이터와 항적 동영상 녹화분을 입수한 것을 말한다.

만 포함돼 있었다. 진도VTS 시스템을 유지·보수하는 업체의 담당자는 "VLR에 AIS 원문이 없는 것이 맞습니다"라고 진술했다. 즉 VLR 서버에는 AIS와 레이더가 통합되는 '통합 데이터(integrated target data)'만 저장되므로 화면을 통해 항적 지도를 구현할 수는 있어도 원문 데이터를 추출해내거나 별도 분석은 할 수 없다.

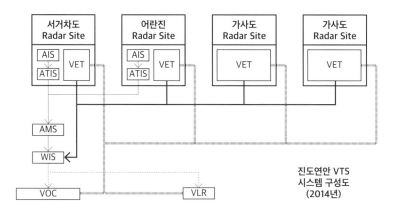

AIS 및 레이더의 흐름과 저장 관련 설명(해양경찰청)

이 그림은 진도VTS의 시스템 구성도로[15] 기지국에서 수신된 AIS와 레이더 데이터가 어떤 경로를 통해 저장되고 이동하는지를 보여준다. 가는 선이 AIS, 빗금선이 레이더 데이터, 점선이 AIS와 레이더의 통합 데이터를 나타낸다. 서거차도 기지국을 예로 들어 설명하면 수신된 AIS 데이터는 기지국 내 ATIS(AIS 신호 분배 및 관리 시스템)를 거쳐

15 해양수산부(2020.1.9), '(진도VTS) AIS 데이터 송수신·활용 및 저장 등에 대한 설명자료'

VTS센터 내의 AMS(AIS 통합관리 시스템), WIS(물표 데이터 통합장치)에서 레이더 데이터와 통합된다. 통합 데이터는 VLR로 전송되어 저장된다.

결론적으로 증거보전 절차를 통해 VHF 교신 기록과 통합 데이터 등은 확보했지만 진도VTS의 AIS 원문 데이터는 2014년 6월 12일 현장에서 보전하지 못했다. 만약 당시 제대로 증거보전이 이뤄졌다면 해수부 버전의 AIS 데이터와 비교가 가능했을 것이다.

담당 변호사는 'AIS 데이터는 결국 증거 보전되지 못했다'는 사참위 조사관의 설명에 "당황스럽다. 왜 이런 일이 있었는지 조사가 필요하다"고 답변했다. 바로 다음 날 진행된 제주VTS의 증거보전 절차를 통해서도 AIS 데이터를 보전하지 못했다. 결국 VTS와 소속 기지국에서 직접 입수한 AIS 데이터를 최근까지도 공식 확보하지 못했고, 결과적으로 해수부 버전 외 AIS 데이터 원문은 현재까지 증거로서 확보하지 못한 상태다.

진상을 규명하기 위한 엄중한 재판에서 증거 자료로 활용할 주요 데이터가 판사가 참석한 공개 절차를 통해서도 보전되지 못한 이유는 무엇일까.

유가족 신청인은 "확실히 기억나지는 않지만 당시 VTS 센터장이 안내했다. 센터장 옆에 해경 복장을 한 이가 있었다. 설명은 해경이 하고, 질의에 대해서는 업체 관계자가 대답을 했다"고 진술하며 'AIS 데이터가 서버(VLR 1과 VLR 2)에 저장돼 있다고 설명한 사람'은 '해경 정복을 입은 사람'이라고 기억했다. 당시 증거보전 절차에 참여했던 업

증거가 말하는 세월호 참사

체 직원은 "모든 진행과 설명은 해경에서 했다. 저희가 나서고 그럴 분위기가 전혀 아니었다"고 답했다. 당시 VTS 센터장은 '서증조사 및 검증 당시 피신청인 측에서 AIS 데이터 등 목적물이 어디에 보관돼 있는지를 주로 설명한 이'는 누구냐는 질문에 "잘 기억나지 않습니다"라고 답했다.

담당 변호사와 유가족들은 'AIS 데이터가 VLR에 저장돼 있지 않고 다른 곳에 있다는 설명을 들었다면 당시처럼 VLR에 대해서만 증거보전을 신청했겠느냐'라는 질문에 "그렇지 않다"라고 답했다.

본사에서 검토한 사항에 대해 답변 보내드립니다.

C 드라이브나 D 드라이브 전체를 이미지 백업 방식으로 진행한다는 내용으로 확인됐으며 그렇게 되면 System 운영이 일부 중단되며 그로 인해 관제의 공백이 생길 것으로 사료됩니다.

법원에서 요구한 자료는 2014년 4월 16일 07시에서 12시의 VLR 로그만 디지털 포렌식을 이용해 이미지 백업을 하는 게 맞을 것 같습니다.

그리고 AIS LOG Data는 없다라고 하시는 게 나을 것 같습니다(VTS System은 AIS Data와 Radar 신호가 통합되어 처리되기 때문에 따로 저장되지 않는다).

AIS Data가 꼭 필요하다면 해양수산부 본청에 있는 자료를 보존시키는 게 나을 것 같다는 지사장님의 의견도 알려드립니다.

또 검토 결과 증거보전 절차서에 명시된 VLR은 VLR5060 버전이며 진도에서 운영되는 버전(VLR5070)과 상이함을 알려드립니다.

VLR5070의 데이터 저장 경로는 D:\log\140416\ c01(Radar), c02(Track), c03(ITT Event), c04(Voice) CHI(각각의 파일 정보를 갖고 있음)에 저장되고 있으며 VLR5060은 아래의 예로 저장이 되고 있습니다.

D:\log\TRACK\14041601.확장자

\VIDEO\14041601.확장자

\VOICE\ch1\14041601.확장자

\ch2\14041601.확장자

\ch3\14041601.확장자

이상입니다. 다른 문의 사항 있으시면 연락주십시오.

해경이 용역 업체에 의뢰해 받은 검토 의견

당시 해경은 업체를 통해 AIS 데이터가 VLR에 없다는 사실을 검증 절차를 진행하기 하루 전에 확인했다. 결론적으로 2014년 6월 12일 진도VTS 증거보전 절차 과정 중 피신청인인 해경은 증거보전 대상물이 어디에 저장되고 저장되지 않는지를 알고 있으면서도 판사와 신청인, 변호사 등이 다수 참여한 법적 절차에서 사실과 다른 설명을 했을 개연성이 있다.

증거보전 절차에 앞서 유지·보수 업체와 주고받은 이메일과 검토 의견 등을 살펴보면 해경이 진상 규명의 주요 증거물인 AIS 원문 데이터를 임의로 감춘 것이 아니냐는 합리적인 의심이 가능하다. 이번 사참위 조사에서 확인됐지만, 해수부가 참사 당일 입수해 발표한 AIS 데이터의 정합성을 확인하는 데 필요한 각 VTS 및 기지국의 AIS 데이터 원문은 현재 보관돼 있지 않다. 2014년 이를 보전하려는 유가족들의 노력에도 불구하고 데이터를 확보하지 못했다.

3

논란이 된 AIS는
신뢰할 수 있나

세월호 항적은 참사 원인을 밝히는 데 꼭 필요한 기초 자료 중 하나로 그 신뢰성 여부는 매우 중요하다. 하지만 앞서 분석을 진행한 해심원과 선조위는 기초 사실을 잘못 파악하고 AIS에 대한 기술적 이해가 부족한 탓에 잇달아 잘못된 결론을 내려 혼선을 빚었다. AIS 항적의 신뢰성을 검증하려면 시간 기준을 확정하고 29초 누락된 이상 구간 등에 대해 객관적 분석을 진행해야 한다.

AIS에 대한 이해

AIS는 VHF 해상 이동 주파수 대역 안에서 TDMA(시분할다중접속) 기술을 사용하는 통신 시스템으로 IMO(국제해사기구)가 선박의 항해 안전과 보안 강화를 위해 채택하면서 설치가 의무화됐다. 국내에서는 선박설비기준 제108조 5항(해양수산부 고시 제2004-23호)에 제시돼 있다. 국내 연안을 운항하는 150톤 이상 여객선인 세월호도 2005년 12월 31일부터 설치가 의무화된 대상에 해당한다.

AIS는 효율적인 선박 항해와 VTS 운영을 지원함으로써 환경 보호와 항해 안전의 증대를 목적으로 한다. 이 목적을 위해 AIS를 통해 송수신되는 정보들은 크게 4가지로 다음 표와 같다. 그중 가장 중요하며 가장 많은 빈도로 발생되는 동적 정보는 항해 상태와 대지속력, 선수방위값의 변화에 따라 보고 간격이 정의된다. 정의된 보고 간격은 IMO 수행 표준을 만족하면서도 불필요한 통신상 부하를 최소화하기 위해 선택된 값이다. 연안 당국이 VTS 할당 모드에서 강제로 보고 간격을 정하더라도 그보다 짧은 보고 간격의 조건이 발생하면 짧은 보고 간격으로 보고해야 한다. 즉 짧은 보고 간격이 우선순위가 높다.

ITU(국제전기통신연합)에서는 AIS의 정보 교환을 위해 2개 주파수(채널), 즉 161.975메가헤르츠(AIS1-87B)와 162.025메가헤르츠(AIS2-88B)를 할당했다. 선박들이 두 주파수를 공유해야 하므로 AIS에선 TDMA 방식이 사용된다.

60초를 2250개로 나눈 시간인 슬롯에 데이터를 실어 보내는데, TDMA에선 여러 사용자가 공유해 사용하므로 자신의 메시지를 언제 전송하고 다른 장비의 메시지를 언제 읽어야 하는지를 아는 것이 중요하다. 즉 동일 주파수를 사용하는 여러 시스템이 동일 시간에 동기화돼야만 서로 메시지를 교환할 수 있다. AIS는 이런 시간 동기화를 위해 GNSS(GPS)를 이용한다. AIS 장비에서 사용하는 GPS 수신기는 PPS(초당 펄스) 신호를 제공한다. 협정세계시에 동기화된 GPS가 1초

구분	정보	보고 간격
정적 정보(선박 제원)	IMO 번호 MMSI(해상이동업무식별부호) 호출 부호 및 선명 선박 종류, 길이, 폭, 너비 GNSS 안테나 위치	6분
동적 정보	선박 위치 타임스탬프(협정세계시) 대지 침로 대지속력 선수방위 항해 상태 선회율	2초~3분
항해 정보	선박 흘수 위험 화물 목적지 및 도착 예정 시간 항로 계획	6분
안전 관련 정보		필요시

AIS 정보 종류

선박 동적 정보 조건	보고 간격
항해 상태가 정박 중이고 배의 속력이 3노트보다 낮을 때	3분
항해 상태가 정박 중이고 배의 속력이 3노트 이상일 때	10초
속력이 14노트 미만일 때	10초
속력이 14노트 미만이고 30초에 5도 이상 회전할 때	3.3초
속력이 14노트 이상 23노트 미만일 때	6초
속력이 14노트 이상, 23노트 미만이고 30초에 5도 이상 회전할 때	2초
속력이 23노트 이상일 때	2초
속력이 23노트 이상이고 30초에 5도 이상 회전할 때	2초

표1: AIS Class A(세월호 설치) 동적 정보 보고 간격

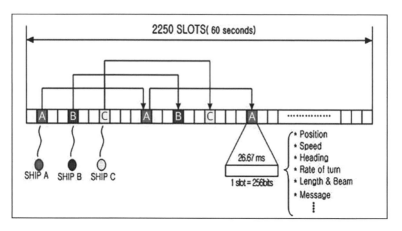

TDMA(시분할다중접속)

마다 제공하는 1펄스의 정밀도는 보통 100나노세컨드 이하로 알려져
있다. 각 슬롯 간의 전환이 1밀리세컨드 안에 이뤄지고 각 슬롯마다 ±
312마이크로세컨드의 지터(3bit)가 허용되므로 GPS 펄스를 사용하는
여러 시스템이 동기화되는 것은 아무런 문제가 없다.

AIS는 협정세계시에 동기화된 슬롯에 27개 메시지를 담아 서로 정
보를 주고받는데, 세월호에 장착된 AIS 장비는 1번~3번 메시지에 동
적 정보(position report)를, 5번 메시지에 정적 정보와 항해 정보(ship
static and voyage related data)를 제공한다. 우리가 AIS 항적이라고 부
르는 데이터는 AIS 장비가 자신의 위치를 포함해 동적 정보를 담고 있
는 1번~3번 메시지로 전달한 정보 집합을 위치 정보와 함께, 취득된
시간순으로 나열한 것을 말한다.

AIS 1번~3번 메시지는 형식은 동일해 모두 항적 정보를 담고 있지

증거가 말하는 세월호 참사

만 기능에서 차이가 난다. 1번 메시지는 대지속력이 정해진 범위 안에서 유지되고 선박의 회전이 없을 때, 즉 평이한 항해 중에, 2번 메시지는 16번 메시지(assignment mode command)에 의해 보고 간격이 할당됐을 때, 3번 메시지는 대지속력이 정해진 범위를 벗어나 보고 간격이 다른 구간으로 진입할 때나 선수방위값이 30초 동안 5도 이상 회전할 때 발생한다. 이처럼 3번 메시지는 사고 발생을 분석할 때 꼭 필요하다.

세월호의 항적 정보(동적 정보) 취득

항적 정보를 담고 있는 1번~3번 메시지에는 항해 상태와 선회율(ROT), 대지속력(SOG), 위치 정확도(PA), 위도, 경도, 대지 침로(COG), 선수방위, 타임스탬프 등 항목이 존재한다. 항목별로 입력 소스를 살펴보면 항해 상태는 AIS Controller(NCM-779)로부터 수동 입력되는 값이고, 선회율은 외부 선회율 표시기, 선수방위는 자이로컴퍼스로부터 입력되며, 대지속력과 위치 정확도, 위도, 경도, 대지 침로, 타임스탬프는 모두 GNSS로부터 입력된다.

다만 해수부가 제출한 세월호 원본을 분석해 실제 값을 살펴보면 세월호에는 외부 선회율 표시기가 AIS 장비에 연결되지 않았던 것으로 추정된다.

세월호의 항적 정보가 생성되어 VTS에 저장되는 과정을 구조화한 다음 그림을 보면 GPS가 내장형과 외장형 각 1개씩 총 2개가 있음을 알 수 있다. 내장형 GPS는 트랜스폰더(송신부)에 직결돼 있어 AIS 장

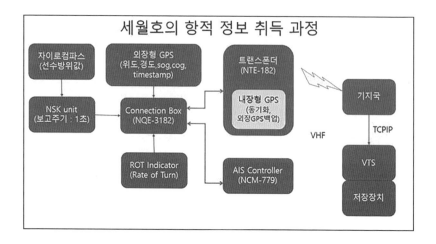

세월호의 항적 정보 취득 과정

비의 시간 동기화용으로 사용되지만 외장형 GPS에서 정보를 취득하지 못하는 상황이 발생하면 그 기능을 대신하기도 한다.

항적 정합성 검증을 위한 기준 시간

항적 정보의 정합성을 검증할 때 기준 시간 선택은 매우 중요하다. 항적 데이터의 취득 경로를 살펴보면 시간 정보로는 외장 GPS에서 취득한 타임스탬프[16], 내장 GPS에서 취득한 타임스탬프, 트랜스폰더에서 메시지를 전송할 때 사용한, 슬롯을 환산한 전송 시간, VTS에 저장될 때 로그 파일에 기록된 수신 시간, 이렇게 4가지가 있음을 확인할 수 있다.

선조위 종합보고서(내인설과 열린안)를 보면 위치 정보와 각종 항해

---

16 위치 산출 장비가 보고를 생성할 때 쓰는 협정세계시 초. 무선 통신 기록에 송신에 사용된 슬롯 번호가 담긴다.

증거가 말하는 세월호 참사

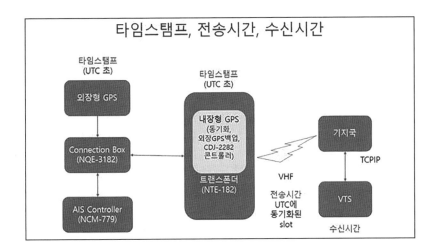

타임스탬프, 전송시간, 수신시간

정보가 생성된 시간이라는 이유로 타임스탬프를 '생성 시간'이라 명하고 그것을 기준 시간으로 정하고 있다. 타임스탬프는 협정세계시에 동기화돼 있는 GPS에서 발생되는 대부분의 동적 정보가 생성된 시간이므로 정상적이라면 정렬의 기준 시간이 되는 것이 맞다.

하지만 세월호는 외장 GPS와 내장 GPS 간에 전환이 잦고 외장 GPS에서 발생한 타임스탬프가 정상적 흐름을 보이지 않은 까닭에 실제 발생한 항적 정보를 검증할 기준 시간으로 사용하기에는 문제가 있다. 그런 의미에서 세월호에서는 검증을 위한 기준 시간으로 협정 세계시에 동기화돼야만 송수신이 가능한, 슬롯을 환산한 전송 시간이 유일하다고 판단된다.

AIS 데이터의 기준 시간(전송 시간)과 타임스탬프 간의 시간 차(초)를 수직 축에, 로그 파일에 기록된 수신 시간을 수평 축에 두고 그래프로 표현하면 다음과 같다.

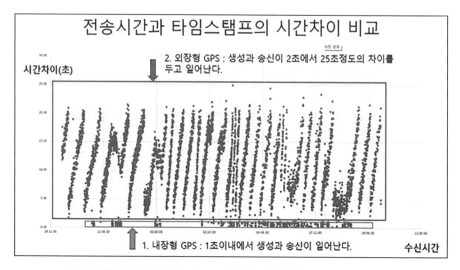

전송시간과 타임스탬프의 시간차이 비교

2. 외장형 GPS : 생성과 송신이 2초에서 25초정도의 차이를 두고 일어난다.

시간차이(초)

1. 내장형 GPS : 1초이내에서 생성과 송신이 일어난다.

수신시간

2014년 4월 15일 19:12부터 4월 16일 12:00까지 전송 시간과 타임스탬프 간의 시간 차

그래프에서 AIS 데이터는 두 가지 형태의 패턴을 보인다. 대부분 선박처럼 생성과 송신에 0~1초 차를 보이는 패턴과 2~25초 차를 보이는 패턴이다. 두 번째 패턴은 외장 GPS에서 생성된 타임스탬프와 전송 시간 간의 차가 2초 이상 벗어나는 비정상적 흐름을 보인다.

세월호에서 이런 현상이 나타난 시점은 2014년 1월 25일 이후인 것으로 확인된다. 이전 데이터에선 외장형 GPS의 값이 내장형 GPS보다 약간 크기는 하지만 일정한 범위 안에 있었음이 확인된다.

그래프의 수치 데이터 일부는 다음 표와 같다. 표에서 흰색 바탕의 행은 외장형 GPS, 회색 바탕의 행은 내장형 GPS의 데이터다.

표에 열거된 데이터가 존재하는 시간대의 ITU 기준 보고 간격은 대지속력 18.5노트(14~23노트 사이), 회전 구간이 존재하지 않는 6초

증거가 말하는 세월호 참사

수신시간 2014.04.16	경도 125°	위도 36°	타임 스탬프	전송 시간	시간 차이	
00:10:35	56.0270′	46.8390′	23	34.45	11.45	
00:10:40	56.0100′	46.8080′	28	39.52	11.52	
00:10:47	55.9960′	46.7830′	34	46.56	12.56	
00:10:53	55.9516′	46.6998′	52	52.53	0.53	좌표거리 : 167m
00:10:58	55.9372′	46.6706′	58	58.24	0.24	속도거리 (18.5knots) : 171m
00:11:04	55.9247′	46.6474′	3	3.63	0.63	
00:11:10	55.9360′	46.6660′	58	10.29	12.29	
00:11:17	55.9170′	46.6280′	6	16.37	10.37	타임스탬프, 위치 역전현상
00:11:22	55.9120′	46.6180′	12	21.47	9.47	
00:11:29	55.8910′	46.5750′	17	28.53	11.53	

표2: 외장 GPS와 내장 GPS가 전환할 때 나타나는 현상

다. 기록된 전송 시간 사이의 간격을 살펴봐도 5.07, 7.04, 6.07, 5.71, 5.39, 6.66, 6.08, 5.10, 7.06초로(평균값 6.02초) 기준에 부합하는 간격을 유지한다.

하지만 선조위가 기준 시간으로 제시한 타임스탬프를 살펴보면 타임스탬프 간의 간격은 5, 6, 18, 6, 5, -5, 8, 4, 6, 5초로 18초와 -5초의 간격은 정상적 값이 아닌 것이 분명하다. 특히 -5초는 시간이 거꾸로 진행한 것처럼 오해를 불러올 수도 있는 값으로 세월호 AIS 항적 분석을 위한 기준 시간으로 사용할 수 없음이 명확하다.

그래프와 수치 데이터에서 확인한, 협정세계시와 같은 시간으로 알고 있는 타임스탬프의 이상 동작은 세월호의 여러 관련 자료를 살펴보니 외장형 GPS에서 발생한 동적 정보가 AIS 트랜스폰더로 전달되

는 과정에서 발생한 지연 오류로 판단된다. 그래프에서 확인할 수 있는 것처럼 생성된 동적 정보가 전달되는 지연 현상이 증가하다가 어느 특정 시간에 해소되는 현상이 반복되고 있다. 그럼에도 타임스탬프가 위치 정보 발생 협정세계시를 기록한 시간인 것은 의심할 여지가 없어 보인다. 특정 구간의 데이터를 제외하고 수치 데이터에 나타난 위치 정보를 살펴보면 타임스탬프의 간격만큼 세월호가 해당 속도로 해당 거리만큼 이동한 것을 확인할 수 있기 때문이다.

예컨대 외장형 GPS의 타임스탬프 34초(표 3행)와 내장형 GPS의 타임스탬프 52초(표 4행)의 타임스탬프 간격은 18초로 벌어져 있지만, 각 시간에 취득된 위치 정보를 이용해 이동 거리를 계산해보면 대지 속력으로 이동한 거리와 오차 범위 안에 있음을 확인할 수 있다.

즉 세월호에 설치된 외장형 GPS와 내장형 GPS는 모두 동적 정보를 취득하는 과정까지 정상적인 동작을 하고 있었던 것으로 판단되며 단지 외장형 GPS의 데이터가 트랜스폰더로 전송되는 과정에서 지연(혹은 버퍼링) 오류만 존재했던 것으로 판단된다.

설명되지 않는 '이상 항적' 현상들

세월호 AIS 항적 정보에서 전송 시간으로 정렬해 타임스탬프를 살펴보면 전송 시간의 흐름에 역행하는 현상이 40곳 넘게 발견된다. 협정세계시를 사용해 동기화되는 GPS 시간과 전송 시간은 같은 시간이므로 발생 순서에 따라 타임스탬프도 증가하는 것이 정상적 흐름이고 타임스탬프 역전은 일어날 수 없는 현상이다. 그러나 40여 곳 역전 현상 중엔 내장 GPS에서 외장 GPS로 전환할 때 보이는 오류 현상을 제외하더라도 다음 예처럼 동일한 GPS에서 발생하는 타임스탬프 역전 현상이 존재한다.

관리 번호	수신시간 2014.04.16	위치 정확도	경도	위도	타임 스탬프	슬롯 번호	전송 시간
5409	05:33:11	0	125° 40.4480′	35° 11.0700′	9	396	10.56
5410	05:33:18	0	125° 40.4410′	35° 11.0170′	3	657	17.52
6853	08:49:29	0	125° 57.9390′	34° 9.6643′	30	1131	30.16
6854	08:49:30	0	125° 57.9390′	34° 9.6643′	25	1160	30.93

표3: 동일 GPS에서 발생한 타임스탬프 역전 현상

동일 GPS에서 항적 정보를 생성하면서 그 데이터의 발생 순서를 역행해 전송하는 일은 일어날 수 없다. 이런 현상이 9곳에서 확인된다. 특히 표에서 관리번호 6853과 6854는 위치 정보가 같고 전송 시간도 같지만 타임스탬프만 역전돼 있는 현상으로 동일한 타임스탬프가 존재했어야 한다.

AIS 항적 정보 중에서 동일한 타임스탬프는 배가 속도 변화 구간이나 회전 구간에 진입할 때처럼 보고 주기가 변경되는 순간에 전송 슬롯의 간격이 1초 이내로 좁혀지면서 발생할 수 있다. 하지만 그 변화 구간 외에서 AIS 장비의 항적 정보 보고 주기는 가장 짧은 것이 2초로, 이론상으로 동일한 타임스탬프는 존재할 수 없다. 사참위가 분석한 세월호 항적 정보의 2014년 4월 15일 19:43:04부터 4월 16일

10:15:40까지 시간대 데이터 중 120여 곳에서 전송 시간이 흘러가는 데도 동일한 타임스탬프를 사용하고 있는 것이 확인됐다.

관리 번호	수신시간 2014.04.16	속도	경도	위도	타임 스탬프	슬롯 번호	전송 시간
6851	08:49:25	16.7	125° 57.9286′	34° 9.6853′	25	953	25.41
6854	08:49:30	16.5	125° 57.9390′	34° 9.6643′	25	1160	30.93

표4: 동일 GPS에서 생성된 동일 타임스탬프

세월호가 일정한 방향으로 속도를 갖고 움직이고 있는 상태에서 수 초 동안 같은 위치 정보를 생성한 것은 66건 확인된다. 세월호에서 사용하는 외장 GPS의 유효 자릿수는 분 단위 소수점 세 자리이므로 한 단위(0.001분)당 거리의 값은 1.8미터 정도다. 18.9노트 속도로 18초에 걸쳐 운행하는 동안에 같은 GPS 위치 정보가 생성된 것으로 보이는데, 타임스탬프가 증가하고 있는 상황에선 일어날 수 없는 현상이다. GPS 오차를 15미터로 계산하더라도 18.9노트 속도면 초당 9.5미터를 이동하고 18초 동안 움직였다면 172미터를 이동한 셈이므로 위치 좌표는 반드시 바뀌어야만 한다. 표3 '동일 GPS에서 발생한 타임스탬프 역전 현상'의 경우는 18.9노트 속도로 18초에 걸쳐 운행하는 동안에 같은 GPS 위치 정보가 생성된 것으로 보이는데 정상적 상황에선 일어날 수 없는 현상이다.

증거가 말하는 세월호 참사

관리 번호	수신시간 2014.04.16	속도	경도	위도	타임 스탬프	슬롯 번호	전송 시간
6790	08:42:15	18.9	125° 56.0120′	34° 11.2220′	9	589	15.7
6791	08:42:20	18.9	125° 56.0120′	34° 11.2220′	13	791	21.1
6792	08:42:27	18.9	125° 56.0120′	34° 11.2220′	18	1043	27.8
6793	08:42:32	18.8	125° 56.0120′	34° 11.2220′	26	1249	33.3

표5: 동일 위치에 다른 타임스탬프

개별 항적 정보의 좌표 이동 거리로 본 세월호 항적

해수부가 제출한 AIS 원문에서 세월호 항적 정보(동적 정보) 메시지
를 추출해보니 7337개로 확인됐다. 사참위는 이 7337개 위치 좌표를
대상으로 개별 항적 정보당 위도와 경도 위치값을 사용해 이동 거리
를 구하고 편의상 보정한 수신 시간을 진행 축으로 삼아 이동 거리와
대지속력을 다음과 같이 그래프로 표시했다. 대지속력에 해당하는 이
동 거리를 검증하기 위해서였다.

그래프의 수직 축은 항적 정보 단위별 이동 거리(미터)와 대지속력
(노트)이고 수평 축은 보정된 수신 시간을 나타낸다. 굵은 곡선은 항
적 정보의 대지속력이고, 가운데 직선은 14노트의 대지속력 경계선이
다. 14노트는 AIS 규정에서 보고 간격의 변화가 일어나는 기준점으로
그 이상은 1분에 6초 간격으로, 그 미만은 10초 간격으로 정의돼 있다.
아래쪽 점들은 세월호 항적 정보의 단위별 이동 거리로 두 지점의 위
도와 경도를 사용해 계산한 값이다.

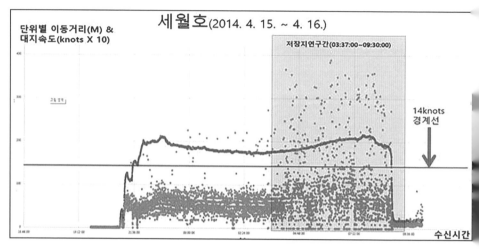

세월호 개별 항적 정보의 좌표 이동 거리

　그래프는 2014년 4월 16일 03시 30분을 전후해 개별 이동 거리의
분포가 확연한 차이를 보인다. 대지속력은 03시 30분을 전후해 특별
한 차이가 없지만 개별 이동 거리의 분포는 03시 30분 이후 크게 분산
되는 것이다.

　03시 30분 이전에 드물게 이동 거리 200미터 전후 값을 보이는 것
들의 데이터를 분석해보니 표2 '외장 GPS와 내장 GPS가 전환할 때
나타나는 현상'에서 확인한 대로 외장 GPS에서 내장 GPS로 전환하면
서 발생한 값들이었지만, 03시 30분 이후엔 그렇게 전환하면서 발생
한 값들 외에도 많은 값이 분산돼 있었다.

　세월호 그래프를 검증하기 위해 참사 당시 세월호에 가장 근접해
지나간 두우패밀리호의 AIS 항적도 세월호와 동일한 방법으로 검토
했다.

　　　　　증거가 말하는 세월호 참사

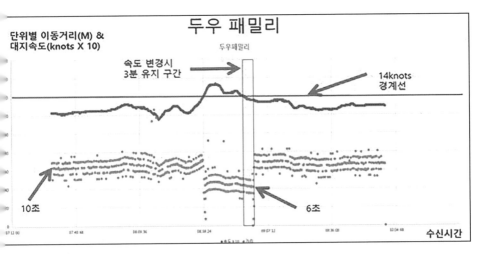

단위별 이동거리(M) &
대지속도(knots X 10)

두우 패밀리

두우패밀리

속도 변경시
3분 유지 구간

14knots
경계선

10조

6초

수신시간

2014년 4월 16일 07:30~10:00 사이 두우패밀리호의 항적 분석

두우패밀리호의 그래프는 세월호와 비교해 확연한 차이를 보인다. 일단 딱 보기에도 깨끗하다. 뭔가 정해진 규칙에 따라 움직였음을 알 수 있다. 앞서 AIS에 대한 이해에서 살펴본 내용들이 잘 반영돼 있다.

표1 'AIS Class A 동적 정보 보고 간격'에 의하면 14노트 미만은 보고 간격이 10초, 14노트 이상부터 23노트 미만은 6초로 정의돼 있다. ITU-R(라디오주파수대역 통신규약)에 따르면 보고 간격의 오차 허용은 이론상 ±10퍼센트로 기준의 20퍼센트까지 벌어질 수 있다. 즉 보고 간격 기준이 10초면 8, 9, 11, 12초까지로 보고 간격이 발생할 수 있다. 두우패밀리호의 항적 분석에서 맨 왼쪽 화살표를 보면 보고 간격 10초에 해당하는 값들이 선처럼 이어져 있고 이 주위에 8, 9, 11, 12초에 해당하는 값들이 분포함을 알 수 있다.

또 AIS에서 보고 간격이 바뀌는 기준으로 제시한 14노트에서 보고

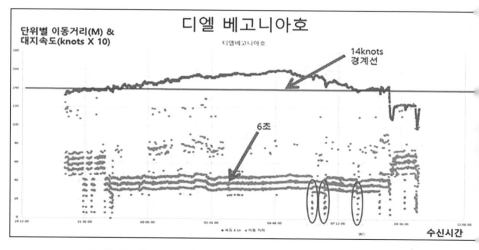

디엘 베고니아호

단위별 이동거리(M) &
대지속도(knots X 10)

디엘베고니아호

14knots
경계선

6초

•속도 X 10 •이동 거리

수신시간

2014년 4월 15일 19:58:55부터 4월 16일 10:15:37까지 디엘베고니아호의 항적 분석

간격이 바뀌는 현상도 확인할 수 있다. 앞에서 살펴본 세월호와는 확연한 차이를 보인다.

혹시라도 세월호에 장착된 AIS 장비의 특성에서 생긴 차이일지 몰라 참사 당시 같은 AIS 장비를 사용해 운항한 선박 디엘베고니아호의 AIS 항적을 세월호와 동일한 방법으로 검증했다.

두우패밀리호보다 항적 정보의 단순 누락 구간이 좀 더 보이기는 하지만 디엘베고니아호 역시 AIS에서 대한 이해에서 확인했던 내용들을 잘 준수하고 있고 세월호와는 차이가 많이 남을 확인할 수 있다.

앞쪽 세월호 그래프에서 해수부가 AIS 항적 중 저장 지연돼 복구했다는 구간을 회색 박스로 표시했는데, 공교롭게도 해수부가 복구했다는 구간의 이동 거리 값이 분산된 구간과 겹친다.

다음은 서거차도 기지국에서 확보한 세월호의 참사 당일 항적과

증거가 말하는 세월호 참사

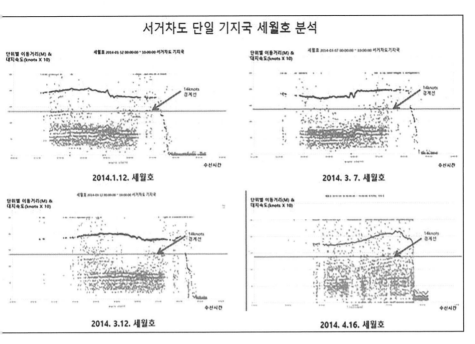

서거차도 단일 기지국 세월호 분석

2014.1.12. 세월호

2014. 3. 7. 세월호

2014. 3.12. 세월호

2014. 4.16. 세월호

세월호의 참사 당일 항적과 참사 이전 날들의 항적을 비교한 그래프(서거차도 기지국)

참사 이전 날들의 항적을 비교한 그래프다. 시간은 동일하게 00:00:00 ~10:00:00이고 서거차도에서 수신할 수 있는 거리의 데이터를 대부분 포함하고 있다.

이렇게 서거차도에서 수신한 항적만 봐도 현저히 다름을 알 수 있다. 만약 참사 당일 해수부가 제출한 것처럼 7개 VTS의 모든 데이터를 확보할 수 있었다면 인천항을 출발해 제주에 도착할 때까지 세월호 항적 전체를 비교할 수 있었을 것이다.

AIS 데이터 보고 간격 '비정상 구간'

AIS 장비의 중요한 역할 중 하나는 대지속력과 선수방위값이 변함에 따라 데이터를 보고하는 것이다. 표1 'AIS Class A 동적 정보 보고 간격'에서 알 수 있듯이 대지속력과 선수방위값이 변할 때 더 자주 데이터를 보고해 선박의 위치를 신속히 알리는 것이 사고 예방을 위해 매우 중요하다. 사참위는 세월호의 보고 간격이 'AIS Class A 동적 정보 보고 간격'('Rec.ITU-R M.1371' Table 1)에 제시된 전송 간격에 부합하는지를 검토했다.

해수부에서 제출한 AIS 원본을 분석해보니 2014년 4월 15일 20:58:21 인천을 출발한 세월호는 21:31:52 보고 간격 변화 구간인 대지속력 14노트에 도달해 다음 날인 4월 16일 08시 49분 59초 참사 직후까지 대지속력 14~23노트를 유지했다. 즉 세월호는 4월 15일 21:31:52 이전까지는 분당 10초 간격으로 6개 데이터를, 4월 15일 21:31:52부터 4월 16일 08:52:59(대지속력이 떨어질 때는 기존 보고 간격을 3분간 더 유지한 뒤 전환하므로 08:49:59에 3분을 더함)까지는 분당 6초 간격으로 10개 데이터를 발송해야 했다.

하지만 다음 표에서 보듯 세월호에선 정해진 보고 간격을 지키지 않은 '비정상 구간'이 확인된다. 회색은 'Rec.ITU-R M.1371' Table 1의 보고 주기와 일치하는 정상 구간이다. 검은색은 'Rec.ITU-R M.1371' Table 1의 보고 주기와 일치하지 않는 비정상 구간이다. 빗금은 주변의 슬롯 번호를 분석하면 전송 슬롯을 찾을 수 있지만 수집한 데이터에는 누락돼 있는 것으로 단순 수신 누락이 있는 구간이다.

증거가 말하는 세월호 참사

구분	15일					16일										
	19시	20시	21시	22시	23시	0시	1시	2시	3시	4시	5시	6시	7시	8시	9시	10시
0분																
10분																
20분																
30분																
40분																
50분																

2014년 4월 15일 19시부터 4월 16일 03시까지는 정상 데이터, 04부터 09시까지는 비정상 데이터

비정상 구간들을 살펴보면 참사가 일어나기 직전의 '29초 누락 구간'에만 해당하는 게 아니라 항적 정보 보고 간격이 정상적으론 6초인데 25초 이상 벌어진 구간이 여러 곳 확인된다. 4월 16일 01시 구간을 제외하면 비정상 구간은 대체로 4월 16일 04시쯤부터 시작된다. 원인은 보고 간격이 바뀔 때 보고 간격에 맞지 않는 슬롯들을 해제하는 방법으로 사용되는 규칙이 보고 간격이 바뀔 만한 어떤 조건도 없었는데도 사용됐기 때문이다. 이는 'Rec.ITU-R M.1371' 기술기준 내용에 제시된 것과 다르고 보고 간격이 짧은 것이 우선순위가 높다는 규정에도 위배되는 현상이다. 또 대부분 비정상 구간은 해수부가 AIS 데이터베이스 중 지연 저장돼 항적을 복구했다는 구간 안에 존재한다.

다음 표는 비정상 구간 중 참사 당시 논란이 됐던 '29초 누락 구간'이 포함된 세월호 AIS 항적이다. 관리번호 6833, 6834, 6835의 내용에서 확인되듯이 'sto'(슬롯 타임아웃) 값이 '0'일 때 슬롯 오프셋 값이 '0'이면 해당 정보가 사용하고 있는 슬롯(전송 슬롯 번호: 1683, 1940, 132)을 해제한다는 표현으로, 관리번호 6841과 6842 사이에 관리번

관리번호	수신 영역						데이터	SOTDMA state					ITDMA state			전송 슬롯	전송 시간
	수신 시간	ch	m_d	sog	cog	hdg	타임 스탬프	sto	슬롯 offset	슬롯 num	re_st	UTC시 분	슬롯 _inc	nos	keep		
6831	20140416084636	B	3	18.4	136.2	141	31						0	0	1	1403	37.4
6832	20140416084643	A	1	18.3	137.4	141		4		1638						1638	43.7
6833	20140416084644	B	1	18.2	137.9	141		0	0							1683	44.9
6834	20140416084652	A	1	18.1	137.2	140	44	0	0							1940	51.7
6835	20140416084703	A	1	18.1	135.6	140	56	0	0							132	3.5
6836	20140416084712	B	1	18	135.9	141	7	6		496						496	13.2
6837	20140416084719	A	1	18	136.3	141	10	6		736						736	19.6
6838	20140416084724	B	1	17.9	136.9	141	25	6		953						953	25.4
6839	20140416084731	A	1	17.8	136.2	140	30	7			585					1160	30.9
6840	20140416084737	B	1	17.7	135.9	140	37	6		1403						1403	37.4
6841	20140416084743	A	1	17.7	135.6	140	43	3			586					1638	43.7
6842	20140416084813	B	1	17.5	137.6	141	7	5			584					496	13.2
6843	20140416084819	A	1	17.5	136.9	140	13	5			586					736	19.6
6844	20140416084824	B	1	17.5	136.3	140	18	5			584					953	25.4
6845	20140416084830	A	1	17.5	136.3	139	22	6		1160						1160	30.9
6846	20140416084836	B	1	17.5	135.2	139	31	5			586					1403	37.4
6847	20140416084843	A	1	17.4	134.7	140	38	2		1638						1638	43.7
6848	20140416084912	B	3	17.1	146.1	150	13						238	0	1		0.0

세월호 AIS 항적 정보 중 참사 시점 보고 간격 비정상 구간

호 6833~6835에서 사용됐던 슬롯(전송 슬롯 번호: 1683, 1940, 132)이 사용되지 않은 것이 확인된다. 또 논란이 됐던 '29초 누락 구간'인 2014년 4월 16일 08:48:43(관리번호 6847)과 08:49:12(관리번호 6848) 사이 구간도 6833~6835에서 사용됐던 슬롯(전송 슬롯 번호: 1683, 1940, 132)이 사용되지 않은 것이 확인된다. 이것은 부분적인 기능으로 보면 정상인 것처럼 보이지만 전체적인 AIS의 개념과 목적에 위배되는 현상으로 존재할 수 없는 현상이라고 판단했다.

증거가 말하는 세월호 참사

관리 번호	local_save_time	me_i d	sog	hdg	sto	슬롯 offset	슬롯 num	슬롯 time	stat ions	UTC 시분
4939	20140416043354	1	18.2	188	2	0	2020	53.9	0	
4945	20140416043454	1	18.2	189	5	0	2020	53.9	610	
4951	20140416043554	1	18.2	188	4	0	2020	53.9	0	
4957	20140416043654	1	18.1	188	6	0	2020	53.9	0	
4963	20140416043754	1	18.1	188	5	0	2020	53.9	627	
4969	20140416043854	1	18.1	188	6	0	2020	53.9	0	
4975	20140416043954	1	18.1	188	6	0	2020	53.9	0	
4981	20140416044054	1	18.1	188	4	0	2020	53.9	0	
4987	20140416044154	1	18.1	189	6	0	2020	53.9	0	
4993	20140416044254	1	18.1	188	6	0	2020	53.9	0	
4999	20140416044354	1	18.2	189	3	0	2020	53.9	600	
5005	20140416044454	1	18.2	189	3	0	2020	53.9	592	
5011	20140416044554	1	18.2	189	3	0	2020	53.9	584	
5017	20140416044654	1	18.3	188	4	0	2020	53.9	0	
5023	20140416044754	1	18.3	189	5	0	2020	53.9	581	
5029	20140416044854	1	18.3	186	5	0	2020	53.9	585	
5035	20140416044954	1	18.3	187	3	0	2020	53.9	586	
5041	20140416045054	1	18.4	187	5	0	2020	53.9	589	
5047	20140416045154	1	18.4	186	3	0	2020	53.9	589	
5053	20140416045254	1	18.4	186	4	0	2020	53.9	0	
5059	20140416045354	1	18.5	186	5	0	2020	53.9	601	
5065	20140416045454	1	18.5	187	4	0	2020	53.9	0	
5071	20140416045554	1	18.5	186	5	0	2020	53.9	605	
5077	20140416045654	1	18.5	187	2	0	2020	53.9	0	
5083	20140416045754	1	18.5	186	4	0	2020	53.9	0	
5089	20140416045854	1	18.6	188	5	0	2020	53.9	610	
5095	20140416045954	1	18.6	186	2	0	2020	53.9	0	

세월호의 AIS에서 슬롯 타임아웃 오류

AIS 슬롯 타임아웃 '비정상 구간'

AIS 데이터는 새로운 전송 슬롯을 할당하면 '슬롯 타임아웃' 값을 최소 3에서 최대 7까지 선택하고 그 슬롯으로 전송이 일어날 때마다 1씩 감소해 슬롯 타임아웃이 '0'이 되면 다시 오프셋 값을 정해 이를 전송하고, 새로운 전송 슬롯에 도달하면 다시 과정을 반복한다. 특정 이벤트를 앞둔 카운트다운 개념으로 이해하면 쉽다. 정상적 과정의

예를 들면 5→4→3→2→1→0에서 새로운 슬롯을 결정하고 새로운 슬롯 타임아웃 값을 선택해 계속 진행한다. 그러나 세월호의 슬롯은 2→5→4→6→5→6→6→4→6→6→3→3→3→4→5→5→3→5→3→4→5→4→5→2→4→5→2 변화를 보이며 무려 27분 동안 동일 슬롯을 사용한 것으로 파악된다. 슬롯 타임아웃이 이렇게 동작하는 것은 'Rec.ITU-R M.1371'의 기술기준에 부합하지 않는다.

다음 표는 슬롯 타임아웃이 정상적으로 동작하는 예다.

관리 번호	local_save_time	me_id	sog	hdg	sto	슬롯 offset	슬롯 num	슬롯 time	stations	UT C시분
4943	20140416043436	1	18.2	189	2	0	1358	36.2	0	
4949	20140416043536	1	18.2	188	1	0	1358	36.2	0	1935
4955	20140416043636	1	18.1	188	0	2253	1358	36.2	0	
4961	20140416043736	1	18.1	189	3	0	1361	36.3	623	
4967	20140416043836	1	18.1	188	2	0	1361	36.3	0	
4973	20140416043936	1	18.1	189	1	0	1361	36.3	0	1939
4979	20140416044036	1	18.1	188	0	2241	1361	36.3	0	
4985	20140416044136	1	18.1	189	5	0	1352	36.1	611	
4991	20140416044236	1	18.2	188	4	0	1352	36.1	0	
4997	20140416044336	1	18.2	189	3	0	1352	36.1	599	
5003	20140416044436	1	18.2	189	2	0	1352	36.1	0	
5009	20140416044536	1	18.2	189	1	0	1352	36.1	0	1945
5015	20140416044636	1	18.2	188	0	2251	1352	36.1	0	
5021	20140416044736	1	18.2	189	4	0	1353	36.1	0	
5027	20140416044836	1	18.3	187	3	0	1353	36.1	585	
5033	20140416044936	1	18.3	186	2	0	1353	36.1	0	
5039	20140416045036	1	18.4	187	1	0	1353	36.1	0	1950
5045	20140416045136	1	18.4	186	0	2265	1353	36.1	0	
5051	20140416045237	1	18.4	186	7	0	1368	36.5	594	
5057	20140416045336	1	18.5	187	6	0	1368	36.5	0	
5063	20140416045436	1	18.5	187	5	0	1368	36.5	598	
5069	20140416045537	1	18.5	187	4	0	1368	36.5	0	
5075	20140416045637	1	18.5	187	3	0	1368	36.5	608	
5081	20140416045737	1	18.5	187	2	0	1368	36.5	0	
5087	20140416045837	1	18.6	187	1	0	1368	36.5	0	1958
5093	20140416045936	1	18.5	187	0	2275	1368	36.5	0	

세월호의 AIS에서 슬롯 타임아웃 정상

증거가 말하는 세월호 참사

세월호와 다른 선박 간의 동일 슬롯 사용

세월호가 생성한 항적 정보 중에서 참사 당일 04:51~04:58에 캄보디아 국적의 배 진롱호(JIN LONG)와 동일 기지국(4403502, 4403503, 4403504), 동일 주파수(A Channel), 동일 슬롯(슬롯 번호 2020)을 사용해 항적 정보를 전달한 사실이 확인됐다. 그러나 두 선박 간에 동일 기지국과 주파수, 슬롯을 사용하는 것은 있을 수 없는 현상이다. 만약 그렇게 된다면 슬롯이 충돌하므로 두 선박 간 해당 데이터는 동시에 전송될 수 없다. 슬롯 충돌은 동일 시간(동일 슬롯)에 두 대 이상 AIS 장비에서 동일 주파수에 데이터를 전달하려 할 때 전파가 보강되거나 소멸하면서 원하는 정보를 전달할 수 없는 현상을 말한다.

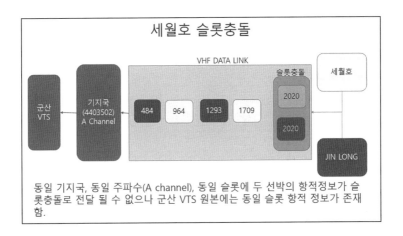

동일 기지국, 동일 주파수(A channel), 동일 슬롯에 두 선박의 항적정보가 슬롯충돌로 전달 될 수 없으나 군산 VTS 원본에는 동일 슬롯 항적 정보가 존재함.

한 VTS의 로그에 두 선박의 데이터가 동시에 존재할 수 없지만 군산 VTS의 원본 로그 파일에 두 선박의 항적 정보가 모두 존재함을 확인했다. 디코딩한 진롱호의 수치 데이터를 살펴보면, 슬롯 타임아웃이 1일 때 통신 상태의 보조 메시지는 협정세계시 시분을 전송하는데 19:51~20:01에 '2020' 슬롯이 사용된 프레임을 확인할 수 있다. 세월호도 진롱호와 마찬가지로 '2020' 슬롯을 협정세계시 19:51~19:58에 사용했다.

진롱호 항적 정보를 살펴보면 실제로 전송된 협정세계시와 VTS에 수신된 시간 사이에도 극복할 수 없는 현상이 존재한다. 즉 전송 시간보다 수신 시간이 1분 40여 초 빠르고 타임스탬프보다 전송 시간이 빠른, 절대 일어날 수 없는 현상이 해수부가 제출한 파일 안에 존재한다.

수신시간	ch	sog	경도(분)	위도(분)	cog	hdg	타임 스탬프	슬롯 타임 아웃	슬롯 번호	전송 시간	UTC 시분
20140416045136	B	18.4	7542.2489	2123.9415	185.9	186	35	0	1353	36.08	19:51
20140416045146	A	18.4	7542.2426	2123.8911	186	186	45	6	1709	45.57	19:51
20140416045154	A	18.4	7542.2420	2123.9060	185.9	186	51	3	2020	53.87	19:51
20140416045157	B	18.4	7542.2380	2123.8780	186	186	46	2	2133	56.88	19:51
20140416045216	B	18.4	7542.2225	2123.7361	185.6	186	15	5	603	16.08	19:52
20140416045226	A	18.5	7542.2161	2123.6850	185.3	186	25	5	964	25.71	19:52
20140416045237	B	18.5	7542.2130	2123.6740	185.3	186	26	7	1368	36.48	19:52
20140416045246	A	18.5	7542.2070	2123.6220	185.4	186	36	5	1709	45.57	19:52
20140416045254	A	18.5	7542.2020	2123.5840	185.6	186	45	4	2020	53.87	19:52
20140416045257	B	18.5	7542.2000	2123.5630	185.6	186	47	1	2133	56.88	19:52
20140416045316	B	18.5	7542.1847	2123.4285	186	187	15	6	603	16.08	19:53
20140416045326	A	18.5	7542.1791	2123.3776	185.9	187	25	6	964	25.71	19:53
20140416045336	B	18.5	7542.1726	2123.3219	185.9	187	36	6	1368	36.48	19:53
20140416045346	A	18.5	7542.1665	2123.2753	185.9	186	45	4	1709	45.57	19:53
20140416045354	A	18.5	7542.1612	2123.2317	185.9	186	53	5	2020	53.87	19:53
20140416045357	B	18.5	7542.1620	2123.2640	185.9	186	48	0	2133	56.88	19:53
20140416045416	B	18.5	7542.1500	2123.1640	185.5	186	5	7	603	16.08	19:54
20140416045426	A	18.5	7542.1440	2123.1150	185.7	186	15	5	964	25.71	19:54
20140416045436	B	18.5	7542.1380	2123.0710	185.8	187	23	5	1368	36.48	19:54
20140416045446	A	18.5	7542.1273	2122.9679	186.1	187	45	3	1709	45.57	19:54
20140416045454	A	18.5	7542.1216	2122.9257	186.4	187	53	4	2020	53.87	19:54
20140416045457	B	18.5	7542.1195	2122.9095	186.3	187	56	7	2136	56.96	19:54
20140416045516	B	18.5	7542.1047	2122.8135	186.6	187	15	4	603	16.08	19:55
20140416045526	A	18.5	7542.0977	2122.7620	186.4	187	25	6	964	25.71	19:55
20140416045537	B	18.5	7542.0903	2122.7058	186.2	187	36	4	1368	36.48	19:55

증거가 말하는 세월호 참사

20140416045537	B	18.5	7542.0903	2122.7058	186.2	187	36	4	1368	36.48	19:55
20140416045546	A	18.5	7542.0842	2122.6601	185.9	186	45	2	1709	45.57	19:55
20140416045554	A	18.5	7542.0797	2122.6171	185.7	186	53	5	2020	53.87	19:55
20140416045557	B	18.5	7542.0779	2122.6011	185.6	186	56	6	2136	56.96	19:55
20140416045616	B	18.5	7542.0710	2122.5560	185.4	186	4	7	603	16.08	19:56
20140416045626	A	18.5	7542.0650	2122.5050	185.6	186	14	3	964	25.71	19:56
20140416045637	B	18.5	7542.0580	2122.4500	185.8	187	24	3	1368	36.48	19:56
20140416045646	A	18.5	7542.0530	2122.4060	185.9	187	35	1	1709	45.57	19:56
20140416045654	A	18.5	7542.0470	2122.3650	186	187	41	2	2020	53.87	19:56
20140416045657	B	18.5	7542.0470	2122.3650	186	187	41	5	2136	56.96	19:56
20140416045716	B	18.5	7542.0310	2122.2490	186.8	187	3	7	603	16.08	19:57
20140416045726	A	18.5	7542.0230	2122.1950	186.8	187	14	5	964	25.71	19:57
20140416045737	B	18.5	7542.0160	2122.1440	186.8	187	26	2	1368	36.48	19:57
20140416045746	A	18.6	7542.0080	2122.0900	186.2	186	34	0	1709	45.57	19:57
20140416045754	A	18.5	7542.0030	2122.0520	186	186	42	4	2020	53.87	19:57
20140416045757	B	18.6	7542.0010	2122.0390	185.9	186	44	4	2136	56.96	19:57
20140416045816	B	18.6	7541.9890	2121.9380	185.4	186	4	6	603	16.08	19:58
20140416045826	A	18.5	7541.9830	2121.8830	185.7	187	14	6	964	25.71	19:58
20140416045837	B	18.6	7541.9770	2121.8400	186.1	187	23	1	1368	36.48	19:58
20140416045847	A	18.5	7541.9710	2121.7880	186.1	187	34	7	1747	46.59	19:58
20140416045854	A	18.6	7541.9650	2121.7500	186.4	188	40	5	2020	53.87	19:58
20140416045857	B	18.6	7541.9610	2121.7220	186.4	188	46	3	2136	56.96	19:58
20140416045916	B	18.5	7541.9490	2121.6400	187.2	188	4	3	603	16.08	19:59
20140416045926	A	18.5	7541.9420	2121.5960	187.2	187	12	3	964	25.71	19:59

세월호 AIS 항적(슬롯 번호 2020 사용)

수신시간	ch	sog	경도(분)	위도(분)	cog	hdg	타임스탬프	슬롯타임아웃	슬롯번호	전송시간	UTC시분
20140416044946	A	10.7	7538.864	2101.957	11.4	9	35	1	1293	34.48	19:51
20140416044956	B	10.7	7538.868	2101.987	11	8	44	4	1657	44.19	19:51
20140416045006	A	10.7	7538.875	2102.017	10.7	7	54	7	2020	53.87	19:51
20140416045015	B	10.7	7538.880	2102.042	9.7	7	3	0	118	3.15	19:52
20140416045025	A	10.7	7538.886	2102.073	8.7	8	13	0	484	12.91	19:52
20140416045036	B	10.7	7538.893	2102.108	8.6	8	25	4	921	24.56	19:52
20140416045046	A	10.7	7538.899	2102.137	9	9	35	0	1293	34.48	19:52
20140416045056	B	10.7	7538.907	2102.163	9.7	9	44	3	1657	44.19	19:52
20140416045106	A	10.7	7538.913	2102.193	9.6	8	54	6	2020	53.87	19:52
20140416045116	B	10.7	7538.919	2102.222	9.9	8	5	4	168	4.48	19:53
누락 구간									537	14.32	19:53
20140416045136	B	10.7	7538.931	2102.281	8.4	8	25	3	921	24.56	19:53
20140416045146	A	10.7	7538.936	2102.310	9	8	34	7	1290	34.40	19:53
20140416045156	B	10.7	7538.942	2102.340	8.7	9	44	2	1657	44.19	19:53
20140416045206	A	10.7	7538.948	2102.369	10.8	9	54	5	2020	53.87	19:53

3 논란이 된 AIS는 신뢰할 수 있나　　　　　101

수신시간	ch	sog	경도(분)	위도(분)	cog	hdg	타임 스탬프	슬롯 타임 아웃	슬롯 번호	전송시간	UTC 시분
20140416044946	A	10.7	7538.864	2101.957	11.4	9	35	1	1293	34.48	19:51
20140416044956	B	10.7	7538.868	2101.987	11	8	44	4	1657	44.19	19:51
20140416045006	A	10.7	7538.875	2102.017	10.7	7	54	7	2020	53.87	19:51
20140416045015	B	10.7	7538.880	2102.042	9.7	7	3	0	118	3.15	19:52
20140416045025	A	10.7	7538.886	2102.073	8.7	8	13	0	484	12.91	19:52
20140416045036	B	10.7	7538.893	2102.108	8.6	8	25	4	921	24.56	19:52
20140416045046	A	10.7	7538.899	2102.137	9	9	35	0	1293	34.48	19:52
20140416045056	B	10.7	7538.907	2102.163	9.7	9	44	3	1657	44.19	19:52
20140416045106	A	10.7	7538.913	2102.193	9.6	8	54	6	2020	53.87	19:52
20140416045116	B	10.7	7538.919	2102.222	9.9	8	5	4	168	4.48	19:53
누락 구간									537	14.32	19:53
20140416045136	B	10.7	7538.931	2102.281	8.4	8	25	3	921	24.56	19:53
20140416045146	A	10.7	7538.936	2102.310	9	8	34	7	1290	34.40	19:53
20140416045156	B	10.7	7538.942	2102.340	8.7	9	44	2	1657	44.19	19:53
20140416045206	A	10.7	7538.948	2102.369	10.8	9	54	5	2020	53.87	19:53
20140416045216	B	10.6	7538.955	2102.398	9.9	9	5	3	168	4.48	19:54
누락 구간									537	53.87	19:54
20140416045236	B	10.6	7538.967	2102.457	9.8	8	25	2	921	24.56	19:54
누락 구간									1290	34.40	19:54
20140416045256	B	10.7	7538.978	2102.516	9.1	8	44	1	1657	44.19	19:54
20140416045306	A	10.7	7538.983	2102.547	8.1	8	54	0	2020	53.87	19:54
20140416045316	B	10.7	7538.989	2102.576	9.5	8	5	2	168	4.48	19:55
20140416045325	A	10.7	7538.993	2102.603	9.9	9	14	7	514	13.71	19:55
20140416045336	B	10.7	7538.999	2102.634	9.5	9	25	1	921	24.56	19:55
누락 구간									1290	34.40	19:55
20140416045356	B	10.6	7539.012	2102.692	9.7	9	44	0	1657	44.19	19:55
20140416045406	A	10.7	7539.019	2102.72	9.2	9	54	6	2020	53.87	19:55
20140416045416	B	10.7	7539.026	2102.749	10.4	9	5	1	168	4.48	19:56
20140416045425	A	10.7	7539.032	2102.776	8.7	8	14	6	514	13.71	19:56
20140416045436	B	10.7	7539.039	2102.809	9.9	8	25	0	921	24.56	19:56
20140416045446	A	10.7	7539.044	2102.838	8.3	8	34	4	1290	34.40	19:56
20140416045456	B	10.7	7539.050	2102.868	8.8	8	44	7	1645	43.87	19:56
20140416045506	A	10.7	7539.055	2102.897	8.1	8	54	5	2020	53.87	19:56
20140416045516	B	10.7	7539.060	2102.926	9.3	8	5	0	168	4.48	19:57
20140416045526	A	10.7	7539.065	2102.953	7.9	8	14	5	514	13.71	19:57
20140416045536	B	10.7	7539.071	2102.986	8.5	9	24	6	911	24.29	19:57
누락 구간									1290		19:57
20140416045556	B	10.7	7539.083	2103.045	11.8	11	44	0	1645	43.87	19:57
20140416045606	A	10.7	7539.09	2103.074	10.8	11	54	4	2020	53.87	19:57
20140416045616	B	10.7	7539.098	2103.103	11.8	11	5	5	173	4.61	19:58
20140416045625	A	10.7	7539.104	2103.129	12	11	14	4	514	13.71	19:58
20140416045636	B	10.7	7539.112	2103.162	11.2	10	24	5	911	24.29	19:58
20140416045646	A	10.7	7539.118	2103.191	10.8	10	34	2	1290	34.40	19:58

증거가 말하는 세월호 참사

20140416045655	B	10.6	7539.124	2103.218	10.1	10	43	4	1622	43.25	19:58
20140416045706	A	10.6	7539.131	2103.251	10.3	10	54	3	2020	53.87	19:58
20140416045716	B	10.7	7539.138	2103.28	10.4	11	5	4	173	4.61	19:59
20140416045726	A	10.7	7539.143	2103.305	10.9	11	14	3	514	13.71	19:59
20140416045736	B	10.7	7539.151	2103.337	10.1	11	24	4	911	24.29	19:59
누락 구간									1290	34.40	19:59
20140416045755	B	10.7	7539.164	2103.392	11.5	10	43	3	1622	43.25	19:59
20140416045806	A	10.6	7539.171	2103.424	10.2	10	54	2	2020	53.87	20:00
20140416045816	B	10.6	7539.178	2103.452	10.8	10	5	3	173	4.61	20:00
20140416045825	A	10.6	7539.184	2103.478	10.1	11	14	2	514	13.71	20:00
20140416045836	B	10.6	7539.191	2103.511	10.7	11	24	3	911	24.29	20:00
누락 구간									1290		20:00
20140416045855	B	10.6	7539.206	2103.566	11.2	11	43	2	1622	43.25	20:00
20140416045905	A	10.6	7539.214	2103.598	11.3	11	54	1	2020	53.87	20:00
20140416045916	B	10.6	7539.221	2103.627	11.2	11	5	2	173	4.61	20:01
20140416045926	A	10.6	7539.227	2103.653	10.4	10	14	1	514	13.71	20:01
20140416045936	B	10.6	7539.235	2103.685	11.9	10	24	2	911	24.29	20:01
20140416045946	A	10.6	7539.241	2103.714	9.8	10	34	7	1287	34.32	20:01
20140416045955	B	10.6	7539.246	2103.74	11.5	10	43	1	1622	43.25	20:01
20140416050005	A	10.5	7539.252	2103.771	9.7	10	54	0	2020	53.87	20:01
20140416050016	B	10.6	7539.259	2103.8	10.8	9	5	1	173	4.61	20:02
20140416050025	A	10.7	7539.264	2103.827	9	9	14	0	514	13.71	20:02
20140416050036	B	10.6	7539.271	2103.858	9.8	9	24	1	911	24.29	20:02
20140416050046	A	10.6	7539.277	2103.889	8.5	9	34	6	1287	34.32	20:02
20140416050055	B	10.6	7539.283	2103.918	10.3	10	43	0	1622	43.25	20:02
20140416050105	A	10.5	7539.289	2103.946	9.5	10	53	6	2001	53.36	20:02

진롱호의 AIS 항적(슬롯 번호 2020 사용)

해심원과 선조위, 오류를 재생산했다

해심원 보고서를 보면 '최초 공개된 세월호 사고 발생 시점의 항적' 부분에서 참사 당일 08:48:37~08:52:12 3분 36초간 데이터가 없는 것을 '데이터 누락'으로 표현하고 있다.[17] 해심원은 추가 복원된 항적에서 29초 동안 데이터가 없는 것에 대해선 'AIS 선박 위치 자료의 일시적인 미수신'이라고 명명하며 "IMO 기술기준 등과는 일치하지 않지

---

17 여객선세월호전복사고특별조사보고서(해심원 특별조사부)

만, 비슷한 시간대에 같은 해역을 운항하는 다른 선박에서도 유사한 현상이 발생한 것을 보면, VHF 전파 방해에 의한 것이나 AIS 기계적 특성 등에 의해 가끔 발생할 수 있는 현상으로 판단"된다고 결론 내렸다.

또한 선수방위값이 급변한 구간(4월 19일 08:49:44~08:49:46, 199°. →213°→191°)에 대해선 송신 시간 기준으로 정렬했던 것을 수신 시간 기준으로 다시 정렬해보면(191°→199°→213°) '이상 항적 구간'은 없는 것이라고 판단했다. ITU 기준에 따르면 AIS 데이터 중 타임스탬프 항목은 생성(generated) 시간인데도 이를 전송 시간이라고 표현하고, 전체 AIS 데이터를 생성 시간이 아니라 수신 시간으로 정렬할 경우 다른 구간에서 오히려 역행하거나 선수방위가 급변하는 사례가 발생하는데도 임의적 결론을 내린 것이다.

결론적으로 해심원은 세월호 AIS의 이상 현상들을 단순 누락이나 기계 오류로 판단하면서 '사고 이전 선체 이상 등에 의한 항해 정지설', '마주 오는 선박 등을 피하기 위한 급선회설' 같은 원인 조사 관련 가설들을 AIS에 근거해 배제했다. 결국 사고 원인을 서둘러 단정해 결론지은 셈이다.

선조위 종합보고서[18]를 보면 '세월호 AIS 항적 및 실험항해 데이터 분석'이라는 용역 보고서에 기초해 AIS 데이터를 분석하고 검증했다. 내인설과 열린안은 사고 원인에선 대립했지만 AIS 항적에선 각각 다

---

18   2018.8.6. '세월호선체조사위원회 종합보고서'

증거가 말하는 세월호 참사

른 용어로 달리 서술하면서도 결론은 유사했다. 해외 데이터와 비교해 '일치'함을 확인하고, 맹골수도와 병풍도 사이를 오가는 항해 실험을 진행해 각 VTS마다 AIS 데이터 수신량이 다르다는 것을 확인한 뒤 각각 '세월호 AIS 로그 원문 데이터에는 조작이나 편집의 흔적이 없다(내인설)', '세월호 AIS 항적은 신뢰할 수 있는 자료(열린안)'라고 결론 내렸다.

그런데 선조위 종합보고서를 보면 내인설과 열린안은 AIS 항적을 분석하는 지점에서 약간의 차이를 보인다. 내인설 보고서는 AIS 데이터를 '송신 시간 기준으로 정렬'했다고 서술한다. 그 이유는 '타임스탬프, 이른바 송신 시간은 생성된 시간이기에 AIS 메시지를 각 VTS 센터에서 수신한 시간은 다르더라도 타임스탬프 시간은 언제나 동일'하기 때문이라고 기술했다. 하지만 이는 잘못된 설명이다. 타임스탬프와 송신 시간은 다른 개념이다.

"선조위는 위·경도 좌표의 정밀도를 높이기 위해 세월호 AIS 위치 정보는 소수점 7자리 단위까지 추출해 분석했다. 해양수산부에서 AIS 분석 의뢰를 받은 용역 업체는 소수점 5자리(도·분·초 소수점 2자리)를 사용해 세월호 항적도를 만들었다. 그러자 세월호의 움직임이 도드라지는 변곡점(08시 49분 44·45·47초)이 생기는 등 항적의 모양이 매우 투박하게 그려졌다. 하지만 선조위가 위·경도 좌표도 단위 소수점 7자리 이상으로 확장해 다시 항적도를 그리니 모양이 한결 부드러워졌다. 계단 모양처럼 튀지 않고 선체 진행 방향으로 위치 좌표가 부드럽게 움직이고 있었다."

선조위가 어떻게 AIS 위치 정보를 추출하고 분석했는지를 설명한 대목으로 이 내용은 내인설과 열린안 모두에 동일하게 포함돼 있다.

AIS 위치 데이터는 도·분 단위 소수점 4자리까지의 값(예컨대 34°9.7103′)으로 전송되고, 단위 변환이 필요한 경우에는 도 단위 (34.16183833°)나 도·분·초 단위(34°9′42.6180″)로 변환해 표시해야 한 다. 선조위는 도·분 단위 값을 도 단위로 변환해 소수점 5자리 미만을 반올림한 뒤, 반올림해 이미 정밀도가 떨어진 값을 또다시 도·분·초 단위로 변환해 소수점 4자리 미만을 버리는 방식으로 최종 위치값을 표시했다.

하지만 다음 표에서 보듯 이는 실제와 전혀 다른 위치 정보를 추출 된 것이 된다. 실제 선조위 종합보고서에 인용된 좌표값들 중에는 이 처럼 실제와 오차를 보이는 '틀린' 값이 여럿 존재한다.

시간	구분	도·분 단위	도·분·초 단위 변환(A)	도·분·초 단위 선조위 변환(B)	차이(A-B)
08:49:25	위도	34° 9.6853′	34° 9′ 41.1180″	34°9′41.1119″	0.0061″
	경도	125° 57.9286′	125°57′ 55.7160″	125°57′55.8000″	△0.0840″
08:49:56	위도	34° 9.5830′	34°9′ 34.9800″	34°9′34.9920″	△0.0120″
	경도	125° 57.9380′	125°57′ 56.2800″	125°57′56.1599″	0.1201″

시간	구분	도·분 단위 (원보)	도 단위 7자리 변환(A)	도 단위 7자리 선조위 변환(B)	차이(A-B)
09:00:32	위도	34° 09.9710′	34.1661833°	34.1667500°	0.0006333°
	경도	125° 57.6080′	125.9601333°	125.9601333°	0.0000000°

증거가 말하는 세월호 참사

09:01:02	위도	34° 10.0210′	34.1670167°	34.1670200°	0.0000033°
	경도	125° 57.6080′	125.9601333°	125.9601000°	0.0000333°

AIS 위치 데이터값의 실제 변환값과 선조위의 변환값 비교(예시)

열린안 보고서는 AIS 항적을 '생성 시간 기준으로 정렬'했다고 하면서 이는 타임스탬프와 동일하다고 설명하고 있다. 그런데 '생성 시간 기준으로 세월호 AIS 위치 정보를 정렬하는 과정에서 생성된 시간이 잘못 붙여진 경우'를 발견한 선조위는 이를 'AIS의 일반적 오류'라고 판단했다. 특히 세월호 항적에서만 볼 수 있는 '생성 시간이 다른데도 위치 정보가 같은 데이터'에 대해 '일반적 오류'라고 규정했다.

이런 전제하에 논란이 되는 구간을 '생성 시간의 보고 주기가 수신 시간의 주기를 따르도록 하고, 수신 시간과 생성 시간 간 시간 차가 위치 정확도에서 일정하게 유지'하도록 임의로 보정했다. 이렇게 하면 08:49:43 구간에서 '생성 시간이 꼬인 것이 사라진다'고 표현했다. 이렇게 하니 '선수방위가 199°→213°→191°로 비정상적으로 변하던 것이 191°→199°→213°로 자연스럽게 증가하는 형태로 바뀌어', '이상 항적으로 보이던 선수방위, 대지속력 등이 보정'됐다는 설명이다.

하지만 선수방위 이상 급변 구간(08:49:44~08:49:46, 199°→213°→191°)에만 다른 기준을 적용해 순서를 바꾸고 보정됐다고 주장하는 것은 합리적인 판단이라고 보기 어렵다. 하나의 동일한 사안을 분석하면서 하나의 기준을 적용하고 거기에 맞지 않으면 그 결과의 원인을 찾는 것이 합리적인데, 선조위는 '오류'라고 규정한 다음 그 오류를 해석하려고 특정 구간에만 다른 기준을 적용한 셈이다.

선조위는 사고 직전 29초간 데이터가 없는 현상에 대해 "다른 선박에서도 발생했다는 것을 확인"했다며 해심원과 마찬가지로 '데이터 누락'으로 표현했다. 즉 사고 시간대인 08시~09시에 목포VTS는 1386척, 진도VTS는 1049척의 데이터를 수신하는 등 통신 용량을 두 배 웃도는 AIS 정보가 송신됐고, 동시간대 다른 14노트 이상 선박 5척의 수신율을 분석해보니 세월호와 동일한 사례가 발생했다며 "데이터 누락 현상은 AIS 시스템의 불완전성으로 인한 일반적 현상"이라고 판단했다. 그리고 데이터 누락의 근거로 기지국 등의 수신 용량 포화, 슬롯 충돌 가능성들을 제기했다.

사참위가 해수부가 제출한 원문에서 선조위처럼 동일 시간대(08:00 ~09:00)의 AIS 데이터 중 한 건이라도 메시지를 발생한 'AIS Class A' 장비를 장착한 선박의 수를 파악해보니, 목포VTS 4403310 기지국 599척, 진도 VTS 서거차도 기지국 611척, 제주VTS 4403702 기지국 694척으로 확인됐다. 이를 보더라도 선조위는 '최대 통신 용량 450척'의 산출 기준은 1분(1프레임)이 기준인데도 선박 수를 계산한 기준은 1시간으로 적용하는 오류를 범한 것으로 파악된다. 또 AIS 단말기는 장착된 선박의 항해 상태와 속도, 선수방위 등 조건에 따라 메시지 보고 간격이 변하므로 단순히 선박 수로 통신량을 추정하는 것도 맞지 않는다.

해수부에서 제출한 원문은 참사 당시 출발부터 침몰까지 전 시간대를 포함하고 있고, 그 모든 시간대의 데이터를 살펴봐도 슬롯 사용 점

증거가 말하는 세월호 참사

유율이 4분 평균 50퍼센트에 미치지 못할 뿐 아니라 순간 최대치도 43.73퍼센트로 확인됐다. 또 참사 후 해수부의 지시에 따라 유지·보수 업체에서 그해 6월 중에 조사해 제출한 값에서도 50퍼센트를 초과하는 값은 찾을 수 없었다. 결론적으로 슬롯 포화와 슬롯 충돌 때문에 데이터가 누락됐다는 것은 잘못된 분석이다.

해외 데이터와 세월호 데이터는 '달랐다'

세월호 AIS에 대한 논란이 일던 초기부터 해외에서 입수한 데이터와의 비교가 또 하나의 쟁점이 됐다. 해수부가 4차에 걸쳐 발표한 AIS 데이터는 모두 해수부가 입수한 것으로 그 과정이 명확하지 않은 데다, 선조위 역시 해외 업체인 메이드 스마트 등으로부터 입수한 데이터를 비교 분석해 '세월호 AIS 로그 원문과 비교해 일치했다'는 결론을 내렸다. 그러나 사참위가 네덜란드의 메이드 스마트와 불가리아의 아스트라 페이징, 코리아오브컴의 데이터까지 입수해 해수부에서 제출한 AIS 원문과 비교 분석해보니, 서로 '같다' 또는 '일치한다'고 결론을 내리기에는 무리가 있었다.

AIS는 27가지 메시지를 주고받고 그 메시지가 다른 AIS 장비에 도착하면 다음과 같은 패킷으로 포장돼 사용된다. 다음 예시에서 표시한 부분이 페이로드인데 AIS에서 주고받는 메시지에 해당하는 부분으로 AIS 단말기에서 한번 생성되면 변경될 수 없다. 데이터끼리 비교할 때 페이로드가 서로 다르면 그것은 동일 데이터가 아니라고 할 수 있다.

○1번 메시지

!AIVDM,1,1,,A,16S`N9000094<rfE:PMP01wb0D1m,0*4E

○5번 메시지

-. !AIVDM,2,1,3,B,56Tn9:021g9@A<p?>20A84Ltr1=Dr222222222
16;PD9858g0:i3kQj0AGjl,0*70^68

-. !AIVDM,2,2,3,B,`8888888880,2*7C^17

다음 예시에서 '메이드 스마트 ORBCOMM000 채널'로 명시된 문
장의 페이로드와 '오브컴의 B 채널'로 명시된 문장의 페이로드를 살
펴보면 끝부분에 '>@<'가 있다. 그리고 '아스트라 페이징의 2채널'로
명시된 문장의 페이로드 끝부분엔 '0000'가 있다.

메이드 스마트 ORBCOMM000 Channal

!AIVDM,1,1,,ORBCOMM000,16SWOT002u90r`LE91I`=F
VD0>@<,0*73

오브컴의 B channel

\s:rORBCOMM010u,c:1397520048*5E\!AIVDM,1,1,,B,16Sf:30000
92f=LEFmt28BIR0>@<,0*39

아스트라 페이징의 2 Channel

2014-04-15 19:28:11 !AIVDM,1,1,,2,16SWOT002l8wQm0DEBl7E
5q`0000,0*29

이런 페이로드 끝부분이 커뮤니케이션 스테이트로 바로 여기에 배의 AIS 송신기에서 페이로드가 송출되기 위해 필요한 필수 정보가 들어 있다. 커뮤니케이션 스테이트를 살펴보면 선박에 부착된 AIS 송신기가 해당 정보를 전송한 시간, 앞으로 몇 프레임 동안 해당 슬롯을 사용하기로 했는지 등을 알 수 있다. 해수부 페이로드와 오브콤 및 아스트라 페이징의 페이로드를 비교해보면 항해 정보 중 위치 정확도와 타임스탬프 부분이 다르고 커뮤니케이션 스테이트가 다르다.

오브컴 B의 페이로드와 아스트라 페이징 페이로드를 비교해보면 앞서 언급한 위치 정확도와 타임스탬프, 커뮤니케이션 스테이트 외에도 항해 정보 중 하나인 위도 값이 다른 경우도 존재했다. 해수부와 아스트라 페이징 간의 페이로드, 해수부와 오브컴 간의 페이로드를 해석한 자료에선 메시지 아이디[19] 값이 다른 경우도 존재했다.

사참위가 수집한 해수부 자료에 따르면 배에 대한 정적 정보 변경 데이터가 확인되지 않지만 메이드 스마트 자료에 따르면 4월 15일 17:27으로 추정된다. 해수부 자료를 보면 5번 메시지[20]의 페이로드는 해당 시각부터 마지막 데이터까지 변경되지 않았다. 그러나 이를 메이드 스마트 10.172.0.91, 아스트라 페이징, 오브콤의 5번 메시지와 비교해보면 페이로드가 다르고 구체적으로 해석된 값에서 호출 부호,

---

19 메시지 타입으로 현재 1번부터 27번까지 존재한다.

20 IMO 번호, 콜사인, 선박 이름, 선박 크기(GPS 안테나 위치), 도착 시간, 목적지 등 선박 정보를 담고 있다.

provider	local_save_time	radio_ch	payload
메이드 스마트	20140415210430	INCH1	16SWOT000ba3ONLEKeJKE3bt2@Au
해수부	20140415210431	B	16SWOT000ba3ONLEKeJKE3bt2@Au
오브콤	20140415210551	B	16SWOT000b93ONLEKeJKE3bv0>@<

provider	ns_id	rot	sog	po_accu	longitude	latitude	cog	hdg	time_stamp
메이드 스마트	0	0	4.2	1	75955150	22474089	290	117	30
해수부	0	0	4.2	1	75955150	22474089	290	117	30
오브콤	0	0	4.2	0	75955150	22474089	290	117	31

메이드 스마트와 해수부 데이터는 동일하고 오브컴 채널은 다름

provider	local_save_time	radio_ch	payload
메이드 스마트	20140415213521	INCH1	16SWOT002la3@JdEHuj HVdL28<o
해수부	20140415213522	A	16SWOT002la3@JdEHuj HVdL28<o
아스트라 페이징	20140415213712	2	16SWOT002l93@JdEHuj HVdd0000

provider	ns_id	rot	sog	po_accu	longitude	latitude	cog	hdg	time_stamp
메이드 스마트	0	0	15.3	1	75924310	22429130	214.6	214	14
해수부	0	0	15.3	1	75924310	22429130	214.6	214	14
아스트라 페이징	0	0	15.3	0	75924310	22429130	214.6	214	22

메이드 스마트와 해수부 데이터는 동일하고 아스트라 페이징 채널은 다름

선박 이름, 도착 시간, 목적지, DTE(데이터단말장치) 등이 다르다.

이렇게 해외 데이터를 분석한 결과 모두에서 해수부의 원문과 일치하지 않는 페이로드가 있음을 확인할 수 있었다. 특히 한번 설정하면 직접 수동으로 입력해 바꾸기 전까지 변할 수 없는 5번 정적 메시지의 경우 모든 채널의 페이로드가 일치하지 않았다.

사참위가 분석 결과를 들어 코리아오브컴과 메이드 스마트에 '세월호가 생성한 페이로드가 해당 분석 대상의 파일로 저장될 때까지 변경될 수 있는지' 문의하자 두 회사 모두 "변경될 수 없다"고 회신했다.

증거가 말하는 세월호 참사

provider	local_save_time	radio_ch	payload
메이드 스마트	20140415173523	INCH1	56SWOT001nvS7;7S?:1<ELtj222222222222220t6AP4B589002QBUO;ORCPj1Ck 8 88881
해수부	20140415194723	A	56SWOT001nvS7;7S?:1<ELtj222222222222220t6AP4B589002QBUO;ORCPj1Ck 8 88880
메이드 스마트	20140416024211	10.172.0.91	56SWOT001nvS7;7S?81<ELth000000000000000t6AP4B400002QBUO;Cp88888888 88888
아스트라 페이징	20140416024220	A	56SWOT001nvS7;7S?81<ELth000000000000000t6AP4B400002QBUO;ORCPj1Ck 8 88888
메이드 스마트	20140416024223	ORBCOMM000	56SWOT001nvS7;7S?81<ELth000000000000000t6AP4B400002QBUO;ORCPj1Ck 8 88888
오브콤	20140416024223	A	56SWOT001nvS7;7S?81<ELth000000000000000t6AP4B400002QBUO;ORCPj1Ck 8 88888
메이드 스마트	20140416024332	10.172.0.91	56SWOT001nvS7;7S?81<ELth000000000000000t6AP4B400002QBUO;H888888888 88888

provider	call_sign	vessel_name	mon	day	hour	min	destination	dte
메이드 스마트	121832	SEWOL	4	16	9	0	JEJU<->INCHEON	0
해수부	121832	SEWOL	4	16	9	0	JEJU<->INCHEON	0
메이드 스마트	121832@	SEWOL@@@@@@@@@@@@@@@	0	0	0	0	JEJU<-O	1
아스트라 페이징	121832@	SEWOL@@@@@@@@@@@@@@@	0	0	0	0	JEJU<->INCHEON	1
메이드 스마트	121832@	SEWOL@@@@@@@@@@@@@@@	0	0	0	0	JEJU<->INCHEON	1
오브콤	121832@	SEWOL@@@@@@@@@@@@@@@	0	0	0	0	JEJU<->INCHEON	1
메이드 스마트	121832@	SEWOL@@@@@@@@@@@@@@@	0	0	0	0	JEJU<-	1

채널별 정적 데이터 분석 결과 서로 상이함

그러나 그들은 일치하지 않는 페이로드에 대해 해명해달라는 요구에
는 명확히 답하지 않았다. 특히 메이드 스마트가 제공한 모든 데이터
는 1개 파일에 담겨 있고 4개 채널(ORBCOMM000, INCH1, MOKP1,
10.172.0.91)이 혼재하지만, 5번 정적 메시지의 페이로드가 해수부 원
문과 일치하는 경우는 단 한 건도 없었고 INCH1과 MOKP1의 1번,
3번 동적 메시지만 원문과 일치했다. 이처럼 메이드 스마트의 원문 데
이터와 해수부의 원문 데이터를 비교하려면 그 전에 페이로드가 일치
하지 않는 데이터들에 대한 해명이 우선돼야 할 텐데, 선조위가 구체
적 해명 없이 단지 특정 채널의 데이터만 일치하는 것을 전체 채널이
일치하는 것처럼 발표한 것은 심각한 검증의 오류라고 할 수 있다.

항적 논란에 책임 있는 국립전파연구원

국립전파연구원은 1966년 2월 5일 설립되어 현재 과학기술정보통신부에 소속돼 있는 국가 연구 기관이다. 주요 업무는 전파 자원 개발, 안전한 전파 이용, 방송·통신 기술기준 및 표준 선도, 적합성 평가 체계, 정보·통신 정보화 및 정보 보호 강화다.

'해상 업무용 무선 설비의 기술기준'(국립전파연구원 고시 제2013-14호, 2013.11.18. 일부 개정)은 선박 자동식별 기능의 기술기준이 ITU 기술기준을 따르도록 규정하고 있다. 담당 부서는 과기부(2014년 당시 미래창조과학부) 산하의 국립전파연구원이다. 그런데 참사 직후 AIS와 관련해 이상 항적 등 논란이 일었을 때 해수부와 해심원, 선조위는 검증할 전문 기관도 담당 부처가 아닌데도 임의로 판단했고 그 결과를 담당 기관인 미래부에 통보조차 하지 않았다. 거꾸로 국립전파연구원은 선박의 안전 운항과 해양 사고 예방을 위해 문제점을 정확히 파악하고 적절한 대응했어야 하는데도 참사 이후부터 7년 동안 이런 사실을 인지하지 못하고 있다가 사참위가 조사를 통보하고 나서야 뒤늦게 검증에 나섰다.

사참위는 2020년 12월 10일 국립전파연구원에 AIS 분석 보고서를 제출했고, 2021년엔 담당 부서를 방문해 관련 내용을 설명하고 업무 협의를 진행했다. 법적인 책임 주체에 AIS 관련 문제점을 설명하고 그에 합당한 조치를 요청한 것이다.

사참위가 확인해보니 현재 세월호와 동일한 AIS 기종을 장착해 운항하고 있는 선박이 195대나 있었다. 기존 조사 결과처럼 세월호 AIS

데이터의 문제가 '기기 오류'라면 해양 안전 및 사고 예방이라는 취지에 위배되는 상황이 벌어지고 있는 셈이다.

사참위는 2021년 9월 13일 국립전파연구원에 공문을 보내 '귀 기관에서 실시한 2021.4.12. AIS 자동식별장치(JHS-182 중고 장비)에 대한 테스트 결과를 검토해보니 우리 사참위 분석 제출 보고서의 현상은 확인할 수 없었'다며 테스트 결과에 대한 전파연구원의 검토 결과와 함께 같은 장비를 장착한 선박들에 대한 추가 조사 및 조치 계획을 물었다. 국립전파연구원은 2021년 9월 17일 공문을 통해 "행정처분에 대한 법령 해석상 문리적으로 불가능하다고 판단"했다며 관련 법률 근거를 제시했다. 또 동일 AIS(JHS-182)를 장착한 선박들을 추가 조사하고 조치할 계획이 있는지 묻는 질문에 대해선 "시설자가 운용하는 AIS 장비는 전파법 시행령 제123조 2항 및 3항에 따라 중앙전파관리소와 한국방송통신전파진흥원이 준공 및 정기 검사 등을 수행해 관리하고 있음"이라고 답했다.

ITU 한국위원회 역할도 함께 맡고 있는 국립전파연구원과 과기부는 지금이라도 국제 기준에 맞지 않는 데이터가 세월호에서 특정 구간 동안만 발생하고 그에 대한 명확한 원인이 규명되지 않은 문제에 대해 담당 기관으로서 책임을 다해야 할 것이다.

검찰의 부실 수사, 기존 결론 반복

'세월호 참사 국민 고소·고발 대리인단'은 2020년 7월 13일 세월호 침몰 원인을 규명하는 데 AIS 데이터가 중요하므로 관련 의혹을 풀어

달라며 검찰에 두 가지 진상 규명을 요청했다. AIS 데이터의 조작 여부를 밝혀 진위를 확인하고, 참사 당일 해수부의 GICOMS 내 AIS 데이터베이스 서버에 세월호 AIS 데이터가 저장 지연된 것이 사실인지 확인해달라는 것이었다.

'검찰 세월호참사 특별수사단'은 해수부가 제출한, 각 VTS 로그 데이터에서 추출한 세월호 AIS 데이터와 해수부가 발표한 1차~3차 항적을 비교해 항적이 일치한다고 판단했다. 또 VTS 로그 데이터에서 추출한 세월호 AIS 데이터와 두우패밀리호에서 추출한 세월호 AIS 데이터를 비교해 항적 및 원문이 일치한다고, 선조위가 네덜란드 메이드 스마트에서 구입한 세월호 AIS 데이터의 항적과도 전체적 경향이 일치한다고 판단했다. 그러면서 이렇게 다양한 출처의 AIS 데이터를 조작하기는 불가능하다고 결론을 내렸다.

특수단이 해수부가 3차에 걸쳐 발표한 항적을 비교 검토하고 '해수부 발표 1차~3차 항적을 상호 비교 분석한 결과, 발표 과정에서 누락된 항적이 발표 차수별로 추가됐던 점은 확인되지만 각 항적의 전체적 경향은 일치했음'이라고 결론 내릴 때, 그들은 1차~3차 항적을 비교하는 방식으로 다음처럼 항적을 지도에 그려 경향이 비슷한지를 확인한 듯하다.

그러나 실제 1차~3차 항적의 수치를 직접 비교하면 다른 값이 여럿 확인된다. 같은 AIS 원문을 디코딩해 항적을 발표했다는데도 발표 차수에 따라 다른 데이터 값이 존재하는 것은 이해하기 힘들다.

사참위가 해수부가 1차 항적 발표를 위해 사용한 목포VTS 원문

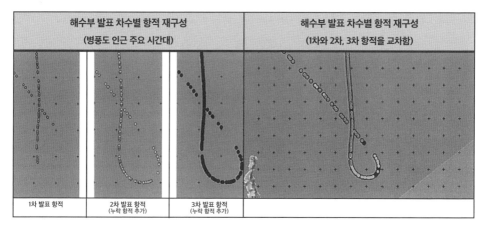

해수부 발표 차수별 항적 재구성 (병풍도 인근 주요 시간대)			해수부 발표 차수별 항적 재구성 (1차와 2차, 3차 항적을 교차함)
1차 발표 항적	2차 발표 항적 (누락 항적 추가)	3차 발표 항적 (누락 항적 추가)	

특수단이 해수부가 발표한 차수별 항적을 비교한 모습

을 분석해보니 4월 16일 03시 40분부터 09시 30분까지 1번 메시지는 2177개, 3번 메시지는 343개가 존재했지만, 해수부가 발표한 1차 항적에서 1번 메시지는 2072개, 2차 항적에서 2233개 데이터가 존재했다. 목포VTS 원본과 비교하면 1차 항적에서 105개, 2차 항적에선 287개 차이가 난다.

특수단이 이처럼 데이터를 단순 비교만 해도 알 수 있는 현상들에 대해 아무런 설명도 하지 않고 '경향이 일치'한다고 판단한 것은 잘못됐다. 특수단은 해수부의 3차 발표 항적과 VTS 로그 원문에서 항적을 추출해 지도에 표시한 것이 일치한다고 분석했지만, 데이터 값들을 비교하지 않고 단순히 항적도를 그림으로 합친 뒤 '일치'한다고 결론을 내리는 것은 동의하기 어렵다.

또 특수단은 '해수부 발표 3차 항적(1차, 2차 발표 항적 포함)과 상업용 AIS 데이터 제공 업체인 네덜란드 메이드 스마트사 보관 AIS 분석으로 확인한 세월호 항적을 비교한 결과 아래 항적도와 같이 서로 일치하는 사실이 확인됨'이라고 보고했다. 이때 특수단에서 비교 분석에 사용한 4309개 데이터는 오브컴, INCH1, MOKP1 채널에서 생성한 동적 정보 데이터다. 그런데 사참위가 4309개 원문이 해수부의 AIS 원문과 같은지를 조사해보니 INCH1, MOKPOP1 채널의 4259개 원문들은 해수부 AIS 원문과 동일했지만, 오브컴 채널의 50개 원문은 해수부 AIS 원문과 달랐다.

증거가 말하는 세월호 참사

4

DVR 수거 과정에
대한 논란

CCTV 저장 장치인 DVR는 선박의 블랙박스 역할을 할 수 있어 세월호 참사 초기부터 그 수거가 중요한 이슈가 됐다. 그러나 실제 DVR 인양은 두 달이 지난 6월 22일, 영상 복원은 8월에야 이뤄졌다. 세월호특조위는 수거 과정과 데이터 조작 가능성, DVR 종료 시점 등을 조사한 뒤, 촬영된 영상은 실시간으로 DVR에 저장되고 동시에 모니터에 표출되므로 실제 모니터에 영상이 보였다면 CCTV가 작동했다고 보는 것이 타당하다고 판단했다. 또 생존한 승객들이 참사 당일 09시 이후에도 세월호 3층에서 CCTV 모니터로 영상을 확인했다는 진술을 확보해 청문회에서 조사 결과를 발표하기도 했다.

세월호특조위와 선조위가 활동하는 기간에 유가족들로부터 이 의혹을 밝혀달라는 신청 사건이 접수됐다. 사참위가 무엇보다 먼저 DVR 관련 수사를 요청하게 된 것도 이런 배경에서다.

세월호에는 이른바 선박의 블랙박스라고 할 수 있는 VDR가 설치돼 있지 않았다. 그 사실을 몰랐는지 참사 당일 해양경찰청 상황정보 문자시스템의 문자 내용에 따르면, 12시 38분 목포해양경찰서 상황실은 122구조대로 하여금 세월호 내 VDR를 확보하라고 지시하고 14시 5분 재차 VDR를 회수했는지 확인했다. 실제 한 해경은 VDR를 수거하려고 당일 12시경 3009함에 갔다가 세월호가 전복돼 선내 진입이 어려울 것으로 판단해 철수했다고 진술하기도 했다.

해양 범죄는 외부와 차단된 상태에서 발생하는 범죄인 까닭에 수사는 오로지 선박 내부에 있는 사람의 진술에 의존할 수밖에 없고, 증거의 오염 가능성이 높아[21] CCTV 같은 범죄 현장의 증거를 적시에 수집해 분석해야만 사건의 실체를 정확히 파악할 수 있다. 해경이 2012년 발표한 '해양경찰 과학수사 발전방안(2012)'에도 CCTV에 대한 디지털 영상 분석이 지방청 과학수사팀의 임무로 언급돼 있다.[22]

이런 이유에서인지 참사 초기부터 '검경 합동수사본부는 선원들의 혐의를 확인하기 위해 CCTV를 확보해 분석할 계획'이라고 하는 등 세월호의 CCTV 영상을 확보했거나 확보할 필요가 있다는 언론 보도도 다수 나왔다.

---

21 '해양경찰 과학수사 발전방안(2012)'(2012.10. 해양경찰청 수사과 작성·보고)과 관련한 용역 보고서인 '해양경찰 과학수사 발전방안 연구보고서'(한국해양대학교)

22 '해양경찰 과학수사 발전방안(2012)'에 따르면 조직 역량 강화를 위해 '지방청 중심의 광역 과학수사 체계 구축'이라는 단기 과제를 설정했는데, 지방청 및 지방경찰서 주요 임무로 1. 사인 불명 변사 및 화재·범죄 현장 감식, 2. 거짓말 탐지, 디지털·모바일 포렌식, 3. 디지털 영상 분석(CCTV) 등을 들고 있다(13~14쪽).

"수사본부는 폐쇄회로 TV(CCTV) 화면을 확보해 이 선장의 혐의를 모두 확인했다."

(중앙일보 2014.4.19.)

"수사본부는 사고 전후 이들의 보다 구체적인 행동을 살피기 위해 침몰한 선박의 조타실 내 폐쇄회로(CCTV)를 확보해 분석할 방침."

(서울신문 2014.4.25.)

"침몰한 세월호 안에는 CCTV가 64개나 촘촘히 설치돼 있었다는 사실이 SBS의 취재 결과 확인됐으며 복구할 수 있다면 당시에 어떤 일이 벌어졌는지 밝힐 중요한 단서가 될 것 같다. 검경 합동수사본부는 선장 등 선원들의 진술이 엇갈리고 있어 CCTV 하드디스크 확보와 복구는 주요 단서 확보 차원에서 반드시 필요한 과정이라고 강조했다."

(SBS 2014.4.26.)

CCTV가 선박 사고 조사와 해양 범죄 수사의 기초 증거인데도 해경과 해군 등은 6월 22일에야 DVR를 확보해 데이터에 대한 의심을 불러일으켰다. 6월 24일 법원(광주지방법원 목포지원)이 수거한 DVR에 대한 증거보전 절차를 승인해 복원 절차가 진행된 끝에, 8월 18일 CCTV 영상 등 복원된 데이터가 발표됐다.

그러나 당일 08:30:59(시간 동기화를 위해 15분 23초를 더하면 08:46:

22)[23]까지의 동영상만 존재해[24] 복원된 CCTV 영상을 통해서는 참사 발생 당시[25]의 상황과 침몰 원인, 선내 구조 상황 등을 확인할 수 없었다. 또 해경 등 정부기관이 유가족의 요청에 따라 DVR를 수거하기로 했으면서도 수거 직후 유가족 등에게 바로 수거 사실을 알리지 않고 수거된 DVR를 일반 유류품과 함께 일반 마대자루에 보관해 40시간 가까이 부식 방지 조치 없이 방치하면서, 사전에 CCTV 영상이 조작·편집됐다는 의혹이 가중됐다.

세월호 선내 CCTV 영상을 둘러싼 의혹은 '왜 CCTV 영상이 참사 당일 08:30:59(08:46:22)까지만 복구되나?'로 요약될 수 있다. CCTV는 최종 전원이 꺼지는 순간까지 영상을 저장하는데 세월호 DVR 프로그램 역시 이 기능을 탑재하고 있었다. 그러므로 최소한 CCTV로 그 기록 중 영상 기록 최종 시간인 08:34:21까지 영상이 남아 있어야할 텐데 마지막 '3분 22초' 영상이 없었다.

---

23 세월호선체조사위원회 종합보고서(부속서 Ⅱ권, 346쪽)에 따르면 차량 블랙박스의 라디오 시보 시각과 해당 블랙박스 표기 시각 간에 차이가 있음이 확인됐다. 해당 블랙박스가 장착된 차량이 인천항만 CCTV와 세월호 CCTV에 각각 찍힌 시간에 대입한 결과, 각 CCTV의 기준 시간은 인천항만 CCTV는 1분 16초 빠르고 세월호 CCTV는 15분 23초 느린 것으로 확인됐다.

24 08:31(08:31:00~08:31:59)의 영상 파일은 존재하나 영상은 복원되지 않고 일부 사진만 복원됐다.

25 세월호선체조사위원회 종합보고서(본권 Ⅰ권, 20쪽)의 차량 블랙박스 영상 분석 결과에 따르면 세월호는 08:49:22부터 좌현으로 서서히 기울다가 08:49:39 좌현 18도에 이르고 '기익' 하는 소음이 발생한 뒤 초당 3도가량으로 급격히 기울어 08:49:49 최대 47도에 이르는 급경사가 발생한 것으로 보인다.

사참위는 08:31:00 이후의 영상 데이터가 남아 있을 수 있다는 가정하에 추가 복구를 추진하고 기존에 복구돼 있는 영상에 대한 데이터 조작 여부도 조사했다. 결과적으로 08:31:00~08:34:08(08:46:23~08:49:31) 영상 데이터를 추가 복구했지만 최종 영상 저장 로그 기록까지의 '13초' 분량은 복구할 수 없었다. 이에 사참위는 '왜 세월호 DVR를 신속히 수거해 원인 규명과 수습의 증거로 활용하지 않았나?', '왜 DVR 데이터는 가장 중요한 사고 지점 이전까지만 복구되나?', '복구된 DVR의 영상 데이터는 훼손되지 않았나?' 같은 합리적 의심을 품고 조사를 진행했다.

사참위는 세월호특조위에서 이관한 수중수색일지와 수중 촬영 동영상 등 수색 관련 자료, 해경이 제출한 수중 영상과 수중수색일지 등 수중 수색 관련 자료, 해군이 제출한 수중 수색 관련 자료, 4·16기록단이 제출한 영상 자료, 4.16세월호참사가족협의회에서 제출한 영상 자료 등을 검토하고 관련자 진술 조사를 진행했다. 해경이 제출한 수중 영상엔 DVR가 나타나지 않고 선체를 인양한 잔존물에서도 커넥터가 발견되지 않았음을 확인하고 DVR 전면부 열쇠 구멍 및 잠금장치의 상태 차이와 DVR 오른쪽 손잡이 고무패킹 유무를 조사한 뒤 사참위는 'DVD 수거 과정 관련 의혹'에서 다음과 같이 결론 내렸다.

2014년 6월 22일 이전에 누군가 '세월호 DVR'를 수거하면서 외형이 같은 별도 DVR를 준비해 세월호에 갖다 놓았다. 그러므로 6월 22일 당시 잠수사는 '세월호 DVR'가 아니라 누군가 갖다 놓은 별도 DVR를 수거한 것이고, 별도 DVR를 바지선에 올라놓은 다음에는 해군과 해경 등이 이를 이전에 수거한 '세월호 DVR'로 다시 바꿔놓아 그날 처음으로 '세월호 DVR'를 수거한 것처럼 보이게 했다.

사참위는 이런 내용의 보고서에 의거해 2019년 4월 29일 서울중앙지방검찰청에 증거인멸과 직권남용 권리행사방해, 위계 공무집행방해 혐의로 해군과 해경, 기타 관련자들에 대한 수사를 요청했다. 이후 검찰은 특수단을 구성해 수사를 진행하다가 특검의 수사가 예정돼 있어 관련 기록을 특검에 인계하는 것으로 수사를 종결했다.

사참위는 2020년 9월 23일 '4·16세월호참사 증거자료의 조작·편집 의혹 사건'에 대한 특별 검사를 임명해줄 것을 국회에 요청했고, 국회는 2020년 12월 8일 특검 임명을 의결했다. 특검은 2021년 5월 13일 공식 출범했다. 사참위는 'DVR 수거 과정 관련 의혹'에서 검찰에 수사를 요청했던 내용 외에 다음과 같은 내용에 대한 추가 수사를 특검에 요청했다.

수중 수색 영상에서 처음 노출된 DVR의 위치, 바뀔 수 없는 DVR의 위치, 수중에서 스스로 움직이는 DVR, 해경에서 제출한 영상이 훼손됐거나 허위로 제출됐을 가능성, '2014.5.9. DVR 인양 후 인수인계 내역' 문서명이 확인되면서 생긴, 2014년 6월 22일 이전에 DVR를 수거했을 가능성.

특검은 '세월호 CCTV' 데이터 조작이 있었다는 의혹 사건, 해군 및 해경의 '세월호 DVR' 수거 과정 및 인수인계 과정에 대한 의혹 사건, DVR와 관련한 청와대 등 정부 대응의 적정성에 대한 의혹 사건, 수사 과정에서 인지한 사건 등을 수사 대상으로 삼고 90일간 수사를 진행했다. 이후 2021년 8월 특검은 '세월호 DVR' 수거 과정 및 인수인계 과정에 대한 의혹 사건을 수사한 결과 이를 뒷받침할 만한 증거가 없어 공소를 제기하지 않기로 결정했다고 발표했다.

이에 사참위는 검찰 특수단과 특검의 수사기록을 입수해 사실관계의 정확성과 적용 논리의 타당성, 증거 적용의 적절성 등을 검토하고 추가 조사를 진행했다. 그리고 다음과 같은 의혹이 여전히 해소되지 못했음을 확인했다.

1. 해경이 제출한 DVR 인양 영상에 대한 조작·편집
2. 해군은 세월호 DVR를 원래 설치돼 있던 위치에서 수거했나
3. 해군이 수거한 DVR와 검경 합동수사본부가 확인한 DVR는 동일한 것인가
4. 6월 22일 이전에 DVR가 인양됐을 가능성

이 장에서는 이 4가지 의혹에 대한 특수단과 특검의 수사기록을 검토한 결과와 추가 조사에서 확인된 내용을 중심으로, DVR 수거 과정에 대한 그들의 결과 발표가 최종 결론이 아니고 앞으로 추가 수사와 조사가 필요함을 설명하려고 한다.

해경이 제출한 DVR 인양 영상에 대한 조작·편집 의혹

해경은 2019년 3월 28일, 2014년 6월 22일 수중 수색했을 당시의 영상 자료 5건을 사참위에 제출했다. 사참위는 그중 세월호 DVR 인양 영상이 '6월22일 중사 ○○○ 안내데스크 탐색(1).VOB'와 '6월

22일 중사 ○○○ 안내데스크 탐색(2).VOB'임을 해경의 잠수기록지와 해군의 잠수도표와 대조해 확인했다. 그런데 영상을 살펴보니 '6월 22일 중사 ○○○ 안내데스크 탐색(1).VOB'는 DVR 인양과 전혀 상관없었고, '6월22일 중사 ○○○ 안내데스크 탐색(2).VOB'는 수중 수색 작업 전체가 아니라 일부만 담긴 8분 25초 분량의 영상이었다. 입수와 출수 장면은 없이 안내데스크에서 DVR를 수거하고 거기서 우현 현측까지 올라오는 과정이 녹화됐지만 DVR는 보이지 않았다.

한편 해군은 DVR를 수거하고 이틀 뒤인 6월 24일 유가족의 요청에 따라 바지선 위에서 잠수사의 헤드캠으로 촬영된 영상(수중 영상 원본)이 저장돼 있던 해군 VTR(잠수영상기록장치) 장비를 통해 DVR 인양 영상을 모니터에 재생하면서 인양 과정을 설명한 적이 있는데, 당시 4·16기록단이 이런 과정을 촬영했다(설명 영상). 4·16기록단의 영상에 따르면 해군 VTR에 저장돼 있던 DVR 인양 수중 수색 영상의 전체 분량은 34분 54초였다. 또 사참위가 해경이 제출한 8분 25초짜리 영상에 대한 분석을 전문가에게 의뢰한 결과 '원본 영상이 아니라 2차 인코딩된 결과로서 재생되고 있는 영상을 캡처했을 가능성이 높다고 판단됨'이라는 결론이 나왔다.

이에 사참위는 DVR 인양과 무관한 26분 35초짜리 영상 '6월22일 중사 ○○○ 안내데스크 탐색(1).VOB'와 8분 25초짜리 영상 '6월22일 중사 ○○○ 안내데스크 탐색(2).VOB'가 해군 VTR에 저장됐던 34분 54초짜리 영상과 유사하게 편집했고 8분 25초짜리 영상 또한 원본 영상을 조작하고 편집했을 가능성이 있다고 판단해 검찰과 특검에 수사

증거가 말하는 세월호 참사

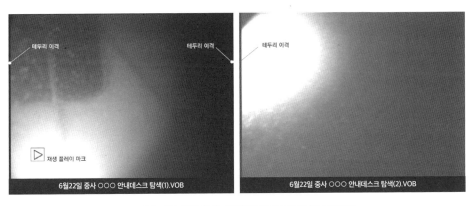

테두리 이격   테두리 이격   테두리 이격

재생 플레이 마크

6월22일 중사 ○○○ 안내데스크 탐색(1).VOB   6월22일 중사 ○○○ 안내데스크 탐색(2).VOB

영상 파일에서 확인되는 재생 플레이 마크와 테두리 이격 현상

를 요청했다.

수사기록에 따르면 검찰 특수단은 2020년 1월 15일 해군의 VTR 1/2과 VTR 2/2의 하드디스크 포렌식을 대검찰청 과학수사부 법과학분석과에 의뢰했다. 법과학분석과는 2020년 2월 18일 세월호 DVR 인양 영상이 저장돼 있던 VTR 2/2에서 97개 영상을 추가로 복원했지만 6월 22일 녹화된 영상 데이터는 발견되지 않았다고 결과를 보고했다.[26]

그리고 2020년 10월 8일에 작성된 수사보고 '뉴스타파 '세월호 DVR 바꿔치기 의혹 검증' 기사 영상 검토 보고' 중 'DVR 수거 영상도 조작됐나'에선 다음과 같은 내용이 나온다. 4·16기록단이 촬영한 영상으로는 '원래 흑백이었는지 확인이 불가', '해군이 사용한 영상 기록

---

26   서울중앙지검, 2019수제143호 수사기록, 수사보고 '해군 수중촬영 영상장비 등 감정의뢰 및 복원영상 확인'

장치는 2세트가 있었는데 그중 한 세트의 영상 출력 장치 부분이 고장이 나 흑백 출력 단자를 사용하고 있었음을 확인', '당시 사진을 확인해보면 오디오 입력 단자에 아무것도 연결되어 있지 않음. 이는 애초에 교신음이 영상에 저장될 수 없었음을 확인', '해군이 사용한 장치의 특성 문제로 저장된 파일의 용량이 1기가바이트가 넘으면 자동으로 분할되어 여러 개 클립들이 생성', '사참위가 세월호 수중 수색 당시 해군과 해경의 영상 자료 생산과 관리 실태가 대단히 부실했던 사실을 고려하지 않은 채 성급히 의도적으로 편집·조작이라는 판단을 내린 것으로 확인'이라고 했다.

특수단 수사보고의 최종 검토 결과는 다음과 같다. '해경이 특조위에 제출한 영상은 해군이 사용한 장비의 특성상의 문제로 영상의 크기가 1기가바이트가 넘는 경우 자동으로 분할돼 저장되고 오디오 입력 단자 부분에는 최초 촬영된 사진에서 보여지듯 아무것도 꼽혀져 있지 않았고, 영상 또한 컬러 단자가 고장이 나 흑백 단자를 사용한 점애 비춰 최초 촬영해 생성된 영상은 흑백으로, 오디오는 나오지 않는 영상으로 파일은 2개로 자동 분할됨'이라고 보고했다.[27]

특검은 '세월호 DVR 수중 수색 동영상 삭제 및 편집에 관한 의혹'에 대한 수사 결과[28]에서, 해군의 VTR 장비는 헤드캠과 모니터, 내장 HDD/DVD 레코더, 콘솔, 외장 DVR 레코더로 구성돼 있고 세월호

27   서울중앙지검, 2019수제143호 수사기록, 수사보고 '뉴스타파 '세월호 DVR 바꿔치기 의혹 검증' 기사 영상 검토 보고'

28   세월호 특검, 2021형제37667호 수사기록

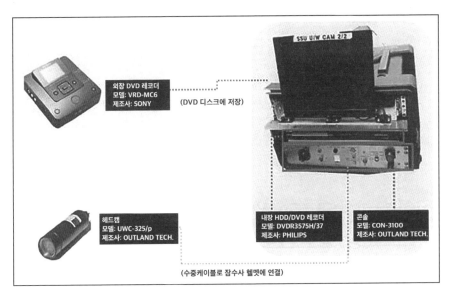

외장 DVD 레코더
모델: VRD-MC6
제조사: SONY
(DVD 디스크에 저장)

헤드캠
모델: UWC-325/p
제조사: OUTLAND TECH.

내장 HDD/DVD 레코더
모델: DVDR3575H/37
제조사: PHILIPS

콘솔
모델: CON-3100
제조사: OUTLAND TECH.

(수중케이블로 잠수사 헬멧에 연결)

특검이 제시한 해군 VTR 기기의 구성

DVR 수거 작업에 사용된 VTR 2/2는 컬러 영상 출력 단자(콤퍼짓)가
고장 나 흑백 영상 출력 단자를 사용했으므로 VTR 모니터에는 흑백
영상이 출력됐다는 점이 확인된다고 했다.

그리고 해군 VTR 기기는 영상 저장만 가능하고 저장된 영상을 파
일 형태로 추출하는 기능과 장치가 없어서 해군은 외장 DVD 레코더
로 별도 DVD 디스크에 영상을 저장해 해경에 전달했는데, 외장 DVD
레코더는 모니터에 송출되는 화면 자체를 실시간으로 DVD 디스크
에 녹화하는 방식으로 저장하므로 영상은 모두 흑백으로 저장될 수밖
에 없었다고 했다. 또 해군의 DVD 녹화 방식이 헤드캠과 콘솔, 내장
HDD/DVD 레코더, 외장 DVD 레코더로 각각 연결되는 입출력 신호

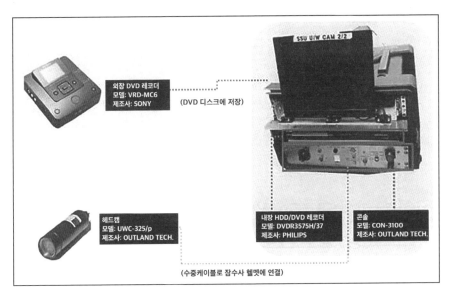

특검이 제시한 해군 VTR 기기의 구성

DVR 수거 작업에 사용된 VTR 2/2는 컬러 영상 출력 단자(콤퍼짓)가 고장 나 흑백 영상 출력 단자를 사용했으므로 VTR 모니터에는 흑백 영상이 출력됐다는 점이 확인된다고 했다.

그리고 해군 VTR 기기는 영상 저장만 가능하고 저장된 영상을 파일 형태로 추출하는 기능과 장치가 없어서 해군은 외장 DVD 레코더로 별도 DVD 디스크에 영상을 저장해 해경에 전달했는데, 외장 DVD 레코더는 모니터에 송출되는 화면 자체를 실시간으로 DVD 디스크에 녹화하는 방식으로 저장하므로 영상은 모두 흑백으로 저장될 수밖에 없었다고 했다. 또 해군의 DVD 녹화 방식이 헤드캠과 콘솔, 내장 HDD/DVD 레코더, 외장 DVD 레코더로 각각 연결되는 입출력 신호

131

가 모두 달라서 그 과정에서 화면의 비율이나 화질이 변경되고 화면에 블랭킹 구간이 드러난다고 하면서, 확인을 위해 시연한 결과 사참위에서 제기한 이격 현상이 발생한다고 했다.

한편 DVD 디스크로 녹화되는 영상은 일정 데이터 용량[29]을 초과하면 원본 파일이 자동으로 분할돼 여러 개 'VOB' 형식 파일로 기록되는 특성상, 수중 수색 영상도 'VTS_01_01.VOB', 'VTS_01_02.VOB' 와 같이 파일명이 특정되지 않은 채 여러 개로 연속 분할돼 저장됐고, 이후 DVD 디스크에 저장돼 있는 영상을 컴퓨터로 옮기는 과정에서 각 VOB 파일마다 파일명을 기재해야 했는데 34분 54초짜리 DVR 수거 영상이 이런 저장·복제 과정에서 파일명 입력 오류가 발생할 수 있을 것으로 보았다.

그리고 그에 대한 근거로 '파일명을 기재하고 파일을 관리하는 기준이 없을 정도로 수중 수색 영상이 제대로 관리되지 않았다'고 해군이 진술하고 2014년 7월 15일 영상 촬영 및 관리 자문을 위해 참사 현장을 방문했던 전문가 또한 파일 관리가 제대로 되지 않았고 영상 파일을 VTR에서 해경의 수중 수색 영상 보관 담당자의 컴퓨터로 옮기는 과정에서 파일명을 잘못 기록했을 가능성이 있다고 밝힌 것을 들면서, '해경이 DVR 수거 영상을 훼손했고 고의로 허위 영상을 제출했다'는 사참위의 의혹을 뒷받침할 만한 증거를 찾기 어렵다고 결론지었다.

---

29 VOB 파일은 최대 기록 용량이 1기가바이트로 제한되는 특성이 있다.

증거가 말하는 세월호 참사

검찰 특수단과 특검의 수사로 일단 다음과 같은 사실이 확인됐다. 해군 VTR 2/2는 컬러 영상 출력 단자가 고장 난 상태였고 이 때문에 모니터에 표출되는 영상이 흑백이었다는 점, 해군 VTR에 저장돼 있는 영상을 DVD 디스크에 VOB 파일 형태로 저장하는 과정에서 파일의 특성상 1기가바이트로 분할된다는 점, 해경에서 제출한 영상은 재생되고 있는 영상을 캡처해 저장한 영상으로 재생할 때 화면에서 이격 현상이 있다는 점.

그러나 사참위는 해군 장비로 최초 촬영해 생성된 영상이 흑백 영상이라는 특수단의 결론과 달리 법과학분석과에서 포렌식한 결과를 보면 복원된 영상들은 모두 컬러임을 확인할 수 있었다. 따라서 특수단이 포렌식 결과를 확인하고도 최초 촬영 영상이 흑백이었다고 보고한 것은 명백한 오류로 판단된다. 그리고 법과학분석과는 '멀티미디어 복원 결과통보서'에서 '6월 22일경 녹화된 영상 데이터는 발견되지 않음'이라고 통보했지만, 사참위가 포렌식으로 복구된 파일들을 살펴보던 중 세월호 DVR 인양 과정이 녹화된 8초짜리 영상 '119.mpg'가 나왔고 이는 해경이 제출한 영상보다 선명했다.

또 특검은 해군의 VTR 장비는 헤드캠, 모니터, 내장 HDD/DVD 레코더, 콘솔, 외장 DVD 레코더로 구성돼 있다고 했지만, 사참위가 2019년 1월 30일 해군에서 제출한 '수중VTR SET(UWS-3100) 운영자 교범'을 살펴보니 외장 DVD 레코더는 장비 구성에 포함되지 않는 것으로 확인됐다.

해군이 수색하면서 사용한 장갑에 노란색 줄이 보인다   119.mpg 파일에서 확인된 세월호 DVR

검찰 법과학분석과에서 복원한 해군 VTR 포렌식 데이터 중 '119.mpg' 영상

그리고 해군 VTR 기기는 영상 저장만 가능하고 저장된 영상을 파일 형태로 추출하는 기능과 장치가 없어서 외장 DVD 레코더를 사용했다고 했지만, 해군 '내장 HDD/DVD 레코더(DVDR357H/37)'의 매뉴얼을 보니 저장된 영상을 DVD 디스크에 저장하는 기능이 있는 것으로 확인된다. 해군 VTR를 대여해 사참위에서 시연해보니 역시 내장 HDD/DVD 레코더만으로 VTR에 저장돼 있는 영상을 DVD 디스크에 컬러 영상으로 저장할 수 있었다. 이를 보더라도 특검의 수사 결과에 오류가 있음을 알 수 있다.

또 VOB 파일의 특성상 1기가바이트 용량이 초과하는 경우 파일이 분할돼 저장되기 때문에 8분 25초짜리 영상이 그 분할된 영상들 중 하나라고 했지만 여기에는 모순이 존재한다. DVR 인양 영상이 저장되면서 자동으로 영상이 분할됐다면, '입수 과정과 8분 25초짜리 영상'이 합쳐져 1기가 영상이 만들어지고 '출수 과정'이 분할돼 영상이 만

입수과정	8분 25초 영상	출수과정

34분 54초

DVR 수거 영상의 전체 분량은 총 34분 54초다. DVR의 기술적 특성상 영상 파일이
자동으로 분할됐다면 8분 25초짜리 영상에 입수 과정이나 출수 과정이 포함됐을 것이다.

들어지거나, '입수 과정'만으로 1기가 영상이 만들어지고 '8분 25초짜
리 영상과 출수 과정'이 하나의 영상으로 만들어지거나, '입수 과정',
'8분 25초짜리 영상', '출수 과정'이 각각 영상 파일로 만들어질 수
있다.

그런데 해경에서 제출한 8분 25초짜리 영상의 용량이 3메가바이
트쯤(30만 6176킬로바이트)이므로 전체 34분 54초짜리 영상의 용량은
1.28기가바이트로 추정된다. 그렇다면 VOB 파일의 특성상 자동으로
영상이 분할됐다면 2개 파일로 분할됐을 것이다. 따라서 8분 25초짜
리 영상은 입수 과정이나 출수 과정이 포함된 영상으로 분할됐을 텐
데, 그런 과정이 포함되지 않은 채 8분 25초짜리 영상이 별개 영상 파
일로 제출됐다는 것은 이것이 자동 분할로 만들어진 영상이 아니라
편집된 영상임을 의미한다.

또 특검은 수중 수색 영상이 제대로 관리되지 않았다는 해군 관계
자와 전문가의 진술을 근거로 파일명이 특정되지 않은 분할된 VOB
영상 파일을 저장하고 복제하는 과정에서 파일명 입력 오류가 있었을
것으로 보았지만 여기에 반하는 진술이 이미 나와 있다.

해군 담당자는 "'6월22일 중사 ○○○ 안내데스크 탐색(2).VOB'처

럼 파일명을 작성한 것이 아니라 '수중 영상을 DVD에 레코딩한 후 VTR 번호와 잠수 일자만 적었던 것으로 기억합니다"라고 진술했고, 이를 컴퓨터에 저장했던 해경 담당자는 "제게 영상 파일이 오면 처음에는 일자별로 정리하다가, 나중에는 영상을 찾기 쉽게 어떤 잠수사가 언제 어느 격실에 잠수해 찍은 영상인지를 저장했습니다. 그 후에는 화질을 상중하로 나눠 작업했습니다"라고 진술했다.[30] 해군이 제공한 수중 수색 동영상 파일을 정리하면서 기존에 설정돼 있던 영상 파일명을 다르게 수정한 사실이 있느냐는 특검의 질문에도, 그는 "파일을 매번 열어보고 파일명을 바꾸는 작업은 하지는 않았던 것으로 기억합니다"라고 진술했다. 따라서 특검이 VOB 영상 파일을 저장하고 복제하는 과정에서 파일명 입력 오류가 있었을 것으로 본 것은 근거가 부족하다.

오히려 전문가가 "2014년 7월 21일부터 11월 10일까지 세월호 수색 구조 현장에 투입돼 보령호 바지선에서 수중 영상 촬영과 관리 업무를 수행했으며, 촬영팀과 별도의 영상편집보정팀을 운용해 영상 파일을 일괄적으로 관리했다"고 진술한 것을 보면 파일명 변경은 전문가에 의해 이뤄졌을 가능성이 있다. 하지만 이에 대한 수사기록은 확인할 수 없었다.

또 '해군 세월호 잠수상황 관련 압수물 분석보고'에 따르면 특검은

---

30 해군 담당자의 진술은 '세월호 특검, 2021형제37667호 수사기록 제17권, 해군 ○○○ 진술조서'에, 해경 담당자의 진술은 '세월호 특검, 2021형제37667호 수사기록 제19권, 해경 ○○○ 진술조서'에 나온다.

2014년 6월 22일자 잠수도표 위쪽 여백에 '녹화 후 삭제'라고 적힌 것과 6월 19일, 20일, 28일, 29일, 30일 잠수도표의 위쪽 여백에도 똑같은 말이 적힌 것을 확인하고도 누가, 왜 삭제했는지를 수사하지 않은 것으로 보인다.

사참위는 2019년 3월 21일 해군에 2014년 6월 22일 해난구조대(SSU)의 잠수 수색 과정을 기록한 수중 수색 동영상 자료 일체를 제출하라고 요청했지만, 해군은 '2014.6.22. 잠수·수색 과정 촬영은 잠수사 헬멧 카메라를 이용해 촬영했으며, 이후 수중 작업 영상이 계속 VTR 세트에 저장되고 용량 초과분은 자동 덮어쓰기가 되어 현재 세월호 영상 자료 미보유'라고 답변했다. 그러나 사참위가 장비의 사용자 설명서를 확인해보니 해군의 VTR에는 용량 초과분이 자동 덮어쓰기 되는 기능이 없었다.

따라서 현재 해군의 VTR 2/2에 6월 22일 이전에 찍은 수중 수색 영상이 남아 있는데도 6월 22일자 수중 수색 영상이 없다는 것은 특검의 수사보고에서 확인됐듯이 누군가에 의해 인위적으로 삭제된 것으로 판단된다.

특검은 '해경이 DVR 수거 영상을 훼손하고 고의로 허위 영상을 제출했다'는 사참위의 의혹을 뒷받침할 만한 증거를 찾기 어렵다고 결론지었지만 다음과 같은 의혹은 여전히 해소되지 못했다. 왜 해군 VTR에 저장된 영상을 파일 형태로 추출하는 기능과 장치가 없다는 전제를 했는지, 왜 해군 VTR 세트가 아니라 외장 DVD 레코더를 사용했는지, VOB 파일의 특성에 따라 8분 25초짜리 영상이 자동적으로 만들어진 것이 맞는지, 파일명은 누가 변경했는지, 해군의 잠수도표 위쪽에 '녹화 후 삭제'라는 문구가 적힌 경위는 무엇인지.

해군은 세월호 DVR를 원래 설치된 위치에서 수거했나

해군(해난구조대)은 DVR를 수거해달라는 해경의 요청에 따라 잠수사 2명에게 DVR를 수거하라고 지시했다.[31] 해군 잠수사는 2014년 6월 22일 23시 8분 해면을 출발해 3층 세월호 안내데스크에서 DVR를 확인하고 연결돼 있던 케이블을 분리한 뒤 DVR 손잡이를 잡고 23시 38분 해면에 도착했다고 진술했다.[32]

(23:08)	**해면 출발**
(23:09)	우현 현측 3층 카페 창문에 도착 → 카페 출입문에 도착 → 형광색 유도색을 따라 좌현 식당 출입문으로 이동

---

31 당시 해난구조대장 중령은 "해양경찰청 경비안전국장 ○○○가 2014.6.22. 오후에 해군 측 잠수 구역으로 와서 CCTV 저장 장치(DVR)가 안내데스크 쪽에 있으니 그 장치를 중심으로 우선 수거해달라는 내용의 구두 요청을 받고 같은 날 22시경부터 수색 작업을 했다"고 진술했다.(2016.6.23. 세월호특조위 진술조서) 해경 경비국장으로 중앙구조본부 상황반장을 맡았던 치안감은 검찰 특수단의 조사에서 "2014.6.21. 밤에 ○○○ 중령에게 3층 안내데스크에 DVR가 있으니 찾아달라고 요청했다"고 진술했다(서울중앙지검 2019수제143호, 수사기록 4-3권 진술조서).

32 잠수기록지(2014.6.22. 23:08~23:38)에 따르면 넘버1 잠수사는 ○○○ 중사, 넘버2 잠수사는 ○○○ 하사, 잠수감독관은 ○○○ 상사, 기록수는 ○○○ 하사였다. 23시 8분 해면을 출발해 23시 9분 해저에 도착했으며 23시 28분 해저를 출발해 23시 38분 해면에 도착하면서 총 30분 동안 잠수한 것으로 돼 있다.

(23:10)	좌현 식당 출입문에 도착 → 가는 유도색을 따라 안내데스크 TV 고정대로 이동 → 안내데스크 TV 고정대에 도착
(23:13)	A4 용지 묶음(2개) 발견
(23:15~23:18)	**DVR 발견 및 케이블 분리 작업**
(23:21)	안내데스크에서 좌현 식당 출입문으로 이동
(23:22)	식당 출입문 도착
(23:23)	형광색 유도색을 따라 카페 출입문으로 이동
(23:25)	카페 출입문에 도착
(23:26)	우현 현측 카페 창문에 도착
(23:27)	**DVR의 오른쪽 손잡이에 D링 연결(DVR 첫 출현)**
(23:28)	D링에 연결된 DVR를 갖고 상승
(23:38)	**해면 도착**

잠수기록지와 설명 영상, 잠수사 진술조서 등에 기초해 DVR 수거 과정을 재구성함

"세월호 3층 안내데스크에서 DVR를 확인했고, 이에 연결된 케이블 선을 분리한 뒤 DVR 손잡이를 잡아들고서 우현 현측까지 올라왔다"는 해군 잠수사의 진술이 사실이라면 4·16기록단이 해군의 DVR 인양 설명 과정을 촬영한 설명 영상에서 DVR 확인 장면, 커넥터 분리 장면, DVR를 잡고 우현 현측 위로 들어 올리는 장면 등이 확인돼야 하고, 해경이 제출한 8분 25초짜리 영상에서도 DVR를 잡고 우현 현측 위로 들어 올리는 장면 등이 확인돼야 한다. DVR를 수거하기 직전 해군 잠수사들의 수중 영상을 살펴보면 안내데스크에서 노트북을 확인하는

장면, 케이블을 확인하는 장면, 케이블을 분리하는 장면, 노트북을 들고 올라오는 장면 등이 명확히 확인된다.

그런데 설명 영상과 8분 25초짜리 영상에는 안내데스크에서 DVR를 수거하는 과정과 안내데스크에서 우현 현측까지 올라오는 과정에서는 DVR가 보이지 않는다.

이에 대해 해군 잠수사는 "DVR를 발견한 안내데스크 바닥에는 뻘이 많아 어차피 시야가 안 나올 것이므로 직접 눈으로 확인하려고 하지 않았고, 케이블 선이 연결돼 있어 컴퓨터 본체 정도 되는 물건으로 판단했으며 우현 현측에 올라오고 나서 이 물건이 DVR임을 확인했다"고 진술했다. 하지만 DVR를 우현 현측까지 올리는 과정에 대해선 "DVR를 안내데스크에서부터 D링 줄에 걸어 올렸다"고 진술했다가 우현 현측에 올라와서야 D링 줄을 거는 장면이 찍힌 영상을 보고 나서 "오른손으로 DVR 손잡이를 잡고 올렸다"고 진술을 번복하는 등 DVR가 우현 현측 위에 올라와 있는 상태로 처음 출현하는 장면을 제대로 설명하지 못했다.

한편 세월호 DVR는 3층 안내데스크 상판 아래 설치돼 있었고, DVR 후면은 카메라와 연결된 64개 케이블을 연결하는 4개 커넥터와 화면 연결을 위한 1개 커넥터에 연결되어 있었다. 각 커넥터는 2개 나사로 고정돼 있으므로 총 10개 나사를 풀어야 케이블을 분리할 수 있다.

해군 잠수사의 진술이 사실이라면 안내데스크에서 DVR를 수거한 구역에 70개가량 케이블과 5개 커넥터가 잔존물로 남아 있었을 것이므로, 사참위는 2017년 6월 7일 인양한 세월호 내에서 뻘 제거 작업을

2013년 1월경 DVR가 설치돼 있던 모습

DVR에 케이블이 연결된 모습을 재현함

진행할 때 DVR가 위치한 구역을 찍은 영상을 통해 케이블 뭉치가 존재하는지 감정해달라고 2019년 3월 5일 한 연구소에 의뢰했다. 연구소는 'DVR 뒷면 연결부의 커넥터 5개 중 1개로 추정되는 물체가 달린 케이블 뭉치를 수습하고 있음. 다만 피사체에 묻어 있는 진흙과 이물질로 인해 커넥터로 추정되는 피사체가 실제 커넥터와 다른 피사체일 가능성을 배제할 수 없음'이라는 결과를 보내왔다.[33]

또 해군 잠수사는 안내데스크에서 세월호 DVR를 찾은 다음 5개 커넥터에 달린 나사를 손으로 풀어 DVR를 수거했다고 진술했는데, 설명 영상을 보면 잠수사가 세월호 3층 안내데스크 천장에 달려 있던 모니터 부근에 도착한 23시 12분(설명 영상 재생 시각 기준 04분 23초) DVR가 이미 케이블과 분리된 상태임이 확인된다. 즉 DVR는 처음 설치된 장소에서 반경 1미터가량(70여 개 선들과 3층 바닥까지의 길이)을 벗어날 수 없는데, 영상 속 '별표 문양'은 당시 세월호 안내데스크 천

---

33   ○○○ 분석연구소 '인양 후 DVR 연결 케이블 존재 유무 분석' 2019.3.5.

오른쪽으로 90도 기울어진 선내 DVR 설치 상황

뻘 제거 작업 영상에서 A라인을 잡아당기는 작업자

증거가 말하는 세월호 참사

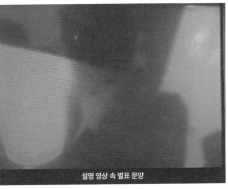

| 세월호 안내데스크 천장에 있는 별 장식 | 설명 영상 속 별표 문양 |

장뿐 아니라 식당을 제외한 3층 로비 천장에 있던 모서리 부분의 띠
장식인 것으로 확인되므로 잠수사의 진술과 달리 DVR가 안내데스크
안쪽이 아니라 천장 부근에 있었던 것으로 보인다. 이를 보면 그들은
이미 분리돼 있던 DVR를 수거한 것으로 판단됐다. 이에 사참위는 이
3가지 의혹에 대한 수사를 특수단과 특검에 요청했다.

　해군 잠수사가 DVR를 수거하기 직전에 노트북을 수거할 때 영상에
'노트북 도착 장면, 노트북 확인 장면, 케이블 선 분리 장면' 등이 선명
히 나타나고 특히 잠수기록지에 '노트북만 찾았음'이라는 문구가 적
힌 것을 보면 잠수사가 육안으로 노트북을 확인했음이 분명하고, 육
지 바지선에서도 수중 영상을 통해 노트북을 확인한 뒤 수거한 것으
로 보이는데, 불과 몇 십 분 후에 진행된 DVR 수거 작업에서 DVR를
인양한 잠수사는 검찰 수사에서 해당 장면을 '뺄' 때문에 촬영하지 못
했다고 주장했다.

　검찰 특수단은 진술의 신뢰성을 확인하기 위해 2020년 1월 28일 해

군 잠수사에 대한 심리생리검사를 의뢰했다. 해군 잠수사는 '당시 케이블에 연결된 나사를 직접 손으로 돌려 푼 것이 틀림없습니까?', '그날 케이블을 해체하면서 오른손으로 나사를 돌려 푼 게 분명합니까?'라는 질문에 "예"라고 대답했고, 결국 '판단 불능'이라는 검사 결과가 나왔다.

그리고 '세월호 뻘 제거작업 영상에서 DVR 케이블 커넥터 수습 장면 확인'[34] 수사보고를 보면, 특수단은 실제 세월호 선체를 인양한 뒤 3층 안내데스크 근처에 DVR와 분리된 케이블과 커넥터가 있었을 가능성이 충분하고, 뻘 제거 작업 영상에서도 케이블과 커넥터로 보이는 물체가 수습되는 장면을 쉽게 육안으로 확인할 수 있을 정도이며, 설사 그렇지 않더라도 분리된 커넥터가 수년 동안 해저면에 있으면서 유실됐을 가능성도 배제할 수 없다고 했다. 그러면서 인양 후 잔존물에서 커넥터가 발견되지 않았다고 해서 해군 잠수사가 6월 22일 DVR와 연결된 커넥터의 나사를 풀어 DVR를 수거한 것이 아니라 이미 나사가 풀린 채 안내데스크 근처에 놓여 있던 DVR를 수거했다고 보기는 어렵다고 판단했다.

또 특수단은 설명 영상 기준 04분 23초 장면에 나오는 DVR 손잡이와 관련해 법과학분석과에 영상 분석을 의뢰했다. 이후 '설명 영상 04분 23초경 영상에 등장하는 물체는 전체적인 형태 및 특정 부분의 너비 및 길이가 계측 비율이 세월호 DVR 손잡이일 가능성이 있음'이

---

34 서울중앙지검, 2019수제143호 수사기록, 수사보고 '세월호 뻘 제거작업 영상에서 DVR 케이블 커넥터 수습 장면 확인'

증거가 말하는 세월호 참사

뻘 제거 작업 영상에서 DVR 뒷면 연결부의 커넥터 5개 중 한 개로 추정되는 물체

라는 결과를 통보받았다. 이에 따라 특수단은 04분 23초 장면에 DVR
손잡이가 촬영됐을 가능성이 크고 촬영 시점이 해군 잠수사가 DVR가
위치한 안내데스크 안쪽으로 진입하기 이전이므로 사참위의 주장이
'일응 타당한' 측면이 있다고 판단했다.

그러나 'DVR 수거 과정 및 영상조작 의혹에 대한 확인' 수사보고에
서 특수단은 "DVR 유사 물체가 순간적(약 1초)으로 나타났다가 사라
지고, 손잡이와 유사한 일부 형태만 확인될 뿐 전체 형태를 확인하기
가 어려워 그것이 DVR인지 아닌지 확인하기가 어렵고, 설명 영상에
서 DVR 유사 물체가 발견된 위치가 확인되지 않아 영상 속 DVR 유사
물체가 비치는 위치가 안내데스크 부근이라고 단정하기가 어려우므

'설명 영상' 재생 시각 기준 04분 23초 장면에서(6월 22일 23시 12분 추정) 포착된(왼쪽 윗부분) DVR 손잡이

로 수중 영상 속 DVR와 현재 보존 중인 DVR의 흠집이 동일하다는 영상 감정 결과에 비춰 영상 속 물체를 '별도 DVR'로 판단하기가 어렵다"고 했다.

특검은 DVR 수거 영상에 대해 다음과 같이 검토했다.

첫째, 해군 잠수사는 뻘과 부유물이 많아 수중 카메라에 DVR 수색 장면 등이 찍히지 않았고, 잠수감독관과 기록수도 세월호 3층 안내데스크는 좌현 바닥 쪽이라 뻘이 제일 심했다고 진술하고 있다. 둘째, 해군 잠수사가 A4 용지를 컴퓨터 본체로 착각하거나 수색 과정에서 '잡히는 물건 없음'이라고 교신하는 등 그의 시야가 제대로 확보되지 않은 상황이었다. 셋째, DVR의 우측 손잡이에 난 흠집이 유사한 것을 보면 설명 영상 04분 23초 장면에서 확인되는 DVR와 실제 수거된 DVR는 동일한 물건으로 보인다. 넷째, 수거 당시 전문적인 수중 촬영이 이뤄지지도 않았다.

이에 따라 특검은 수중 수색 카메라에 DVR 수색 장면 등이 보이지 않는다는 사정만으로 별개 DVR가 존재한다고 인정하기에는 부족하다고 판단했다.

또 인양 후 잔존물에서 커넥터가 확인되지 않는 것에 대해선 다음과 같이 검토했다.

첫째, 사참위에서 제출한 감정서상 감정물인 뻘 제거 작업 영상 3개 파일은 총 60개 파일 중 일부분에 불과한 데다 그 감정 결과는 사참위의 해석처럼 'DVR 커넥터가 존재하지 않는다'는 의미로 단정하기는 어렵다. 둘째, 작업 영상 60개 파일을 전수 검토한 결과와 국과수(국립과학수사연구원)의 감정 결과를 종합하면 작업 영상에는 DVR 커넥터로 추정되는 물체가 최소 3개가 존재하는 것으로 보인다. 셋째, 뻘 제거 작업 당시 현장에 설치된 CCTV의 위치와 촬영 각도, 인부들이 작업 과정에서 수거한 케이블을 절단·폐기하는 행위가 보이는 점 등을 종합하면, 미처 CCTV에 촬영되지 못한 DVR 커넥터가 있을 수 있다. 넷째, 인양 후 유류품 관리 등을 담당했던 선조위 조사관과 해수부 공무원들도 'DVR 커넥터는 유류품이 아니라 폐기물로 분류됐다'는 취지로 진술했다. 이를 종합하면 DVR 커넥터가 실제로 존재했다가 뻘 제거 작업 과정에서 폐기됐을 가능성이 상당하다고 판단된다.

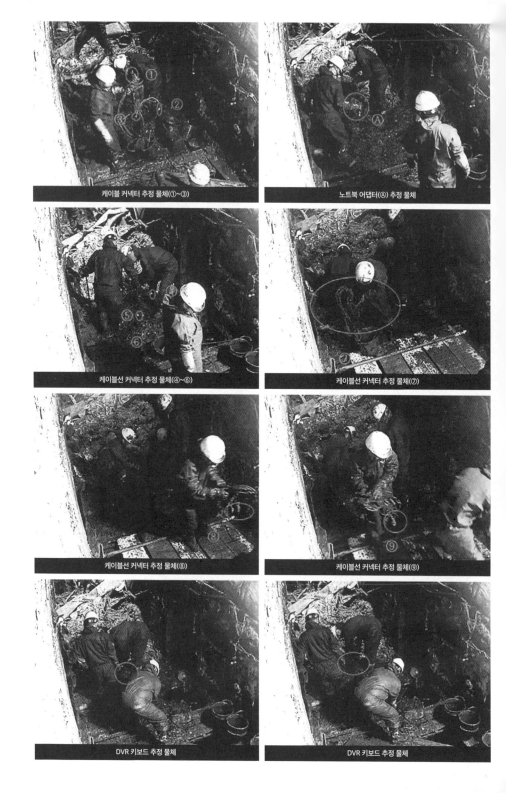

케이블 커넥터 추정 물체(①~③)

노트북 어댑터(Ⓐ) 추정 물체

케이블선 커넥터 추정 물체(④~⑥)

케이블선 커넥터 추정 물체(⑦)

케이블선 커넥터 추정 물체(⑧)

케이블선 커넥터 추정 물체(⑨)

DVR 키보드 추정 물체

DVR 키보드 추정 물체

그러면서 특검은 '세월호 DVR에 연결된 커넥터가 2014년 6월 22일 이전에 잘려졌다'는 사참위가 제기한 의혹에 대해 뒷받침할 만한 증거를 찾기가 어렵다고 판단했다.

그리고 특검은 설명 영상 04분 23초 장면에서 확인된 DVR 손잡이에 대해선 다음과 같이 검토했다.

첫째, 잠수사의 진술과 설명 영상을 종합하면, 잠수사는 설명 영상 04분 16초경 이미 세월호 3층 안내데스크 부분에 도착했고 곧바로 TV 뒤편 연결봉에 유도색을 결색하고 있는 사실이 확인된다. 그러므로 설명 영상 04분 23초 때는 DVR가 원래 설치돼 있던 장소에 도착한 상태였고, 그에 따라 해군 잠수사 카메라에 DVR가 촬영될 수 있는 상황이었다고 판단된다.

둘째, 사진과 동영상에서 확인되는 솔과 별 모양 장식은 세월호 3층 안내데스크 위쪽 천장 부근을 포함해 3층 전체 여러 곳에서 발견할 수 있으므로, 설명 영상 04분 31초경 식별되는 별 모양 물체를 통해 잠수사가 있었던 위치를 특정하기 어렵고 이 장식이 세월호가 침몰하기 전 위치와 동일한 곳에 있었던 것이라고 단정할 만한 자료도 없다. 그러므로 사참위가 제시하는 자료를 근거로 DVR가 원래 위치한 곳이 아니라 다른 곳에 존재하고 있었다고 인정하기는 어렵다.

셋째, 2021년 7월 5일자 국과수 감정서를 보면 "설명 영상 04분 23초경 모니터 화면상에 움직임이 있는 물체가 관찰되나 촬영 카메라가 움직이고 있고 주변 고정 배경이 관찰되지 않는 등으로 인해 그 움직임이 카메라에 의한 움직임인지, 물체 자체의 움직임인지 구분하기

감정 구분	물체 확인 시각	검찰 특정 물체 표기	국과수 감정 결과
증1-1호	25:11	①	특징점이 판독되지 않음
증1-1호	25:11	②	DSUB단자(커넥터) 혹은 VGA(커넥터)와 전체적 형태와 끝부분(연결핀 부분)의 형태 및 색상(밝기)이 개략적으로 유사하게 관찰됨
증1-1호	25:11	③	BNC단자(커넥터)와 전체적 형태와 연결부분의 둥근 홈이 개략적으로 유사하게 관찰됨
증1-2호	45:45	Ⓐ	노트북 어댑터의 형태(길쭉한 직육면체 끝에 케이블이 연결된 형태)와 크기가 개략적으로 유사함
증1-3호	07:02~08:27	④	DSUB단자(커넥터) 혹은 VGA(커넥터)와 전체적 형태와 끝부분(연결핀 부분)의 형태와 색상(밝기)이 개략적으로 유사하게 관찰됨
증1-3호	07:02~08:27	⑤	특징점이 판독되지 않음
증1-3호	07:02~08:27	⑥	특징점이 판독되지 않음
증1-4호	45:34~45:34	⑦	특징점이 판독되지 않음
증1-4호	45:48	⑧	특징점이 판독되지 않음
증1-4호	46:01	⑨	DSUB 단자(커넥터) 혹은 VGA(커넥터)와 전체적 형태와 끝부분(연결핀 부분)의 형태와 색상(밝기)이 개략적으로 유사하게 관찰됨
증1-3호	00:03~00:17	-	DVR 키보드와 전체적 형태가 유사하고, 자판의 키로 볼 수 있는 다수의 돌출부 위에 밝은 색상이 보이는 점과 케이블이 연결된 점 등 공통점이 관찰됨
증1-1호	00:24	-	특징점이 판독되지 않음
증1-2호	06:32	-	특징점이 판독되지 않음
증1-5호	42:55	-	특징점이 판독되지 않음

뻘 제거 작업 영상에 대한 국과수 감정 결과 요약(세월호 특검, 2021형제37667호 수사기록, 수사보고 '세월호 DVR 설치장소 '뻘' 제거 CCTV 영상 검토 보고')

증거가 말하는 세월호 참사

곤란함"이라고 판단하고 있다.

넷째, 감정 대상 영상(설명 영상)은 영상이 출력되는 모니터를 촬영한 영상, 이른바 2차 영상이어서 이를 근거로 정확한 감정을 하기는 어렵다.

다섯째, 사참위에서 감정을 의뢰한 업체 담당자도 "설명 영상 04분 23초 전후의 상황이나 수중에서의 조류를 고려하지 않았다"고 진술하고 있는 만큼 그 시간 때 촬영된 DVR가 스스로 움직이거나 부유하고 있었다고 판단하기 어렵다.

그러면서 특검은 04분 23초 때 촬영된 DVR의 손잡이 및 '별 모양' 장식이 식별된다는 사실과 사참위에서 제출한 감정서 내용만으로는 '별개 DVR가 존재한다고 인정하기엔 부족하다'고 결론을 내렸다.

사참위는 DVR를 인양한 해군 잠수사에 대해 특수단이 진행한 심리생리검사에서 '판단 불능'이라는 결과가 나온 것을 보면서, 잠수사가 DVR 커넥터의 나사를 풀고 인양했다는 진술이 사실이 아닐지 모른다는 의혹을 버릴 수 없다. 따라서 특검이 특수단의 수사 내용을 인계받아 좀 더 구체적인 사실을 확인하리라고 기대했지만 이에 대한 수사 기록은 나오지 않았다. 오히려 특검은 뻘과 부유물이 많아 DVR를 확인할 수 없었다는 관련 잠수사들의 진술과 전문적 수중 촬영이 이뤄지지 않은 점을 거론하며 DVR 수거 영상에 DVR가 나타나지 않는다는 사실만으로는 별개 DVR가 존재한다고 인정하기엔 부족하다고 판단했다.

그러나 특수단이 노트북을 수거하는 영상에 잠수사가 육안으로 노트북을 분명히 확인하는 장면이 나오고 육지 바지선에서도 그 영상을 통해 노트북을 확인하는데, 불과 몇 십 분 후에 진행된 DVR 수거 작업에서 DVR를 인양한 잠수사가 해당 장면을 '뻘' 때문에 촬영하지 못했다고 주장하는 것은 신뢰하기 어렵다. 이런 추론이 좀 더 타당하다고 판단한 사참위는 잠수사의 진술에 대한 의혹을 풀 수 없었다.

세월호 인양 후 잔존물에서 커넥터가 확인되지 않는 점에 대해 특수단과 특검은 뻘 제거 과정에서 유실됐을 개연성이 있고 사참위에서 제출한 감정서와 국과수의 감정 결과에 따라 커넥터의 존재가 확인된다고 판단했다. 그러나 DVR 커넥터로 추정되는 3개 물체에 대한 국과수의 감정 결과를 보면 'DSUB 단자(커넥터) 혹은 VGA 단자(커넥터)와 전체적 형태와 끝부분(연결핀 부분)의 형태와 색상(밝기)이 개략적으로 유사하게 관찰됨'이라고만 돼 있지 4개 DSUB 커넥터와 1개 VGA 커넥터 중 어떤 단자를 의미하는지 명확히 특정하지 않는다. 전문가의 추가 검증이 필요한 부분이지만 이는 진행되지 못했다.

또 설명 영상 04분 23초 때 확인된 DVR 손잡이에 대해 특수단과 특검은 별개 DVR가 존재한다고 인정하기 어렵다고 했지만, 특수단의 요청에 따라 설명 영상을 분석한 법과학분석과의 '영상감정 결과 통보서'[35]엔 다른 결론이 나와 있다.

즉 "'감정물 1호' 동영상(설명 영상)에 촬영된 해당 장면의 물체는 전

---

35 서울중앙지검, 2019수제143호 수사기록, 법과학분석과-1056(2020.02.11.) '영상감정 결과 통보'

증거가 말하는 세월호 참사

체적으로 형태와 특정 부분의 너비 및 길이 계측 비율이 '감정물 2호' 동영상(뉴스타파 동영상)에서 촬영된 DVR 손잡이와 유사하므로 '감정물 1호'에서 촬영된 해당 장면의 물체는 '감정물 2호' 동영상에 촬영된 DVR의 손잡이일 가능성이 있음"이라고 감정하고 있다. 이는 특수단이 '손잡이와 유사한 일부 형태만 확인될 뿐 전체 형태를 확인하기가 어려워 그것이 DVR인지 아닌지 확인하기가 어렵다'고 판단한 것과 달리 DVR의 손잡이임을 확인하는 내용이다.

특검의 요청에 따라 설명 영상을 분석한 국과수 감정 결과36에서도 "#1 물체(설명 영상 04분 23초 물체)는 증2호(세월호 DVR) 및 증5호(세월호 DVR와 동일한 모델의 제품)의 손잡이의 꺾이는 부분과 그 형태(바깥쪽은 완만한 곡선인 반면 안쪽은 직각에 가까운 것이 공통점)가 개략적으로 유사하게 관찰됨. 그러나 화질상 세밀한 특징점 비교가 어렵고 손잡이 이외의 다른 부분으로 볼 수 있는 것이 관찰되지 않아 #1 물체가 증2호의 손잡이 부분인지(동일성 여부)는 판단하기 곤란함"이라고 했다. 따라서 두 기관의 감정 결과에서 100퍼센트 일치한다고 감정하지는 않았지만 감정 조건(영상 상태)을 고려해보면 세월호 DVR의 손잡이일 가능성이 있다고 했으므로, 사참위는 설명 영상 04분 23초 때에 확인된 물체는 세월호 DVR의 손잡이로 특정할 수 있다고 판단했다.

---

36 세월호 특검, 2021형제37667호 수사기록, 수사보고 '세월호 DVR수거 동영상 관련 국립과학수사연구원 감정의뢰 회신결과'

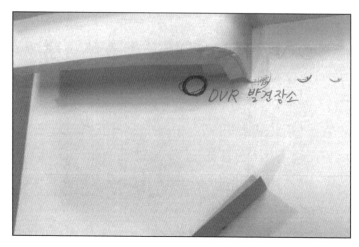
2019년 3월 20일 사참위의 진술 조사에서 해군 중사 ○○○이 DVR 발견 장소로 표시한 곳

　그런데 사참위 조사에서 해군 잠수사는 설명 영상을 보면서 04분 23초 때 자신은 TV 뒷면이 촬영되는 위치에 있었고 04분 47초 가져간 줄을 TV 봉에 묶고 있었으며, 05분 05초 데스크 사이 쪽으로 들어갔고, 07분 58초 안내데스크 안이 아니라 바로 옆 상판 쪽에서 작업했고, 09분 10초 케이블 뭉치를 잡아서 훑어갔고, 09분 43초 DVR를 찾았다고 설명했다. 그리고 DVR를 발견한 지점에 대해 접이식 알루미늄의 자와 네모난 방석을 치우고 DVR를 발견했다고 했다.

　또 특수단의 조사에서 잠수사는 설명 영상 04분 22초 때 DVR가 처음 출현한 장면에 대해 "저는 당시에 DVR를 인식한 것은 이때가 아닌 것으로 기억합니다. 뻘과 부유물이 떠다녀서 눈앞이 흐리게 보이는 상황에서 잘 보이지는 않아도 이 영상 속 시점으로는 제가 DVR를 처음 발견한 시점과는 차이가 있는 듯합니다"라고 진술했다.

DVR를 발견한 지점에 대해 특검이 "안내데스크 안쪽에서 DVR를 최초 발견했다고 하는데, 사실은 안내데스크 위 TV 모니터 쪽은 아니었는가요?"라고 질문하자 잠수사는 "아닙니다. 제 기억으로는 그렇지 않습니다. 왼쪽 사진에 표시된 발견 장소처럼 특조위에서 진술한 내용이 맞습니다"라고 진술했다.

즉 잠수사는 특검의 조사에서도 '설명 영상 04분 23초 때 보이는 물체에 대해 전혀 인식하지 못했고 04분 57초에 TV 봉에 유도색을 결색하는 작업을 하고 있는 것이기 때문에 본격적으로 DVR를 탐색하기 전 상황이 맞으며, 09분 40초 A4 용지를 발견한 시점 이후 의자와 방석을 치운 시점을 기준으로 DVR를 찾았다'고 진술했다.

한편 검찰 특수단의 수사보고에서 언급한, 세월호 DVR 손잡이의 영상(설명 영상 24분 26초) 속 흠집과 사참위에서 보관 중인 해경이 제출한 DVR의 흠집이 유사해 보인다는 내용은 '일부 개별 특징점(손잡이 부분에서 흠집일 가능성이 있는 부분의 위치)이 개략적으로 유사하게 관찰되어 #2 물체(설명 영상 전체 구간에서 증5호와 같은 형태의 물체)는 증2호와 동일한 것일 가능성이 있는 것으로 판단됨'이라는 국과수의 감정 결과에서도 확인할 수 있다.

그러나 04분 23초 때 확인되는 DVR 손잡이에 대해 특수단은 '설명 영상에서 DVR 유사 물체가 발견된 위치가 확인되지 않아 영상 속 DVR 유사 물체가 비치는 위치가 안내데스크 부근이라고 단정하기가 어렵다'고 판단했다. 사참위는 잠수사가 안내데스크 천장 부근에 설치돼 있는 TV에 도착해 촬영했다고 진술하고 뻘과 부유물 때문에 시야가 흐린 상황에서도 DVR 손잡이가 촬영된 것을 보면, 상당히 가까운 거리에 DVR가 놓여 있었을 가능성이 있다고 봤다.

또 특검이 '설명 영상 04분 23초 때에는 세월호 DVR가 원래 설치돼 있던 장소에 도착한 상태였고, 그에 따라 해군 잠수사 카메라에 세월호 DVR가 촬영될 수 있는 상황이었다'고 판단한 것은 잠수사가 사참위 조사에서 09분 10초 케이블 뭉치를 잡아 훑어 갔고 09분 43초 DVR를 찾았다고 진술한 내용, 잠수사가 특검 조사에서 09분 40초 A4 용지를 발견한 시점 이후 의자와 방석을 치운 무렵에 DVR를 찾았다고 진술한 내용과 배치된다.

따라서 잠수사의 진술이 사실이라면 DVR는 의자와 방석을 치운 뒤에야 확인이 가능했으므로 04분 23초 때에는 그의 카메라에 촬영될 수 없었다. 또 잠수사는 DVR를 안내데스크 안쪽에서 찾았다고 일관되게 진술하고 있다. 이를 종합하면 실제 DVR 손잡이의 흠집이 설명 영상 속 DVR 손잡이와 일치한다고 해서 별개 DVR가 존재했을 가능성에 대한 의혹이 풀어졌다고 보기 어렵다.

해군이 수거한 DVR와 검경 합동수사본부가 확인한 DVR는 동일한 것인가

사참위는 해경으로부터 제출받은 자료 중 2014년 6월 22일 DVR 수거 과정을 찍은 8분 25초짜리 영상에서, 그리고 6월 24일 해군이 유

| 2013년 1월 설치 당시 DVR 전면부 | 8분 25초짜리 영상에서 DVR 전면부(05:38 구간) | 8분 25초짜리 영상에서 DVR 전면부(08:02 구간) |

8분 25초짜리 영상에서 확인되는 DVR 전면부 열쇠 구멍

가족에게 DVR 인양 과정을 설명하는 영상(설명 영상)에서 DVR가 우현 현측 위에 올라와 있는 상태로 처음 나타나고 잠수사가 그 손잡이에 D링 줄을 건 다음 그것을 해면까지 들고 올라와 바지선에 건네주는 장면을 확인했다. 그리고 해군이 수거한 DVR와 바지선에서 해경이 확보한 DVR가 동일한 것인지를 판단하기 위해 8분 25초짜리 영상과 설명 영상, 4·16기록단이 6월 23일 00시 16분부터 바지선과 해경 전용 부두 내 바지 39호 등에서 DVR를 촬영한 영상(4·16기록단 영상), 언론에 보도된 여러 사진 등을 분석했다. 그 결과 DVR 전면부 열쇠 구멍과 잠금장치의 상태가 서로 다르고, DVR 오른쪽 손잡이에 고무패킹이 있거나 없고, 인수인계서와 인양물품목록이 각각 2장씩 존재하는 등 의혹이 있었다.

먼저 8분 25초짜리 영상과 4·16기록단이 6월 23일 촬영한 영상을 비교해보면 DVR 전면부 열쇠 구멍과 잠금장치의 상태가 서로 달랐다. 8분 25초짜리 영상에서 DVR 전면부의 열쇠 구멍은 다음과 같이 2013년 1월경 설치 당시처럼 DVR 우측 상단의 텍스트 'DVR Digital

2013년 1월 설치 당시 DVR 전면부

4·16기록단 영상에서 DVR 전면부

4·16기록단 영상에서 열쇠 구멍 부분을 확대

4·16기록단이 2014년 6월 23일 00시 16분 언딘 바지선에서 처음 촬영한 세월호 DVR 전면부 열쇠 구멍

DVR의 양쪽 손잡이 모습

고무패킹이 붙어 있는 상태의 손잡이

고무패킹이 떨어진 상태의 손잡이

DVR 양쪽 손잡이와 고무패킹 유무에 따른 손잡이 차이

설명 영상의 DVR 오른쪽 손잡이 안쪽(24:26 구간)

오목한 부위 표시(노란선)

2014년 6월 24일 촬영한 DVR 오른쪽 손잡이 안쪽

4·16기록단이 2014년 6월 23일 00시 16분 언딘 바지선에서 처음 촬영한 세월호 DVR 전면부 열쇠 구멍

증거가 말하는 세월호 참사

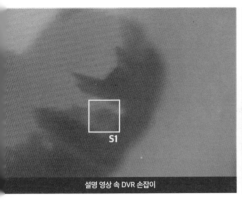

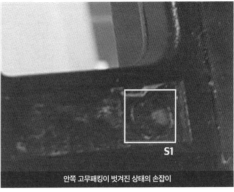

| 설명 영상 속 DVR 손잡이 | 안쪽 고무패킹이 벗겨진 상태의 손잡이 |

설명 영상 기준 24분 26초에 확인되는 DVR 손잡이와 안쪽 고무패킹이 벗겨진 상태의 손잡이 비교

Video Recorder' 라인에 수직 방향으로 잠금장치가 닫혀 있다.

그런데 해군이 6월 22일 23시 38분 DVR를 들고 해면에 도착하고 38분이 경과한 6월 23일 00시 16분 4·16기록단이 촬영한 영상에선 DVR 전면부의 열쇠 구멍이 우측 상단 텍스트 라인에 수평 상태로 잠금장치가 열려 있고 해당 부위가 전면에 튀어 나와 있다.

또 DVR에는 양쪽에 손잡이 2개가 있고 손잡이 안팎에는 디귿 자 모양의 오목한 부위에 고무패킹이 붙어 있는데, 고무패킹이 있으면 그 부위가 살짝 볼록하게 도드라지고 고무패킹이 없으면 볼록한 데 없이 들어가 보인다.

그런데 설명 영상에선 DVR 오른쪽 손잡이 안쪽 부분에 고무패킹이 떨어져나가 그 자리가 오목하게 패여 있는 데 반해, 2014년 6월 24일 해경 전용 부두 내 바지 39호의 체육실에서 DVR가 처음 유가족들에게 공개될 때 찍은 사진(유가족이 촬영한 사진과 방송 영상)엔 오른쪽 손

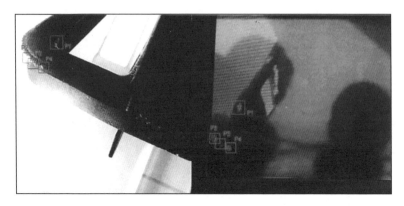

피사체 P1~P4는 현재 보존 중인 DVR의 우측 손잡이 안쪽에서도 유사한 모습으로 발견된다.

잡이 안쪽 부분에 고무패킹이 붙어 있다.

　사참위는 설명 영상 기준 24분 26초에 식별되는 손잡이에 고무패킹이 존재하는지를 분석하기 위해 전문가에게 의뢰해 고무패킹이 벗겨진 상태의 손잡이(세월호 DVR와 동일한 기종의 손잡이)에서 식별되는 특징과 비교해보았다. 그랬더니 S1이라고 표시된 원형 패턴이 설명 영상에서도 유사하게 식별됐다. 고무패킹이 존재했던 부분에 밝기 차가 발생하는 것은 그것이 떨어져나간 뒤 남은 접착제의 흔적으로, 영상 속 DVR 손잡이는 고무패킹이 떨어진 패턴과 매우 유사하다는 감정 결과를 받았다.

　그리고 설명 영상 24분 26초에 식별되는 DVR 손잡이에서 특정 피사체 P1~P4를 정밀 분석해보니 현재 사참위가 보존 중인 DVR의 우측 손잡이 안쪽에서도 유사한 모습으로 발견됐다. 이렇게 사참위는 설명 영상에서 식별되는 DVR 손잡이는 고무패킹이 존재하지 않고 위

선 내 수 색 중 발 견 유 실 물

선 내 수 색 중 발 견 유 실 물	
발 견 일 자	2014 6 월 22 일 23:40 시
발 견 장 소	3층 3비 안내 데스크
수 색 조	SSU 조사 ▨ / 조사 ▨
발 견 물 품	DVR (DIGITAL, VIVEO RECORDER)
주 요 특 징	
인 수 자	1007함 순경 ▨ (박철민) 6 월 22 일 23:41 시
인 계 자	혼효참여 ▨서 이▨ (해난해) 6 월 22 일 23:42 시

선 내 수 색 중 발 견 유 실 물	
발 견 일 자	2014년 6 월 22 일 23:40 시
발 견 장 소	3층 3비 안내 데스크
수 색 조	SSU 조사 ▨ / 조사 ▨
발 견 물 품	DVR (DIGITAL VIVEO RECORDER)
주 요 특 징	
인 수 자	1007함 순경 ▨ (세의호) 6 월 22 일 07:05 시
인 계 자	서해지방해양경찰청 총경 민▨ (민▨) 6 월 23 일 07:05 시

인계자와 인계 시각이 다른 인수인계서 2장

치상 우측 손잡이일 가능성이 있다는 감정 결과를 확인했다.

한편 서해지방해양경찰청 보고에 따르면 6월 22일 인양된 DVR는 현장 바지선에서 다음 날 08시 30분 목포 해경 1007함 소속 P39정에 인계되고 10시 15분 다시 목포 해경 진도파출소에 인계됐다. 그리고 6월 23일 11시 20분 진도파출소에서 목포 해경 유실물 처리팀이 인수했고 18시 44분 해경 전용 부두 내 바지 39호의 사무실에서 가족대책위원장과 유가족 측 변호사 등이 확인했다.

그런데 사참위는 수거 당일 바지선에서 해경 1007함으로 인계되는 과정에서 작성된 인수인계서와 인양물품목록이 각각 2장씩 작성돼 있는 것을 확인했다. 인수인계서 2장은 인수자는 같지만 인계자와 인계

번호	품종	수량			사진	비고
1	올림푸스 카메라 (피팅행 해수 보관중)	1	인양일시	6.22 23:00		6.22 01:00 인천특공대 경장 ▨▨ 인계 1007함 경사 ▨▨▨ 인수
			인양장소	SP2'SP1사이		
			수거함정	88바지 ▨▨▨ ▨▨▨		
			인수함정	1007함		
2	노트북LG IBM 소형 마우스	1	인양일시	6. 22 22:50		6. 22 23:40 목포구조대 순경 ▨▨ 인계 1007함 순경 ▨▨▨ 인수
			인양장소	3층 로비 안내데스크		
			수거함정	SSU 중사 ▨▨▨ 하사 ▨▨▨		
			인수함정	1007함		
3	D.V.R (Digital Video Recorder)	1	인양일시	6. 22 23:40		6. 22 23:40 목포구조대 순경 ▨▨ 인계 1007함 순경 ▨▨▨ 인수
			인양장소	3층 로비 안내 데스크		
			수거함정	SSU 중사 ▨▨▨ 하사 ▨▨▨		
			인수함정	1007함		

번호	품종	수량			사진	비고
1	올림푸스 카메라 (피팅행 해수 보관중)	1	인양일시	6.22 23:00		6. 23 01:00 인천특공대 경장 ▨▨ 인계 인계자 :1007함 경사 ▨▨▨ 인수
			인양장소	SP2'SP1사이		
			수거함정	88바지 ▨▨▨ ▨▨▨		
			인수함정	1007함		
2	노트북LG IBM 소형 마우스	1	인양일시	6. 22 22:50		6. 23 07:05 제주 특공대 경장 ▨▨ 인계 인계자 :1007함 순경 ▨▨▨ 인수
			인양장소	3층 로비 안내데스크		
			수거함정	SSU 중사 ▨▨▨ 하사 ▨▨▨		
			인수함정	1007함		
3	D.V.R (Digital Video Recorder)	1	인양일시	6. 22 23:40		6. 23 07:05 제주 특공대 경장 ▨▨ 인계 인계자 :1007함 순경 ▨▨▨ 인수
			인양장소	3층 로비 안내 데스크		
			수거함정	SSU 중사 ▨▨▨ 하사 ▨▨▨		
			인수함정	1007함		

인수인계서 2장과 함께 발견된 인양물품목록(유실물) 2장.
문서 형식과 수거 함정, 인계 시간, 인계자가 다르다.

시각이 다르고, 인양물품목록 2장은 인계 시각과 인계자, 수거 함정 등이 다르게 기록돼 있다. 이런 점에서 설명 영상에서 확인된 DVR가 아니라 별개 DVR가 존재해 이를 처리하는 과정에서 인수인계서와 인양물품목록이 각각 또 한 장씩 작성된 게 아닌지 의혹이 생겨, 사참위는 검찰과 특검에 수사를 요청했다.

검찰 특수단은 수사기록 '뉴스타파 세월호 DVR 바꿔치기 의혹 증

증거가 말하는 세월호 참사

거 기사 영상 검토 보고'[37], 'DVR 수거과정 및 바꿔치기 의혹에 대한 확인', 'DVR 수거과정 및 영상조작 의혹에 대한 확인'에서 다음과 같이 검토하고 있다.

첫째, DVR 손잡이의 고무패킹 부분에 대해선 뉴스타파의 보도에 따르면 '손잡이의 고무패킹 부분은 고무가 아니라 압축 스펀지'이고, '영상 속 압축 스펀지의 움푹 파인 형태는 수압 때문인 것으로 분석'된다. 즉 '수심 10미터마다 1기압씩 높아지는데 DVR가 놓여 있던 안내데스크의 위치는 대략 40미터에 해당돼 5기압 수준의 압력을 2개월 넘도록 받으면서 눌린 것'으로 확인된다.

둘째, DVR의 흠집 유무와 잠금장치의 열쇠 구멍에 대해선 사참위에 보관돼 있는 DVR를 살펴본바, 페인트 도장이 벗겨진 부분과 나사, 전면 덮개의 잠금장치에 집중적으로 부식된 흔적이 있고 또 오른쪽 손잡이에는 흠집이 있었다. 그리고 사참위에서 제출한 증거 자료인 전문가 감정 결과를 보더라도 설명 영상 24분 26초 때의 DVR 손잡이에서 식별되는 특정 피사체 P1~P4를 정밀 분석해 현재 보관 중인 DVR의 우측 손잡이 안쪽과 비교해보면 위치와 형태가 여러 면에서 유사한 것으로 확인된다.

더불어 8분 25초짜리 영상에서 DVR를 수거하는 장면(05분 30초 구간)과 상승하는 장면(08분 24초 구간)을 보면 DVR 잠금장치의 열쇠 구멍이 수직 방향으로 확인된다. 또 6월 22일 바지선에서 DVR를 찍은

---

37 서울중앙지검, 2019수제143호 수사기록, 수사보고 '뉴스타파 세월호 DVR 바꿔치기 의혹 증거 기사 영상 검토 보고'

① 2014.6.22. 23:42:35　　② 2014.6.22. 23:50:08　　③ 2014.6.22. 23:52:43

해군 대령이 바지선에서 촬영한 DVR 사진 3장

해군 해난구조대 대령에게서 원본 사진을 이메일로 받아 열쇠 구멍을 확인해보니 다음과 같이 사진 1과 2에서 잠금장치의 열쇠 구멍은 세로 방향이고 사진 3에서 잠금장치는 탈락되어 전면부 덮개가 열려 있는 상태였다. 사진을 찍은 날짜와 시간은 2014년 6월 22일 23시 42분, 23시 50분, 23시 52분이었고, 3장 모두 동일한 기종의 핸드폰으로 촬영된 것으로 확인됐다.

역시 8분 25초짜리 영상과 바지선에 올라온 직후 해군이 촬영한 사진에서 열쇠 구멍의 방향은 세로 방향으로 일치했다. 결론적으로 당시 바지선 위에 관련자 10여 명이 있는 상황에서 DVR의 상태가 바뀐 (전면부가 열린) 23시 50분~52분 2분 사이에 그것을 바꿔치기하는 것은 불가능하다고 판단된다.

이처럼 특수단은 오른쪽 손잡이의 고무패킹과 움푹 파인 형태에 대해 압축 스펀지가 수압에 의해 눌린 것으로 판단했다. DVR 전면부 열쇠 구멍과 잠금장치의 상태에 대해선 설명 영상과 해군 대령이 제출한 DVR 사진 1과 2에서 열쇠 구멍의 방향이 일치하고, 설명 영상과 바

증거가 말하는 세월호 참사

지선 위에서 찍은 사진, 사참위에 보관돼 있는 DVR 모두에서 오염 흔적과 벗겨진 페인트 도장 부분이 나타나는 것을 볼 때 동일한 DVR라고 판단했다. DVR 잠금장치의 내부 걸쇠의 탈락에 대해선 염수에 장기간 침수돼 부식된 나머지 내부 쇠 부분과 외부 열쇠 꽂는 부분이 외부의 작은 충격에 더욱 약해져 자연스럽게 탈락된 것으로 봤다. 따라서 '세월호 DVR'를 바꿔치기했다고 인정할 만한 증거가 없다고 판단했다.

그리고 특수단은 인수인계서와 인양물품목록이 각각 2장씩 작성된 것에 대해선 해경의 인수인계 과정에서 인수자가 인계자 2명에게서 DVR를 중복 인수한 것으로 작성된 것은 실수가 있었던 것으로 판단했다.

특검은 열쇠 구멍과 잠금장치 상태가 다른 것에 대해 다음과 같이 검토했다.

8분 25초짜리 영상에서 DVR 전면부의 열쇠 구멍이 수직 상태였음은 인정하면서도, 해군 대령이 수거 직후 촬영한 사진들에서 잠금장치가 2분 만에 수직 상태에서 수평 상태로 바뀐 점, 해군 대령이 "누군가 DVR를 청수통에서 꺼내 갑판에 뉘어 놓는 과정에서 커버가 저절로 열렸다"고 진술한 점, 당시 언딘 바지선에 있었던 해경 경비국장 등도 'DVR 수거 이후 물로 세척해 청수통 안에 넣어 놓았다'는 취지로 진술한 점 등을 종합해, 해군 잠수사가 6월 22일 23시 38분 DVR를 수거한 뒤 언딘 바지선에서 해경이 인계받아 물로 세척했고 이후 누군가가 DVR를 만지던 중 그 전면부가 개봉돼 열쇠 구멍이 수평 상태에 이르게 된 것으로 판단했다.

그리고 사참위는 특수단의 수사 이후 해군이 제출한 사진 파일 3개 중 2개에서 메타 데이터(EXIF)에 '이미지 ID'[38]가 없는 것을 확인하고 파일들이 편집되거나 조작된 것이 아닌지 의혹을 제기했는데, 이에 대해 특검은 휴대폰 제조 업체와 대검찰청 모바일 포렌식팀에 사진 파일을 분석해달라고 요청해 그 결과를 종합한 결과 '이미지 ID' 생성 여부만으로 사진 파일의 편집 및 조작을 인정하기 어렵다고 했다.[39]

특검은 DVR 오른쪽 손잡이의 안쪽 고무패킹에 대해선 다음과 같이 검토했다.

첫째, 사참위에서 제출한 감정서에서처럼 실제 수거한 DVR에 나타나는 오른쪽 손잡이 쪽 흠집 5개와 유사한 흠집이 설명 영상 속 DVR의 우측 손잡이에도 존재한다는 점이 인정된다.

둘째, 해경이 전문가에 의뢰해 작성하게 한 '세월호 침몰사고 당시 해군 DVR 수거과정 수중수색 영상 관련 자문/조사 보고서'에 따르면 DVR 손잡이 패킹의 재질은 발포 고무 재질로 20~30미터 수압을 가할 경우 압착이 발생하고, 설명 영상과 같은 저화질의 흑백 영상에선 마치 고무패킹이 없는 것처럼 착시를 불러일으킬 가능성이 있다고 밝히고 있다.

---

38 사진 파일에 고유하게 부여되는 식별자로서 128비트의 고정 길이와 ASCⅡ 문자열로 저장된다.

39 증제32호 내용 참고

셋째, 사참위에서 제출한 감정서의 감정 담당자는 고무패킹이 수압에 의해 압착될 가능성을 고려하지 않았다고 진술했다.

넷째, 그 담당자가 DVR 왼쪽 손잡이의 바깥쪽 고무패킹에는 '돌출'로 인한 빛 반사가 보인다고 판단한 감정 결과는 고무패킹의 재질과 그에 따른 빛 반사 정도를 고려하지 않은 것이라고 진술한 것을 볼 때 수압에 의한 고무패킹 압착이 없었다고 판단할 근거가 되지 못한다.

다섯째, 국과수는 설명 영상 24분 25초 때에 보이는 DVR 손잡이에는 고무패킹이 있다고 보는 것이 합리적이라고 감정하고 있다.

이를 보더라도 사참위에서 제출한 감정서만으로 수중에서 수거 중인 DVR의 오른쪽 손잡이 안쪽에 고무패킹이 존재하지 않는다거나 별개 DVR이 존재한다고 인정하기에는 부족하다.

그리고 특검은 인수인계서 2장이 존재하는 경위에 대해선 바지선 근무자 해경 A와 바지선 근무 교대자 해경 B, 1007함 인수자 해경 C를 조사한 뒤, 해경 A가 6월 22일 근무를 교대하면서 해경 B를 인수자로 하기 위한 인수인계서 1장을 작성하고, 해경 B는 6월 23일 07시 5분 1007함 근무자인 해경 C에게 인계하면서 그를 인수자로 하는 인수인계서 1장을 작성해 인수인계서가 2장이 됐다고 판단했다.

즉 해경 A가 인수인계서를 작성하면서 인수인계 시각이 아니라 물품 발견 시각으로 잘못 기재했고, 해경 B가 자신이 사인해야 할 인수인계서를 포함해 인수인계서 2장을 해경 C에게 제시해 해경 C가 2장 모두에 사인하게 된 것이라고 판단했다. 그리고 만일 별개 DVR이 실제로 존재했다면 그 존재를 증명하는 흔적을 인수인계서로 남기는 행

① 내부 걸쇠가 탈락된, DVR 전면 커버의 후면 ② 내부 걸쇠가 탈락되면서 전면으로 튀어나온 열쇠 구멍 ③ DVR 내부 걸쇠 원형

DVR의 내부 걸쇠가 탈락된 사진과 4.16기록단이 바지선에서 마대자루에 담긴 세월호 DVR를 촬영한
사진에서 열쇠 구멍을 확대한 부분, 끝으로 DVR 내부 걸쇠 원형 사진

위 등은 하지 않았을 것이므로 DVR가 두 번 인수인계된 것으로 보기
는 어렵다고 했다.

그렇다면 특수단과 특검의 수사에 따라 DVR 전면의 열쇠 구멍이
수직 상태(닫힘)에서 인양된 뒤 수평 상태(열림)로 바뀐 것은 분명한 사
실로 확인된 셈이다. 다만 잠금장치의 상태 변화가 왜 일어났는지를
판단하는 지점에서 사참위와 특수단·특검 간의 판단이 갈린다.

특수단과 특검은 DVR 잠금장치가 부식돼 있는 중에 누군가 전면
커버를 만지는 과정에서 내부 잠금장치가 탈락됐다는 것이고 해군 대
령이 촬영한 사진 3장이 그 근거라고 했다. 그러나 당시 바지선에 있
다가 사진 3장을 촬영한 해군 대령은 DVR가 바지선에 올라온 이후부
터 해경에 인계될 때까지 해군과 해경 관계자 6명이 DVR를 지켜보고
있었다고 진술했는데, 당시 현장에 있었던 6명 중 누구도 '누가 DVR
의 전면 커버를 만졌는지' 기억하지 못하거나 잘 모르겠다고 진술하

증거가 말하는 세월호 참사

해군 대령이 6월 22일 23:50:08 촬영한 2번 사진(왼쪽), 23:52:43 촬영한 3번 사진

고 있다. 만일 누군가 DVR의 전면 커버를 만지는 순간 내부 잠금장치가 탈락돼 커버가 열렸다면 열린 것뿐 아니라 내부 걸쇠가 탈락됐다는 것을 현장에 있던 관계자 6명이 확인할 수 있었을 텐데 이에 대한 진술은 없다.

그리고 해군이 제출한 3번 사진에서 내부 걸쇠가 탈락된 것을 확인할 수 있는데, 불과 2분 만에 누군가 만지는 과정에서 그것이 탈락됐다면 현장에 있던 관계자 6명은 세월호 DVR가 중요한 증거임을 인지하고 있었을 테니 그 근거를 남기기 위해서라도 탈락된 내부 걸쇠와 DVR를 함께 촬영했을 법하지만 그 사진에서 탈락된 내부 걸쇠는 확인할 수 없다. 따라서 사참위는 6월 22일 인양된 DVR의 내부 걸쇠가 현장에서 탈락돼 3번 사진처럼 됐다는 근거는 없다고 판단했다.

또 사참위는 해군이 제출한 사진 3장에서 1번·2번 사진과 3번 사진이 동일한 DVR를 촬영한 것이라는 근거를 어디에서도 찾을 수 없었다. 6월 22일 23시 38분 세월호 DVR가 바지선에 올라왔을 때 이를

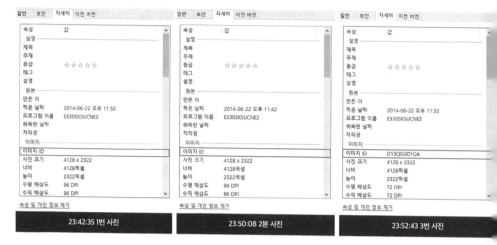

해군 대령이 제출한 사진 파일 3개의 속성 비교

해경에서 물로 세척한 뒤 처음 찍은 사진이 1번이고, 이를 다시 청수통에 담아두고 찍은 사진이 2번이다. 청수통에서 꺼내고 2분쯤 지난 뒤에 3번 사진을 촬영했다는 것인데, 어찌된 일인지 3번 사진을 보면 DVR가 물에 담겨 있었다는 흔적, 즉 물기나 물방울이 전혀 확인되지 않는다.

그리고 사참위가 사진 파일 3개의 속성을 확인해보니 1번과 2번 사진 파일에는 '이미지 ID'가 없는데 3번 사진 파일엔 '이미지 ID'가 있었고, 1번과 2번 사진의 노출 시간과 ISO(국제표준화기구) 감도, 노출 바이어스, 밝기, 광원 등이 3번 사진의 것과 다르게 표시됐다.

특검은 사진 파일 3개에 대한 제조 업체와 대검찰청 모바일 포렌식 팀의 분석 결과를 종합한 결과 '이미지 ID' 생성 여부만으로 편집과 조작을 인정하기 어렵다고 했지만, 사참위가 '이미지 ID'에 대한 제조

증거가 말하는 세월호 참사

업체의 회신 내용을 살펴보니 그렇게 정리되지 않았다. "일반적인 사진 촬영 과정에서 '이미지 ID'가 생성되지 않는 경우는 없습니다만, 사용자가 제조사의 앱이 아니라 3rd party 앱으로 촬영하는 경우 해당 앱의 정책에 따라 EXIF[40] 데이터가 생성되지 않을 수 있습니다"라고 했다. 또 대검찰청 모바일 포렌식팀의 검증 결과는 '1번, 2번 사진은 야간 모드로, 3번 사진은 자동 모드로 촬영돼 3번 파일에만 이미지 ID 값이 저장된 것으로 추정할 수 있다'[41]고 돼 있는데, 이는 "'이미지 ID'가 생성되지 않는 경우는 없습니다'라고 한 제조 업체의 답변과 배치된다. 제조 업체의 검증이 필요한 부분이다.

DVR 오른쪽 손잡이 안쪽에 고무패킹이 있냐 없냐를 따질 때 특검에서 실시한 국과수 감정 결과와 사참위에서 제출한 감정 결과에서 공통적으로 확인되는 것은 함몰 현상이다. 그러나 함몰 현상이 생긴 이유에 대해선 수압에 눌렸기 때문으로, 또 고무패킹이 떨어져 나갔기 때문으로 의견이 갈린다.

특검은 국과수의 감정 결과[42]에서 '우측(전면 기준) 손잡이 상단 안쪽 부분으로 볼 수 있는 곳에서 고무패킹에 해당하는 부분이 주변부보다 함몰되고 밝은 것으로 관찰됨', '함몰 특징은 고무패킹이 없을 때 나타나는 특징이나 수압으로 인해 고무패킹이 압착되어 나타날 가능

---

40 디지털카메라에 적용되는 메타 데이터 포맷을 말한다.

41 증제32호 내용 참고

42 세월호 특검, 2021형제37667호 수사기록, 수사보고 '세월호 DVR수거 동영상 관련 국립과학수사연구원 감정의뢰 회신결과'

성이 있으며, 밝은 특징은 주변부와는 다른(수중에서 조명 반사율이 더 높은) 재질일 가능성 외에 다른 이유가 없는 것으로 판단되고, 고무패킹이 있다고 보는 것이 합리적이라고 사료됨'을 근거 삼아 고무패킹이 존재하는 것으로 판단했다. 그러면서 사참위의 의뢰를 받은 감정 담당자가 수압에 의한 압착 가능성과 고무패킹의 재질 및 그에 따른 빛 반사 정도를 고려하지 않은 점을 지적하며 수압에 의한 압착이 없었다고 판단할 근거가 되지 않는다고 했다.

사참위 측 감정 담당자는 특검 조사에서 "세월호 DVR 손잡이의 고무패킹은 빛을 반사하기 어려운 재질인가요?"라는 질문에 "잠수사의 수중 작업 과정에서 발생하는 손전등에 의한 밝기 차는 본 감정에서 고려하지 않았습니다. 피사체의 재질과 강한 빛 번짐에 의한 형태 변화는 설명 영상으로는 판단하기 어려웠기 때문입니다. 만약 'S1'과 같은 형태가 보이지 않았다면 애초부터 판독 불가 판정을 내렸을 것입니다"라고 진술했다. 또 "고무패킹이 떨어져 있는 세월호 DVR 왼쪽 손잡이 안쪽 부위에 접착제가 묻어 있는 모습과 비교해 밝기 차에 따른 유사성을 판단한 것입니다. 다만 이런 판단은 'S1' 부분을 특정했기 때문에 가능하며 만약 'S1' 부분을 발견하지 못했다면 밝기 차에 의한 판단은 어려웠을 것입니다"라고 진술했다. 즉 감정 담당자는 앞서 살펴봤듯이 설명 영상 기준 24분 26초에 보이는 DVR 손잡이에서 'S1'의 특징을 통해 고무패킹이 떨어져 나간 것으로 판단한 것이다.

그리고 "고무패킹 돌출로 인한 빛 반사와 함몰로 인한 빛 반사의 차이점은 무엇인가요?"라는 특검의 질문에 "영상만으로는 고무패킹의

설명 영상 04분 23초 때엔 DVR 손잡이 고무패킹이 돌출된 상태로 부착돼 있다는 감정서 내용

재질과 그 재질에 따른 빛 반사 정도를 판단할 수 없기 때문에 그 차이
점을 명백히 구분하기는 어렵습니다. 다만 설명 영상 04분 23초 때에
보이는 모습은 잠수사의 손전등이 정면으로 비추지 않았기 때문에 어
느 정도 돌출된 형태의 모습이라는 점을 특정할 수 있었습니다"라고
진술했다.

즉 특검은 DVR 손잡이 고무패킹의 빛 반사 정도와 압착 가능성에
대한 고려가 없었기 때문에 사참위에서 제출한 분석 보고서에 오류가
있다고 지적했지만, 사참위 측 감정 담당자는 고무패킹이 떨어져 나
간 DVR 왼쪽 손잡이 안쪽 부위에 접착제가 묻어 있는 모습과 비교해
밝기 차가 유사하므로 오른쪽 손잡이 안쪽 부위에도 고무패킹이 떨어
져 나간 것으로 판단한 것이다. 고무패킹의 빛 반사를 고려하지 않은
게 아니라 고무패킹의 재질에 따른 빛 반사의 차이를 확인할 수 없다
는 판단이고, 설명 영상 04분 23초 때에 보이는 모습은 잠수사의 손전

등이 정면으로 비추지 않았기 때문에 어느 정도 돌출된 형태의 모습이라는 점을 특정할 수 있었다는 것이다.

따라서 DVR 손잡이의 고무패킹이 존재한다고 판단한 특수단과 특검의 수사 결과는 인정하기 어렵다.

2장씩 있는 인수인계서와 인양물품목록에 대한 수사에서 특수단과 특검은 담당자들의 실수로 그렇게 작성됐다고 결론 내렸다. 그런데 인수인계서는 그렇다 치더라도 사참위는 인양물품목록 작성 경위에 대한 수사기록은 확인할 수 없었다.

유류품이 발견되면 해경이 바지선에서 1007함에 수거 요청을 하고 1007함에서는 단정에 수거를 지시해 단정 담당자가 바지선에서 물품을 인수해 가는데, 이때 작성하는 것이 인수인계서이고 단정에서 1007함 유류품 담당자에게 전달해 인수인계서와 유류품을 확인하며 작성하는 것이 인양물품목록이다. 따라서 인수인계서에 대한 수사만으로는 인계자, 시각(인계 시각), 수거 함정 등이 다르게 인양물품목록 2장이 작성된 경위를 설명할 수 없다. 그리고 인양물품목록 2장 중 한 장은 P39정에 인계된 것이 확인되지만 다른 한 장은 해경의 문서에서 확인되지 않는다.

한편 특수단의 수사기록을 검토하던 중 내용은 동일하지만 결재자가 다른 경찰전보 2장이 추가로 확인됐다.

한 장에는 1509함 함장이, 다른 한 장에는 3009함 부장이 결재란에 서명했다. 경찰전보의 내용에선 6월 22일 23시 40분 해경 A가 해경 C

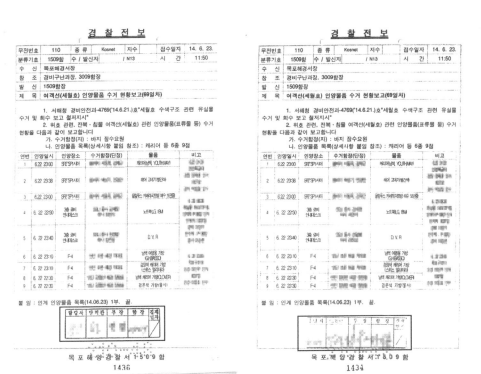

서울중앙지검 2019수제143호 수사기록에서 확인된 경찰전보.
2014년 6월 23일 11시 50분 '여객선(세월호) 인양물품 수거 현황보고(69일차)'

에게 실제로 인수인계한 유류품이 있음이 확인된다. 따라서 해경 A가 인수인계서에 인수인계 시각을 23시 40분이라고 작성한 것은 실수가 아니라 실제로 그 시각에 DVR이 인계됐을 가능성이 있음을 배제할 수 없다. 이처럼 경찰전보 작성 경위에 대한 수사가 필요한데도 수사 기록에서는 수사 내용을 확인할 수 없었다.

지금까지 해군이 수거한 DVR와 검경 합동수사본부가 확인한 DVR 가 동일한 것인지를 검토한 특검과 특수단의 수사기록을 살펴보면서 사참위는 다음과 같은 결론을 내릴 수 있었다.

첫째, DVR 전면부 열쇠 구멍이 수직에서 수평으로 변경된 이유는 내부 걸쇠의 탈락에 의한 것이다.

둘째, 사진과 관련자의 진술에 의하면 내부 잠금장치가 바지선에서 탈락됐다는 근거는 없다.

셋째, 물로 세척했고 또 청수통에 담갔다가 꺼낸 지 2분 정도 지난 DVR에서 물에 잠긴 흔적을 확인할 수 없는 것을 볼 때 1번·2번 사진과 3번 사진이 동일한 DVR를 촬영한 것이라고 보기 어렵다.

넷째, 특수단과 특검은 2분이라는 짧은 시간 동안 DVR를 바꿔치기 할 수 없었다고 판단했지만 DVR를 바꿔치기한 것이 아니라 바지선 위의 다른 장소에 별개 DVR를 놓고 사진을 찍었을 가능성이 있다.

다섯째, 바지선에 별개 DVR가 존재했다면 그것을 처리하는 과정에서 인수인계서와 물품인양목록, 경찰전보가 각각 2장씩 작성됐을 개연성이 있다고 추정된다.

즉 특수단과 특검의 수사로 의혹은 해소되지 못했다.

6월 22일 이전에 세월호 DVR가 인양됐을 가능성

2014년 4월 21일 구성된 현장지휘본부는 해경과 해군으로 구성되어 세월호의 현장 구조·구난 작업을 실질적으로 주도했다. 현장지휘본부는 당시 활동을 문건으로 정리하고 기록으로 남겨 사참위에 제출했다. 제출 문서 중에 참고 자료 목록에서 '0509 DVR 인양 후 인수인계 내역'이라는 내용을 확인했다.

사참위는 '0509 DVR 인양 후 인수인계 내역'이 무엇인지 확인하기

증거가 말하는 세월호 참사

현장지휘본부 문서 정리 현황				
연번	날짜	1. 폴더	2. 폴더	문서제목
1	0510	결재		0510 잠수작업바지 피항계획 보고
2	0723	결재		0723 세월호 수색세력 안전관리 계획
3	0723	결재		0723 잠수요원 격려금 지급계획
4	0723	결재		0723 태풍 마트모 피항관련 잠수사 포상휴가 계획
5	0507	브리핑		0507 중간 수색결과 브리핑 잠수사 사망 이후
63	0509	참고자료		0509 DVR인양후 인수인계 내역
64	0509	참고자료		0509 잠수작업 안전기술지침
65	0519	참고자료		0519 세월호 구조 프로젝트 인원
66	0525	참고자료		0525 부패 시신 수습 방안 보고
67	0704	참고자료		0704 아지무스(반폐쇄식)
68	0704	참고자료		0704 이볼루션(완전폐쇄식)
69	0704	참고자료		0704 인스피레이션(완전폐쇄식)

해경이 제출한 '현장지휘본부 문서 정리 현황' 중 목록

위해 해경에 2014년 4월 16일부터 12월 31일 사이에 '세월호 외 다른 국내 침몰 선박에서 DVR를 인양한 사례'가 있는지를 질문하는 공문을 보냈다. 이후 해경으로부터 'DVR 인양 사례를 발견하지 못함'이라는 답변을 받았다. 따라서 '0509 DVR 인양 후 인수인계 내역'이라는 문서는 세월호 DVR와 관련 있으리라 판단해 6월 22일 이전에 그것이 인양됐을 가능성을 제기하게 됐다.

2014년 5월 9일에 세월호 DVR가 인양됐을 가능성을 조사하던 중, 5월 8일 08시 기준으로 작성된 해경의 '현장지휘본부 일일보고' 문건에 수색 계획으로 '5.8.(목) 8일 05:00~24:00' 3층과 4층 중앙 로비 등을 수색한다고 나와 있지만 같은 날 21시 기준으로 작성된 '여객선 '세월호' 침몰사고 수색구조 상황 보고' 문건에는 3층을 수색했다는 내용이 없고 향후 수색 계획에도 빠져 있음을 확인했다.

그런데 5월 8일 '범정부 사고대책 본부 일일회의자료' 문건 중 '여

② 수색 구조
○ **실 시**

정조시간 : 5.8(목) 02:41/08:35/16:19/19:51

구 분	부 대	시 간	내 용	비 고
수중 탐색	SSU 1개조(2명)-	10:25~11:31	SSU 1팀 : 3층 로비, 공용격실 4층 로비	추가 수습자 없음
	SSU 2개조(4명) UDT 1개조(2명)	14:03~15:35	SSU 2팀 : 4층 중앙침실, 공용격실 5층 로비, 특실 UDT : 희생자 수중인계 / 수습	

2014년 5월 8일 범정부사고대책본부 일일회의자료 문건 중 '여객선 세월호 침몰사고 국방부 조치사항'

객선 세월호 침몰사고 국방부 조치사항'에는 'SSU 1팀: 3층 로비, 공동격실, 4층 로비'처럼 수색이 실시됐다고 나와 있었다. 이에 사참위는 당시 수중 수색 현황을 총괄해 작성한 잠수기록지 등 문건을 확인했지만 3층 로비를 수색했다는 내용은 찾을 수 없었다.

이처럼 일일보고와 회의엔 수색한 사실이 보고되면서 해당 문건엔 내용이 나오지 않은 것을 확인하면서, 앞서 확인한 '0509 DVR 인양 후 인수인계 내역' 문서 제목과 맞물려 5월 8일 세월호 3층 로비를 수색하지 않았는지 의혹이 제기됐다.

또 세월호특조위에서 입수한 해경의 TRS 저장 서버(DVR-NEST)의 이미지 파일과 로그를 분석한 결과 다음과 같은 사실이 발견됐다.

첫째, 2014년 4월 16일 13시 50분 TRS 채널 21~24가 수용된 6번 카드가 새로운 카드로 교체됐다.

둘째, TRS 저장 서버가 2014년 5월 9일 21시 49분~5월 10일 07시 58분, 5월 10일 17시 45분~5월 11일 07시 38분, 5월 11일 12시 54분~5월 12일 07시 55분 3차례 꺼졌다 켜졌다.

증거가 말하는 세월호 참사

셋째, 저장돼 있던 녹취 파일 일부가 삭제됐다.

넷째, 실시간 백업을 담당하는 Z 드라이브의 2014년 3월 24일~5월 14일 음성 백업 파일 및 폴더들의 생성 일시(creation time)가 모두 2014년 5월 10일~14일로 돼 있었다.

다섯째, 2014년 8월 30일~10월 10일의 녹취 파일이 존재하지 않았다.

여섯째, C 드라이브, D 드라이브, Z 드라이브의 미할당 영역(프로그램이나 데이터가 점유하지 않은 영역으로 오래 운영한 시스템의 경우 여기에 이전 해당 영역을 점유했던 파일의 흔적들이 남아 있음)들의 대부분이 0(zero)으로 채워져 있었다.

일곱째, 채널 번호는 VHF 채널인데 TRS 채널의 통화 내용이 녹음돼 있는 경우가 있었다.

여덟째, 광주지방검찰청의 압수수색이 진행됐던 15시쯤 저장 서버의 로그 파일 일부에 파일 속성 변경과 관련한 타임스탬프가 변경돼 있었다.

당시 해경 보안실장은 사참위 조사에서 24번 채널이 수용돼 있는 6번 카드가 교체된 사실에 대해 "전혀 아닙니다. 그 상황에서 TRS 기기에 손을 댄 사실이 전혀 없습니다"라고 진술했고, 시스템이 꺼졌다 켜진 이유에 대해선 "장비가 10년 이상 노후해서 제가 끄고 퇴근했습니다"라고 진술했다. 하지만 해경의 TRS 저장 서버는 2013년 12월 10일 시스템을 새로 정비한 것으로 확인됐다. 그 밖의 분석 결과에 대해선 "내부의 일이라 말씀드릴 수 없는 것들이 있습니다"라거나 "모릅니다" "기억이 없습니다"라고 진술했고, 조사 중간에 진술한 내용 일체를 폐기하고 싶다는 의사를 밝히면서 나중에 변호사와 함께 와서 이야기하고 싶다는 태도를 보였다.

또 광주지방검찰청의 압수수색 당시 입회했던 해경 담당자도 시스템에 대해 '잘 모른다'거나 '기억이 나지 않는다'고 진술해 구체적 사실을 확인해주지 않았다. 이로써 2014년 5월 8일부터 5월 12일 사이에 서버 전원이 3차례 임의로 꺼졌다 켜진 것은 '0509 DVR 인양 후 인수인계 내역'과 관련해 DVR 인양을 은폐하기 위한 것이 아닌지 의혹이 제기됐다.

한편 2014년 6월 22일 DVR를 인양하게 된 경위에 대해 해경은 가족들의 요청에 따라 진행했다고 했지만, 정작 수거 당일 유가족에게 수거 사실을 알리지 않고 이후에도 알리지 않은 것을 보더라도 의혹이 클 수밖에 없었다.

검찰 특수단은 2014년 5월 8일~9일 DVR가 인양했을 가능성에 대해 수사한 뒤 다음과 같이 판단했다.

첫째, 2014년 5월 8일자 해군·미래바지·언딘바지의 수중수색일지 등에 세월호 3층을 수색했다는 내용은 전혀 기재돼 있지 않다.

둘째, '현장지휘본부 문서 정리 현황' 문건 중 '0509 DVR 인양 후 인수인계 내역'이라고 적힌 부분을 조사해보니 문서 정보의 지은이가 '3009함 통신실'로, 작성 날짜가 2014년 7월 19일로 돼 있었다. 당시 3009함 현장지휘본부 기획반에 근무했던 해경들에게 확인해보니 문서 정리 업무를 담당한 사실은 있지만 정확히 기억할 수 없다고 진술했다.

셋째, 해경 경비국장은 2014년 5월 9일 DVR를 인양한 적이 없고 '0509 DVR 인양 후 인수인계 내역'이라고 적혀 있는 것은 다른 물건을 DVR로 착각해 그런 것이라고 진술했다.

이에 따라 2014년 5월 9일 DVR가 인양됐을 가능성은 없다고 판단된다.

특검은 '0509 DVR 인양 후 인수인계 내역'이라는 부분이 3009함의 통신실 노트북에서 2014년 7월 19일 작성돼 7월 27일 최종 수정됐음은 확인했지만 작성 주체가 누구인지는 특정하지 못했다. 그러나 '2014년 5월 9일 DVR 인양 후 인수인계와 관련된 문건'에 기초해 현장지휘본부 문서 정리 현황에 해당 문구를 기재했을 가능성을 배제하기 어려우므로 사참위가 제기한 의혹은 상당해 보인다고 하면서, 관련 문건이 존재하는지 등을 조사했다. 특검의 수사 결과는 다음과 같다.

첫째, 해경과 해군, 대통령기록관, 해양수산부 등에서 압수수색한 서류나 전자문서의 내용 등에서 세월호 DVR가 2014년 5월 초에 수거됐다는 언급은 전혀 발견되지 않았다.

둘째, DVR 수거에 관여한 해경과 해군 관계자들은 세월호특조위 조사부터 특검 조사에 이르기까지 '세월호 DVR는 2014년 6월 22일 수거된 것이 사실이다'라는 취지로 일관되게 진술하고 있다.

셋째, '0509 DVR 인양 후 인수인계 내역' 문구는 2014년 5월 9일 당시가 아니라 2개월여 지난 7월에 기재된 것으로 특히 '0509' 부분은 '날짜 오기'로 볼 여지가 있다.

넷째, 해경과 해군, 민간 잠수사들에 대한 조사에서 '2014년 5월 초 DVR가 몰래 수거됐다'는 의혹을 뒷받침할 어떤 구체적 자료도 발견되지 않았다.

이를 종합하면 '0509 DVR 인양 후 인수인계 내역' 문구만으로 세월호 DVR가 6월 22일이 아니라 그 전인 5월 초 해경·해군 관계자 등에 의해 수거됐음을 인정하기에 부족하다.

특수단과 특검의 수사로 '현장지휘본부 문서 정리 현황' 문건이 3009함의 통신실에서 2014년 7월 19일에 작성됐다는 사실이 확인된 것은 성과라 할 수 있다. 하지만 사참위는 DVR를 다른 물건으로 착각했다거나 날짜 오기로 볼 여지가 있다는 판단엔 동의하기 어렵다.

한편 특검의 수사 발표에선 언급되지 않았지만 수사기록을 보면 '세월호 수중수색일지(월별)' 문건에서 2014년 5월 22일 3층 중앙 로비 안내소를 수색 완료하고(46미터), 4월 21일 해경과 언딘, 해군 잠수사들이 합동으로 '3층 로비 중앙'에서 희생자 10구를 수습했으며, 5월 5일 해군 잠수사가 '3층 중앙 로비 좌측 바닥'에서 희생자 1구를 수습했다는 내용이 확인된다.

또 특검 조사에서 2014년 해군의 수색 책임자였던 대령이 '2014년 5월 1일 세월호 3층 선수 우현 격실을 시작으로 3층 수색을 시작했다'

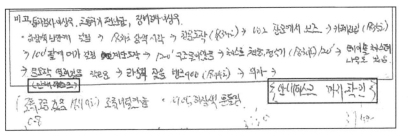

세월호참사 탐색·구조작전 해군(SSU) 잠수도표 2014년 5월 5일 내용

고 진술하고, "세월호 3층 식당의 위치를 보면 안내데스크와 매우 가까운데 3층 로비와 식당을 수색하면서 안내데스크를 수색한 적은 없는가요?"라는 질문에 "네. 전혀 없습니다"라고 답변한 것이 확인된다. 그러나 2014년 5월 5일 해군의 잠수도표를 보면 당시 해군이 안내데스크까지 수색 작업을 진행했음이 확인된다.

이런 내용이 해군에서 작성한 'SSU 일일 구조작전 결과' 문서에는 '3층 중앙 로비 좌현 격벽(바닥)까지 탐색 결과 실종자 발견 사항 없음(SSDS)'이라고 기록돼 있는 반면, 해경이 작성한 '현장 잠수기록지'에는 '수색 구역'과 '내용 및 결과'가 기록돼 있지 않아 실제 수색 작업 내용과 작성된 문서의 내용이 다를 수 있음이 확인된다.

또 특검의 수사기록을 보면 해경이 작성한 '여객선 '세월호' 수색계획(5.8. 06:00)'엔 작성 시각인 2014년 5월 8일 06시를 기준으로 할 때 '기재가 불가능한 내용'이 기재돼 있음이 확인된다. 수색 실적에 나오는 270번~273번 희생자들은 5월 8일 20시 13분~22시 46분에 수습됐기 때문이다. 이런 내용은 '여객선 '세월호' 수색계획(5.9. 06:00)'에도

여객선 「세월호」 수색계획(5. 8. 06:00)
[출처: 사참위 제공 USB]

여객선 「세월호」 수색계획(5. 9. 06:00)
[출처: 사참위 제공 USB]

여객선 「세월호」 수색계획 [5. 8. 06:00]

'14. 5. 8.(목) 06:00 / 현장지휘본부(3009함)

□ 금일 조석

일자	일출 일몰	저 조	고 조	기상(파고/시정/풍향·속)
5. 9(금)	05:41 13:06	02:41 16:19	08:35 19:51	1.5m / 5NM / NW-20KTS

□ 전일 수색 주요사항 [5. 8(목): 00:00 ~ 24:00, 5. 9(금): 00:00 ~ 06:00]

▶ 5. 8(목) 00:00 ~ 24:00

○ 1차 입수(00:41 : 높은 파도(2m 이상)와 강한 바람(11m/s이상)으로 입수 불가(위험예상하여 입수 중)
  ※ 08:36 파고 2~3m, 파속 1노트이상 - 07:00 1노트.

○ 2차 입수(10:23~11:31 : 7회/13명 [해감5:10, 해감1:2, 체류1:1 ▶ 0구 우심)
  ※ 08:10 파고 2~3m, 파속 0.7~0.8노트 / 09:07 3.4노트, 나빌성 과도, 현저 좋아지고 있음 / 11:19 0.8노트

○ 3차 입수(14:03~15:35) : 9회/17명 [해감4:8, 해감3:8, 체류2/3 ▶ 0구 우심)
  ※ 15:20 1.0노트 / 15:43 1.1~1.2노트

○ 4차 입수(18:39 ~ :) : 0회/0명 [해감0:0, 체류0:0, 체류0:0 ▶ 4구 수습)
  A조(좌) (해감, 체류) - 4층 선수중앙우현   B조(해감, 체류) - 5층 로비, 선원실
  C조(체류SSU) - 5층 선수실(R6) / D조(해감SSU) - 4층 중앙우현
  E조(체류UOT, 체류) - 4층 선미 다인실(SP2)

· 20:13(#270, 남(미상), 구별의ㅇ, 4층 선수중앙 우측 3번방(B14), 해경)
· 20:38(#271, 남(미상), 구별의ㅇ, 4층 선수중앙 우측 3번방(B14), 해경)
· 21:15(#272, 여(미상), 구별의ㅇ, 5층 선수 우현 선실십 3번베방, 해경)
· 22:46(#273, 여(미상), 구별의ㅇ, 5층 선수 우현 선실심 4번베방, 해경)

여객선 「세월호」 수색계획 [5. 9. 06:00]

'14. 5. 9.(금) 06:00 / 현장지휘본부(3009함)

□ 금일 조석

일자	일출 일몰	저 조	고 조	기상(파고/시정/풍향·속)
5. 9(금)	05:40 19:27	03:49 16:19	09:53 21:59	1m / 5NM / NW-10KTS

□ 전일 수색 주요사항 [5. 8(목): 00:00 ~ 24:00, 5. 9(금): 00:00 ~ 06:00]

▶ 5. 8(목) 00:00 ~ 24:00

○ 1차 입수(00:41 : 높은 파도(2m 이상)과 강한 바람(11m/s이상)으로 입수 불가(위험에서 입수 중)
  ※ 08:36 파고 2~3m, 파속 1노트이상 - 07:00 1노트.

○ 2차 입수(10:23~11:31 : 7회/13명 [해감5:10, 비 감1:2, 체류1:1 ▶ 0구 우심)
  ※ 08:10 파고 2~3m, 파속 0.7~0.8노트 / 09:07 3.4노트, 나빌성 과도, 현저 좋아지고 있음 11:19 0.8노트

○ 3차 입수(14:03~15:35) : 9회/17명 [해감4:8, 해감3:6, 체류2:3 ▶ 0구 우심)
  ※ 15:20 1.0노트 / 15:43 1.1~1.2노트

○ 4차 입수(18:39~23:59 : 4회/41명 [해감24:50, 해감1:4:28, 체류8:13 ▶ 4구 수습)
  A조(좌) (해감, 체류) - 4층 선수중앙우현   B조(해감, 체류) - 5층 로비, 선원실
  C조(해감SSU) - 5층 선수실(R6) / D조(체류SSU) - 4층 중앙우현
  E조(체류UOT, 체류) - 4층 선미 다인실(SP2)

· 20:13(#270, 남(미상), 구별의ㅇ, 4층 선수중앙 우측 3번방(B14), 해경)
· 20:38(#271, 남(미상), 구별의ㅇ, 4층 선수중앙 우측 3번방(B14), 해경)
· 21:15(#272, 여(미상), 구별의ㅇ, 5층 선수 우현 선실십 3번베방, 해경)
· 22:46(#273, 여(미상), 구별의ㅇ, 5층 선수 우현 선실심 4번베방, 해경)

※ □ 은, 5월 8일 06:00경을 기준으로 할 때, 기재가 불가능한 내용임
(희생자 #270, #271, #272, #273은 2014. 5. 8. 20:13~22:46경 수습되었음)

세월호 특검, 2021형제37667호 수사기록 제7권, 수사보고 '2014.5.경 무렵, DVR 사전수거 의혹 관련'

전일(5.8. 00시~24시) 수색 실적으로 그대로 기재돼 있다.

그리고 사참위에서 의혹을 제기했듯이 '현장지휘본부 일일보고' 문건엔 2014년 5월 8일 08시 기준 해군이 3층과 4층 중앙 로비 등 수색할 계획이라고 나와 있고 09시 기준 '수색구조 상황 보고' 문건에도 수색 범위를 3층과 4층, 5층으로 확대 수색한다는 계획이 적혀 있지만, 21시 기준 작성된 '여객선 '세월호' 침몰사고 수색구조 상황 보고'

세월호 특검, 2021형제37667호 수사기록 제21권, 수사보고 '국방부 조치사항 일부 내용 검토'

문건에는 3층을 수색했다는 내용이 없고 21시 기준 '여객선 세월호 침몰사고 국방부 조치사항' 문건에는 해군 잠수팀이 10시 25분~11시 31분 '3층 로비'를 수색한 것으로 적혀 있는 것이 확인된다.

또 특검은 국방부 조치 사항 내용과 관련해, 해군이 작성한 '2014년 5월 8일(목) 세월호 구조상황 일지'에는 '3층 로비 및 공용격실' 수색 계획이 있었지만 해경과 해군의 잠수기록지에는 수색이 이뤄지지 않은 것으로 나오므로 국방부 조치 사항 문서를 작성하는 과정에서 현장의 잠수기록지를 검토하지 않고 계획 내용에 있는 대로 적었을 가능성이 있다고 했지만, 구조상황 일지에 따르면 잠수 작업 예정 시간은 '07:20~10:30'이고 국방부 조치 사항에 보고된 시간은 '10:25~11:31'이므로 계획 내용을 그대로 적었을 가능성은 배제할 수 있다. 이처럼 특검 수사기록에서 확인되는 일반적이지 않은 정황들은 '0509 DVR 인양 후 인수인계 내역'이 물건의 착각이나 날짜 오기로만 볼 수 없음을 뒷받침하고 있다.

그러나 특검은 '해경·해군 통신자료 및 해군 문자정보망 자료 검토 결과'에서 다음과 같이 판단했다.

첫째, 2014년 5월 9일자 해경의 TRS·VHF 음성 파일을 살펴보면 세월호 3층 안내데스크를 수색했거나 그곳에서 유류물을 수거했다는 내용이 확인되지 않았다.

둘째, 해군 상황실의 2014년 5월 9일자 음성 파일, 해군 문자 정보망에서도 3층 안내데스크를 수색했거나 DVR를 수거했다는 내용이 확인되지 않았다.

셋째, 2014년 5월 1일~8일 해군의 TRS·VHF·경비전화 음성 파일과 해군 상황실의 음성 파일 및 문자 정보망에서도 세월호 3층에서 DVR를 수거했다는 내용이 확인되지 않았다.

따라서 '2014년 5월 초 세월호 DVR가 수거됐다'는 사참위의 의혹은 이를 뒷받침할 만한 증거를 찾기 어렵다.

하지만 특검이 사참위에서 제기한 대로 해경 TRS 서버의 전원이 임의로 꺼졌다 켜진 경위와 녹취 파일 일부가 삭제된 경위 등을 수사해 해경의 TRS 저장 서버에 문제가 없었다는 것을 선제적으로 확인한 뒤 이런 판단을 내렸다면, 사참위도 수사 결과를 수용할 수 있었을 것이다. 하지만 TRS 저장 서버에 대한 의혹을 수사하지 않은 채 뒷받침할 만한 증거를 찾기 어렵다고 결론을 내리면 그런 수사를 인정하기는 어렵다.

검찰 특수단과 특검은 2014년 6월 22일자 DVR 수거 계획을 유가족에게 알리지 않고 수거 이후에도 알리지 않은 경위에 대해선, '세

증거가 말하는 세월호 참사

월호 수색 관련, 가족 설명 결과' 문건을 근거 삼아 가족들에게 사전 고지하지 않고 몰래 세월호 DVR를 인양했다고 할 수는 없다고 판단했다.

'세월호 수색 관련, 가족 설명 결과' 문건에 따르면, 2014년 5월 27일 희생자와 실종자 가족들을 위한 설명회에서 세월호와 구조가 유사한 한일호(한일고속페리)를 방문해 수색에 참고하자는 제안이 있었고, 이 제안에 따라 6월 15일 한일호를 방문했으며, 방문한 자리에서 실종자 가족들이 한일호에 설치된 CCTV를 확인한 뒤 세월호 CCTV를 수거하자는 제안이 나왔다고 한다.

6월 15일자와 6월 20일자 가족 설명 결과 문서에선 'C팀이 5층 작업을 끝내고 3층 안내데스크에 가서 CCTV 저장 장치를 수거해 국과수에 분석 의뢰하겠다'는 내용이 확인되고, 6월 22일자 가족 설명 결과 문서에선 'C팀이 3층 로비 부분을 수색해 안내데스크에 있는 CCTV 저장 장치 수거 작업을 진행 중이며, 수거시 국과수에 포렌식 의뢰 예정'이라는 내용이 확인된다고 한다.

특검이 확인한 바와 같이 6월 15일 한일호 방문은 '가족 설명 결과' 문건 외에 '범대본 일일회의자료', 팽목 가족지원상황실의 '일일보고'와 '일일 점검회의 결과' 문건에서도 확인된다. 그러나 한일호를 방문한 자리에서 세월호 CCTV를 수거하자는 제안이 나왔다면 범대본에 가족들의 요구 사항이 전달됐을 것으로 추정되지만, 2014년 6월 15일자 '범대본 일일 점검회의 결과' 문서에는 CCTV 저장 장치와 관련된 내용이 전혀 언급되지 않고, 특검이 제시한 '세월호 실종자 가족, 완도 한일고속페리1호 방문 동향'이라는 문건에서만 확인된다.

2014년 당시 팽목 가족지원상황실에 근무했던 해경들은 가족들이 CCTV 저장 장치 수거를 요청했다면 '가족 요구 사항' 등에 별도 기재했을 것이고 사후에라도 '가족 요구 사항'을 별도로 보고했을 것이라는 취지로 진술했다. 또 CCTV 관련 내용을 기억하는 사람이 없고, 2014년 당시 현장잠수팀 수색팀장도 "수중 수색 현장에서는 CCTV를 수거해달라는 요청을 들은 기억이 없습니다"라고 진술했다. 마찬가지로 2014년 당시 3009함 현장지휘본부에 지원했던 근무자도 "일일수색계획이라는 문건을 매일 저녁 작성했는데 이때 다음 날 해경·언딘·해군 등 잠수팀이 각각 어느 구역을 수색할지를 수색 도면에 표시하는 작업을 했습니다. 이때 CCTV 저장 장치를 수거할 계획이라는 얘기는 못 들었습니다"라고 진술했다. 더구나 범대본 일일회의 자료를 보면 2014년 6월 15일~22일 기간에 CCTV 수거와 관련한 내용은 확인되지 않는다.

그리고 특검 조사에서 2014년 당시 해군에 DVR 수거를 요청한 해경 경비국장은 "2014년 6월 21일 해군이 3층 수색을 시작하게 되자 해군 중령에게 3층 안내데스크 테이블 밑에 DVR가 있으니 수거해달라는 취지로 얘기했습니다"라고 진술했지만, 해군 중령은 "공식적인 DVR 수거 요청은 2014년 6월 22일 21시부터 22시 사이에 해경 경비국장으로부터 이뤄진 것으로 기억합니다"라고 했다. 해군 대령도 "저는 6월 22일 21시경 세월호 DVR 수거 요청에 대해 알게 된 것입니다"라고 하면서 "해군 중령이 6월 21일 세월호 DVR 수거 요청을 받았다면 그 즉시 제게 보고했을 것입니다"라고 진술했다.

즉 해경 경비국장의 진술과 해군 관계자들의 진술이 엇갈리고 있다. 이를 보면 2014년 6월 22일자 가족 설명 결과 문서에 "C팀은 3층 로비 부분 커피숍과 노래방을 수색하고, 안내데스크에 있는 CCTV 저장 장치 수거 작업을 진행하는 중"이라고 기록된 부분이 사실이 아닐 개연성이 있다.

특히 6월 22일 15시쯤 언딘 바지선에서 열린 실종자 가족들과의 회의에서도 DVR 인양과 관련된 사항은 전혀 논의되지 않았고, 언딘 바지선에 상주하고 있던 4·16기록단에도 관련 내용은 전혀 전달되지 않았다. 따라서 특수단과 특검이 '가족 설명 결과' 문건을 근거로 가족들에게 사전 고지하지 않고 몰래 세월호 DVR를 인양했다고 할 수 없다고 판단한 결론은 인정하기 어렵다.

검찰 특수단과 특검의 수사기록을 검토하고 조사한 뒤 사참위가 제기한 4가지 의혹, 즉 해경이 제출한 DVR 인양 영상에 대한 조작·편집 의혹, 해군은 세월호 DVR를 원래 설치돼 있던 위치에서 수거했으나, 해군이 수거한 DVR와 검경 합동수사본부가 확인한 DVR는 동일한 것인가, 6월 22일 이전에 DVR가 인양됐을 가능성 의혹 등은 일부 사실관계가 확인된 것은 있지만 상당 부분 해소되지 않고 그대로 남아 있다. 따라서 사참위의 활동은 종료됐지만 진실을 밝히려는 노력은 계속돼야 할 것이다. 조사 내용에 미흡함이 있을 수 있지만 진실에 한 발짝 다가서는 데 도움이 됐으면 하는 바람이다.

5

CCTV 데이터,
64개 영상은 조작됐나

세월호 DVR는 주요 지점 64곳에 설치된 CCTV의 녹화 영상들이 저장되는 서버로 참사 원인을 규명하는 데 결정적 증거가 될 것으로 기대돼 참사 초기부터 많은 언론의 관심을 받았다. 그러나 중요성에도 불구하고 DVR는 참사 두 달 뒤인 2014년 6월 22일에야 인양됐고, 복구된 영상은 참사 3분여 전까지의 녹화분만 존재해 끊임없이 데이터 조작 의혹을 받아왔다.

2015년 9월부터 세월호특조위는 '세월호 선내 CCTV 자료의 원본 여부'와 '특정 시각 세월호 CCTV 영상 부재와 전원 꺼짐 현상의 원인'에 대해 조사해, 세월호 CCTV 모니터의 표시 시간이 실제 시간보다 15분 20초 늦다는 사실과 함께 실제 시간 기준 2014년 4월 16일 08시 46분 CCTV 녹화가 중단된 것으로 판단된다는 기존 조사 결과와는 달리 최장 09시 50분까지 CCTV가 정상 작동했을 가능성을 확인했다.

그러나 2016년 9월 30일 세월호특조위의 활동이 강제 종료되면서 조사가 완료되지 못했다.

2017년 8월 선조위는 CCTV 영상 조작 관련 의혹을 '사고 원인 은폐·조작 의혹'으로 분류해 조사를 시작했다. 그리고 선체에서 수습한 차량용 블랙박스 영상들을 분석해 세월호 CCTV 모니터의 표시 시간이 실제 시간보다 15분 20초가 아니라 15분 23초 늦다는 사실을 특정했다. 하지만 DVR 영상 조작에 대해 결론을 내지 못한 채 활동을 마쳤다.

2018년 12월부터 사참위는 증거 자료의 조작·편집 제출 의혹 등에 대한 조사의 일환으로 DVR 데이터 조작 의혹을 조사해 DVR를 둘러싼 오래된 질문인 '세월호 DVR는 언제까지 동작했나'와 '세월호 DVR 복구 데이터는 조작됐나'에 대답하려고 했다. 사참위가 3년여에 걸쳐 세월호 DVR 데이터에 대해 조사한 내용[43]을 요약 정리해본다.

---

43 사참위의 세월호 DVR 데이터에 대한 조사는 2022년 3월 조사보고서 초안을 작성한 뒤에도 계속됐다. 특히 2022년 4월부터 8월 사이에 사참위와 여러 검증 기관은 조사보고서에 대한 검증 작업을 수행했는데, 이는 매우 중요한 것이어서 이때의 검증 결과를 반영해야 세월호 DVR 데이터 조작 여부에 대해 온전한 결론에 도달할 수 있다. 애초엔 책의 초고에 검증 결과들이 포함됐지만 사참위가 공개한 자료들만 출판하자는 법률 자문과 출판사의 검토에 따라 조사보고서 초안에 포함되지 않은 내용은 삭제됐다. 세월호 DVR 데이터 조사보고서에 대한 검증 과정 및 결론은 4.16세월호참사가족협의회 홈페이지에 공개된 '세월호 DVR 데이터 조사 결과에 대한 검증 보고서'(https://416family.org/index.php/move/?mode=view&board_pid=836)를 참조하기 바란다.

DVR 데이터 증거물은 무엇인가

사참위는 2014년 8월 22일 법원이 반환해 서해지방해양경찰청이 특수기록관에 보관 중이던 검증 목적물 원본 DVR 하드디스크 2개 (HDD Ⓐ와 Ⓑ) 등 관련 증거물을 2018년 8월 1일 해경으로부터 인수했다. 또 2014년 6월 22일 수거된 DVR 본체를 2018년 8월 8일 해경으로부터 인수했다.

사참위가 인수한 관련 증거물은 HDD Ⓐ와 Ⓑ의 케이스 2개 및 관련 일부 부품 2벌[44], HDD Ⓐ와 Ⓑ의 플래터 2벌이 각각 옮겨져 장치된 별도 하드디스크 2개[45](HDD ①과 ②), 그리고 세월호 CCTV 복원 데이터가 저장된 외장 하드 1개였다.

사참위가 해경으로부터 인수한 세월호 CCTV DVR 관련 물품	
검증 목적물 원본 DVR HDD Ⓐ의 케이스와 부품	SN: W1E1Q4EM 2012.11.7. 출고
검증 목적물 원본 DVR HDD Ⓑ의 케이스와 부품	SN: W1E22NQN 2012.11.7. 출고
검증 목적물 원본 DVR HDD Ⓐ의 플래터를 Donor 디스크에 설치한 것, HDD ①	SN: W1E26XVM 2013.1.24. 출고
검증 목적물 원본 DVR HDD Ⓑ의 플래터를 Donor 디스크에 설치한 것, HDD ②	SN: Z1E892QC 2014.6.14. 출고
CCTV DVR 복원 영상 등 데이터가 저장된 외장 하드 1대	
2014년 6월 22일 수거된 DVR 본체	

---

44 검증 목적물 원본인 Segate Barracuda 2000GB(SN: W1E22NQN, W1E1Q4EM)의 케이스와 일부 부품이다.

45 검증 목적물 원본과 동일한 모델인 Segate Barracuda 2000GB(SN: W1E26XVM, Z1E892QC)이다.

세월호 CCTV DVR에 장치된 하드디스크 중 운영 체제 등이 설치된 HDD Ⓐ의 케이스와 부품

1. 세월호 DVR 하드디스크 실물, HDD ①

HDD Ⓐ는 세월호 DVR에 설치된 2TB 용량의 하드디스크 중 첫 번째 것으로 C:\, D:\, E:\, F:\ 등 총 4개 부분(partition)으로 나뉘어져 있다. 그중 C:\에는 윈도우즈와 DVR 소프트웨어가 설치돼 있고 나머지 3개 부분에는 녹화된 영상이 순차적으로 저장돼 있다. D:\에는 2014년 2월 28일~3월 24일 영상이, E:\에는 2014년 3월 24일~4월 10일 영상이, F:\에는 2013년 12월 24일~31일, 2014년 4월 10일~16일 영상이 각각 저장돼 있다. 2014년 6월 수거 직후 HDD Ⓐ의 상태는 위와 같다.

2014년 6월부터 8월까지 두 달간 수행된 DVR 복원 작업 당시 복구 업체(최초 복구 업체)는 HDD Ⓐ에서 플래터만 추출한 뒤 세척해 온전한 하드디스크인 HDD ①(2TB)에 이식했고 여기서 복구 플

증거가 말하는 세월호 참사

랫폼인 PC-3000을 이용해 이미지를 복원했다(데이터 ④). 그 과정에서 HDD ①의 14퍼센트 정도인 261GB[46]만 정상 복원됐다('read successfully').[47] 복원한 내용 중 시스템 볼륨 C:\의 이미지 파일(데이터 ①)과 E:\와 F:\에 있던 2014년 4월 10일~16일 녹화된 CCTV 영상(데이터 ②) 등을 법원이 지정한 복구 촉탁인을 통해 법원에 제출했다

2020년 사참위는 폴란드의 한 복구 업체에 HDD ①의 재복구를 의뢰했고, 2021년 2월 업체는 거기에서 시스템 시간 기준 2014년 4월 16일 08:34:08까지 영상을 추가 복구하는 데 성공했다.

2. 세월호 DVR 하드디스크 실물, HDD ②

HDD Ⓑ는 세월호 DVR에 설치된 2TB 용량의 하드디스크 중 두 번째 것으로 G:\, H:\, I:\, J:\ 등 총 4개 부분으로 나뉘어져 있다. 그중 G:\와 H:\, I:\는 영상 저장을 위해, J:\는 운영 체제 영역인 C:\의 백업을 위해 사용됐다. 2014년 6월 수거 직후 HDD Ⓑ의 상태는 다음과 같다.

2014년 복원 작업 당시 최초 복구 업체는 HDD Ⓑ를 세척한 뒤 플래터를 HDD ②에 이식했고 여기서 PC-3000을 이용해 이미지를 복원했다. 하지만 내용을 확인해보니 2014년 1월 1일~2월 28일 영상이 저장돼 있을 뿐 참사 당시 영상이 없어 복원 작업을 중단했다.[48]

---

46 총 3,907,029,168 섹터

47 최초 복구 업체, 'ST2000DM001 분석보고서'

48 광주지방법원 목포지원, 사건번호 2014카기208 증거보전, '소송기록'

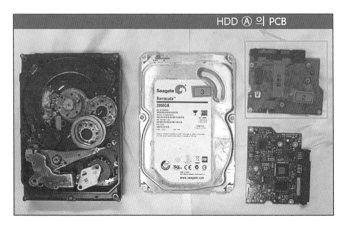

세월호 CCTV DVR에 장치된 하드디스크 중 HDD ⑧의 케이스와 부품

2020년 사참위는 폴란드 복구 업체에 HDD ②의 재복구도 의뢰했고, 2020년 7월 업체는 HDD ②의 99퍼센트 이상을 복구하는 데 성공했다.

3. 저장 디스크

저장 디스크란 2014년 최초 복구 업체가 세월호 DVR와 안내 방송용 노트북을 복구하면서 그 이미지 파일과 추출 파일들을 저장한 3TB 용량의 디스크 2개를 말한다. 사참위는 이를 저장 디스크 ①과 저장 디스크 ②로 명명했다. 다음 사진은 2014년 세월호 DVR 복원 당시 복구 촉탁인이 찍은 저장 디스크들이다.

복구 촉탁인은 2014년 DVR 복구가 끝난 뒤 저장 디스크들을 개인적으로 보관해오다가 2016년 3월과 7월에 세월호특조위에 제출했다.

증거가 말하는 세월호 참사

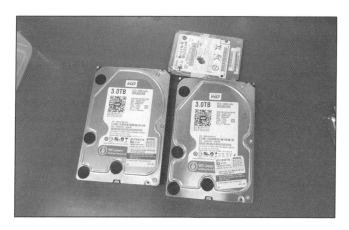

법원의 복구 촉탁인이 제출한 저장 디스크 ①과 ②

	저장 디스크 ① 이미지 파일		저장 디스크 ② 이미지 파일
입수 경로	세월호특조위 입수	사참위 입수	사참위 입수
파일명	3_3TB	E01capture	sdsc_myn_011
형식	EWT	EWT	EWF
시리얼 넘버	WD-WMC4N2524529	WD-WMC4N2524529	WD-WMC4N2567450
용량	3,000,592,982,016 bytes(2.7TB)	3,000,592,982,016 bytes(2.7TB)	3,000,592,982,016 bytes(2.7TB)
출처		국가기록원	국가기록원
이미징 일시	2016.8.10. 09:27	2020.8.20. 16:20	2020.8.21. 10:32
이미징 장소		국가기록원	국가기록원
이미징 실행		000	000
이미징 도구		Falcom	Falcom

저장 디스크 ①과 저장 디스크②의 이미지 파일 정보

저장 디스크들과 관련해 사참위가 조사한 증거물은 앞과 같다.

4. 제출 디스크

제출 디스크란 최초 복구 업체가 2014년 8월 HDD ①을 복구할 때 그 산출물들을 저장한 매체로, 업체가 그해 8월 22일 광주지방법원 목포지원에 제출했다. 2016년 8월 최초 복구 업체가 세월호특조위가 의뢰한 포렌식 조사를 위해 제출 디스크를 이미징한 것으로 판단된다.

제출 디스크 정보			
파일명	HTS541010A9E680	이미징 일시	2020.8.21. 10:32
형식	EWF	이미징 장소	
시리얼 넘버	JA10021F279ERN	이미징 실행	MYUNG
용량	1000204886016 bytes(931GB)	이미징 도구	인케이스/Tableau
출처		해시값(MD5)	42cf1f7ebbe375c6 dfe87ab7d5bc29cb

복구 업체가 2014년 8월 22일 광주지방법원 목포지원에 제출한 저장 매체 정보

5. 하드디스크 복원 데이터

사참위가 세월호특조위 등 관련 기관의 기록 이관과 조사 활동을 통해 입수한 검증 목적물 원본 DVR HDD ④와 ⑧에서 복원한 데이터와 복원 업체에 의뢰해 복구한 데이터는 다음과 같다.

출처	구분	자료 내용	파일명	비고
광주지방법원 목포지원 (2014.8.22. 검증 후 법원 보관. 복구 촉탁인과 최초 복구 업체가 법원에 제출)	데이터 ①	HDD Ⓐ 중 C:\ 복원 이미지 (Raw image)	1ST_PART.BIN ※해시값 존재 (14.8.15.10:14 최종 갱신)	HDD Ⓐ 중 C:\ 영역을 PC-3000으로 복원한 이미지 파일 (Raw image)
	데이터 ②	HDD Ⓐ 중 E:\, F:\의 2014.4.10. ~ 4.16. 비디오, 인덱스 파일	*.7z 5개 압축 파일 (*.vdo & *.idx) ※해시값 존재	HDD Ⓐ 중 E:\와 F:\ 영역에서 PC-3000 이용해 4월 10일~16일 기간의 비디오, 인덱스 파일을 일반 파일 형태로 추출해 압축해 놓은 파일
	데이터 ③	세월호 안내데스크 노트북 HDD 복원 이미지 (인케이스 형식)	MHS2040AT. E01 ※해시값 존재 (2014.7.5. 생성)	PC-3000을 통해 제작된 노트북 HDD 복원 이미지 (raw image) 파일을 인케이스 형식으로 변환
	그 외	HDD Ⓐ 중 C:\ 복원 이미지 (인케이스 형식)	1ST_PART.E01 1ST_PART.E02 ※해시값 존재	데이터 ①을 인케이스 형식으로 변환한 것 (2014.8.15. 10:33 파일 생성)
		CCTV 재생 프로그램 등	DvrHDD Search_B101 _20140430	
복구 촉탁인 (2016.3.10. 세월호특조위에 제공) 저장 디스크 ①과 ②	데이터 ④	HDD Ⓐ 전체 복원 이미지 (PC-3000 형식)	DUMP.ZIP ※각 이미지 파일의 최종 갱신 시간 (14.8.10~16) ※전체 TASK 파일 생성 시간 (14.8.18.14:40)	HDD Ⓐ 전체를 복원한 이미지와 그 전 과정 기록을 담고 있는 PC-3000 압축 파일

	데이터 ⑤	HDD Ⓐ 중 C:\ 복원 이미지 (raw image)	1ST_PART.BIN ※해시값 존재 (2016) (2014.8.15. 10:14 최종 갱신)	※사참위 해시값 산출 (2020.7) ※전문가 해시값 산출 (2020.8.12.) 데이터 ①과 메타 정보 동일함
세월호특조위 (2016.8.8.)	데이터 ⑥	HDD Ⓐ 전체 복원 이미지 (인케이스 형식)	SEWOL 2TB. E01 ※해시값 존재 (2016.8.8. 23:12)	데이터 ④로부터 제작한 이미지(인케이스 파일)
폴란드 복구 업체	폴란드 업체 복구 이미지 1	HDD ① 복구 이미지	사참위 디지털 증거 코드: sdsc-avc-093	HDD ①을 복구한 PC-3000 이미지 파일 (2020.9.~2021.2.)
	폴란드 업체 복구 이미지 2	HDD ② 복구 이미지	사참위 디지털 증거 코드: sdsc-avc-0??	HDD ②를 복구한 PC-3000 이미지 파일 (2020.6.)

복구 업체가 2014년 8월 22일 광주지방법원 목포지원에 제출한 저장 매체 정보

오리지널 플래터 관련 특이점:
201404160834.vdo 파일 영역의 스크래치

2020년 1월 HDD ①을 복구하던 폴란드 복구 업체는 세월호 참사 순간의 영상이 저장된 가장 중요한 부위('gap11')에 깊은 스크래치가 있어 참사의 마지막 순간 12초가량의 영상을 복구하는 데 최종 실패

증거가 말하는 세월호 참사

그림1: 201404160834.vdo gap11 영역의 스크래치

했다고 알려 왔다. 그림1은 업체가 gap11에 있다고 통보한 스크래치
의 사진이다. 업체는 그림1의 스크래치 중 가장 안쪽의 것이 gap11의
스크래치라 했는데, 2014년 8월 DVR 최초 복구 직후 복구 촉탁인이
찍은 사진인 그림2에서도 동일한 것이 식별되는 것을 보면 해당 스크
래치는 최초 복구 업체가 복구할 때 발생한 것으로 판단된다. 그림3은
그림1과 그림2의 크기와 기울기를 조정해 겹친 것으로 이를 통해 그
림1과 그림2의 스크래치가 동일함을 확인할 수 있다.

폴란드 업체의 복구 산출물 관련 특이점:

복구 이미지 내 섀도 섹터

세월호 DVR 내 파일들 중 CCTV 녹화 영상을 저장하는 vdo 파일
을 제외하고 성공적으로 읽히는 파일에 공백(0x00 값)이 연속적으로

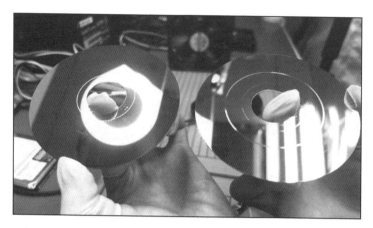

그림2: 복구 촉탁인이 제출한 '세월호 CCTV 감정 보고서'(2016.9.22.)에서

그림3: 그림1과 그림2의 크기와 기울기를 보정해 겹친 것

증거가 말하는 세월호 참사

존재하는데 이는 특이한 현상이 아니다. 그러나 vdo 파일은 영상이 MPEG4 규격으로 압축돼 있어 4바이트 이상의 0x00 값이 연속되는 경우가 거의 존재하지 않으므로, vdo 파일에 성공적으로 읽은 부위에 공백으로 채워진 섹터(섀도 섹터)[49]가 출현하는 것은 이례적인 일이다.

폴란드 복구 업체는 2020년 11월 HDD ①에서 3936만 4468개 섹터를 읽어냈는데 그중 2394개가 섀도 섹터였다. 다음 표는 HDD ①의 복구 이미지에서 나온 섀도 섹터의 통계다.

폴더명	파일 개수	섀도 섹터 개수
E:/20140325/	1	2
E:/20140407/	1	6
F:/20131224/4	15	6
F:/20131225/	89	479
F:/20131226/	18	80
F:/20131227/	30	248
F:/20131228/	88	598
F:/20131229/	10	40
F:/20131230/	45	369
F:/20131231/	54	427
F:/20140101/	6	82
F:/20140415/1	3	8

폴란드 업체의 복구 이미지 중 섀도 섹터의 통계

---

49 섀도 섹터는 다음과 같이 정의된다: PC-3000의 디스크 이미지상에 존재하면서 상태가 'read successfully'(read 상태)로 나온다. 삭제되지 않은 vdo 파일 영역에 위치하고 그 내용이 모두 0x00이다.

다음 표는 섀도 섹터 중 2014년 4월 15일자 CCTV 녹화분에 위치한 것들의 목록이다.

섹터 번호	섹터 개수	관련 파일	참고 사항
2967592064	3	201404151628.vdo	해당 섹터는 데이터 ④상에선 unread 섹터임
2967592132	4	201404151629.vdo	해당 섹터는 데이터 ④상에선 unread 섹터임
3050309696	1	201404152307.vdo	해당 섹터는 데이터 ④상에선 bad 섹터임

폴란드 업체의 복구 이미지 중 섀도 섹터의 통계

복구 이미지에 나오는 섀도 섹터들은 201404151628.vdo와 201404151629.vdo처럼 연속적으로 존재하는 것(섀도 블록)들이 대부분이다. 섀도 섹터가 존재하는 이유를 현 시점에 정확히 특정할 수는 없지만, 상태가 배드(bad)에 가까운 섹터들이 보이는 특이 현상이거나 실제 오리지널 플래터에 0x00값으로 채워진 섹터가 저장돼 있는 경우일 것으로 추정된다.

최초 복구 업체의 복구 산출물 관련 특이점

1. 데이터 ① 페이지 파일 재생성

사참위는 2021년 5월 31일 특검에 제출한 '세월호 DVR 페이지 파일 위변조 여부 분석'에서 '세월호 DVR 페이지 파일은 일반적이지 않은 방식으로 삭제된 뒤 재생성됐으며, 내용상 이례적으로 공백이 과

다하고 러닝 데이터[50]가 희소하다. 이는 누군가가 페이지 파일 안의 러닝 데이터를 은폐하려고 고의적으로 페이지 파일을 삭제하고 조작된 페이지로 대체한 것으로 판단된다'고 주장했다.

이에 대해 특검은 다음과 같이 검토했다.

첫째, 사참위가 지적하는 'ⓐ 페이지 파일 메타 정보의 특이점'은 세월호 참사 이전인 2013년 3월 20일 세월호 DVR 시스템에 발생한 크래시를 처리하는 과정에서 발생한 정상적 현상으로 판단되는바, 이를 '데이터 ① 페이지 파일' 조작의 증거라고 보기 어렵다.

둘째, 사참위에서 제공한 동일한 '시험용 DVR'를 활용한 특검 및 국과수의 잔존 데이터양 테스트 결과는, 앞서 살펴본 것처럼, 모두 3퍼센트 미만으로 확인되는바, 사정이 이러하다면 '데이터 ① 페이지 파일' 내 잔존 데이터양이 이례적으로 과소하다고 단정하기 어렵다.

셋째, '시험용 DVR'를 활용한 특검과 국과수의 재연 시험 결과, 모두 페이지 파일에서 온전한 CCTV 프레임은 검출되지 아니했으므로 조작의 동기를 찾기 어렵다. 사참위의 주장대로 누군가 원본 플래터 상에서 페이지 파일을 조작할 의도였다면, 그 조작 방식에서 메타 정보 등에 대한 세부적 조작 없이 페이지 파일 내 일부 데이터만 삭제하는 좀 더 수월한 방법을 두고 굳이 기술적 어려움이 있는 방안을 선택했을 리 만무하다.

넷째, CCTV 영상 데이터뿐 아니라 운영 체계 등이 설치된 C 파티

---

50 기록된 활성 데이터를 의미한다.

션까지 함께 복구를 진행하게 된 것은 당시 담당자 1과 담당자 2의 자체적 판단과 의사 결정에 따른 것이었을 따름이다. 이에 대해 재판부의 구체적 명령이나 증거보전 신청인 등 다른 관계자들의 선제적 요청은 없었던 것으로 확인된다. 그러므로 페이지 파일이 조작됐을 가능성은 희박하다.

이런 특검의 주장을 검증하기 위해 사참위는 세월호 DVR와 같은 모델인 테스트 DVR를 통해 실험해보았다. 우선 테스트 DVR가 윈도우즈 크래시 및 복구 상황에서 세월호 DVR와 마찬가지로 이례적 방식으로 페이지 파일을 재생성하고, 세월호 DVR의 최번시에 준하는 부하 상황에서도 페이지 파일에 스왑 아웃swap out[51] 하는 경우가 거의 없는 것을 확인했다. 세월호 DVR에서 발생했을 것으로 판단되는 특정 장애 조건에서는 로그 생성을 제외하면 운용 중 시스템 볼륨을 거의 활용하지 않는 것 또한 확인했다.

따라서 사참위는 세월호 DVR 역시 시스템 볼륨에는 참사 시점을 반영하는 영상 등의 데이터가 없을 것으로 판단해 '사고 당시의 러닝 데이터를 포함하고 있는 페이지 파일을 삭제 및 재생성했다'는 기존 주장을 철회했다.

2. 데이터 ② 페이크 배드 섹터

사참위는 2020년 9월 23일 세월호 DVR의 수거 과정과 데이터가

---

51 메모리에 있는 페이지를 페이지 파일로 옮기는 작업을 말한다.

조작됐다고 주장하며 국회에 특검을 요청했는데, 이때 제시한 DVR 데이터 조작의 증거 중 하나가 페이크 배드 섹터fake bad sector(FBS)다. 사참위는 2021년 7월 6일 특검에 송부한 'Fake Garbage 및 Fake Bad Sector 복구 관련 사참위의 해석'에서 페이크 배드 섹터를 다음과 같이 정의했다.

"페이크 배드 섹터란 데이터 ②의 vdo 파일에 존재하는 1만 8353개 섹터로서 다음과 같은 특징을 갖는다.

1. FBS 주변부에는 그것과 정확히 같은 내용을 갖는 소스 섹터source sector가 존재한다.

2. FBS는 포함 화면의 표출시 에러를 유발한다(소스 섹터는 문제 없음).

3. FBS는 2014년 4월 16일자 vdo 파일에 집중 배치돼 있다.

4. 데이터 ④에서 FBS의 상태를 확인하면 대부분 배드 섹터로 표시 돼 있다(12개 섹터 제외)."

이런 특징이 있고 폴란드 복구 업체가 FBS 277개에 대한 복구 시도에서 109개를 복구한 점을 근거 삼아 사참위는 누군가가 2014년 4월 16일 주요 화면들의 식별과 비교를 방해하려고 주변부 섹터의 값을 복사해 붙여 넣는 방식으로 FBS를 의도적으로 배치했다고 주장했다.

그러나 특검은 다음과 같은 근거로 사참위의 주장을 반박했다.

첫째, (실제 배드 섹터 복구 실험을 수행한 결과) PC-3000 프로그램으로 배드 섹터가 있는 하드디스크로부터 추출한 데이터 파일의 경우 배드 섹터 부분에 주변부 값이 저장돼 있는 점, 특히 동일한 파일의 이전 섹터에서 데이터를 가져오는 경우 데이터 파일의 배드 섹터 부분에 256섹터 이전 섹터의 값이 저장돼 있는 점에 비춰보면, 하드디스크에서 데이터 파일을 복구할 때 배드 섹터 부분에 '0'이 아니라 주변부 값이 저장되는 것은 PC-3000으로 하드디스크를 복원하는 과정에서 발생하는 현상으로 확인된다.

둘째, 데이터 ②의 2014년 4월 16일자 영상 데이터에 다른 날짜에 비해 배드 섹터 수가 많고 비율이 높은 사실은 인정되지만, 전체 섹터 수에 비춰 절대적인 배드 섹터 수가 많다고 보기 어렵고 2014년 4월 10일~15일 부분의 경우 세월호 침몰 원인과 직접적 관련이 없는데도 여기에도 배드 섹터가 있는 점 등을 종합해보면, 누군가 인위적으로 배드 섹터를 만들었다기보다는 비정상적 항해나 갑작스러운 DVR 종료, PC-3000을 이용한 복원 과정에서 배드 섹터가 생겼다고 보는 것이 합당하다.

셋째, 배드 섹터와 배드 섹터의 영향을 받는 프레임을 확인하고 해당 부분의 전후 프레임 등을 비교했으며, 폴란드 복구 업체의 복원 자료를 반영해 해당 프레임을 분석한 결과, 배드 섹터 부분의 프레임 영상이 세월호 참사와 관련한 주요 장면에 해당하거나, 해당 프레임이 다른 프레임으로 대체된 것으로 볼 만한 장면이 확인되지 않는다.

넷째, 폴란드 복구 업체는 최초 복구 업체에서 복원한 데이터 ②의 배드 섹터 영역 중 102개[52](109개) 섹터에 대해 다시 읽는 데 성공했지

---

[52] 사참위와 특검은 복구된 배드 섹터가 109개라는 것을 서로 확인한 바 있다. 따라서 '4·16 세월호참사 증거자료의 조작·편집 의혹 사건 진상규명을 위한 특별검사 수사 결과 발

증거가 말하는 세월호 참사

만, 기존에 배드 섹터로 읽은 부분에 대해 헤드를 교체해 다시 복원을 시도해서 섹터 값을 읽는 데 성공하는 경우가 있다. 폴란드 업체는 총 1만 8353개 배드 섹터 중 불과 102개(109개)를 읽는 데 성공했을 뿐이고, 분석 과정에서 그중 168개에 대해선 다시 배드 섹터로 읽고 632개[53]에 대해선 읽지 않고 건너뛰기도 했다.

결론적으로 앞서 확인한 대로 폴란드 업체가 다시 읽는 데 성공한 부분이 기존 데이터 ② 영상에 자연스럽게 반영됐고, 다시 읽은 프레임 영상이 세월호 참사와 관련한 주요 장면에 해당하거나, 해당 프레임이 다른 프레임으로 대체된 것으로 볼 만한 장면이 없어 데이터 ②가 조작됐다고 보기 어렵다. 따라서 데이터 ② 조작을 감추려고 데이터 ④에 배드 섹터를 인위적으로 생성할 이유나 동기를 찾을 수 없는 점 등을 종합해보면, 데이터 ④ 배드 섹터 부분이 인위적으로 만들어졌다고 보기 어렵다.

이런 특검의 FBS 재현 실험의 결론과 'FBS가 배치된 프레임이 조작되지 않았다'는 주장에 대해 사참위는 그들과는 다른 독립적인 방식으로 이를 검증한 뒤 동일한 결론을 얻게 되면서 이를 인정하고 수

표문'에서 복구 배드 섹터를 102개로 표기한 것은 착오로 보인다. 이후 인용에서도 본문을 수정하지 않고 인용하기 위해 계속 102개로 표기하지만 독자가 유념하도록 '(109개)' 표기를 추가할 것이다.

53 폴란드 복구 업체가 632개 섹터를 읽지 않고 건너뛴 것을 특검이 자신의 주장의 논거로 활용하는 것은 읽지 않은 섹터의 상태를 예단하는 것이므로 인정할 수 없다. 읽지 않은 섹터의 상태는 알 수 없으므로 어느 측의 논거로도 활용될 수 없다.

용했다. 다만 특검의 FBS 분포와 복구에 대한 주장에는 동의하지 않았는데, 이는 특검의 주장을 기각하고 우리들의 주장을 관철하겠다는 뜻이라기보다는 양측의 주장이 동등하게 사실관계를 다투는 중이라고 본 것이다. 즉 FBS 현상에 대해 현 단계에서 결론짓기보다는 다른 추가 증거들과 함께 종합적으로 재해석해야 한다고 판단했다.

3. 데이터 ④ 페이크 가비지

사참위는 2021년 7월에 특검에 송부한 'Fake Garbage 및 Fake Bad Sector 복구 관련 사참위의 해석'에서 다음과 같이 주장했다.

"가비지는 시스템상에서 한때 정상 파일로 존재하던 데이터가 파일 삭제 후에도 디스크의 미할당 영역(unallocated area)에 남아 있는 것을 통칭하는 용어다. 그런데 페이크 가비지 영역의 데이터들은 세월호 DVR 시스템이 정상 운용되는 조건에서는 해당 영역에 존재할 수 없는 것들이다. 예컨대 E 파티션의 페이크 가비지 소스인 2014년 4월 11일~15일 CCTV 녹화 파일들은 F 파티션에 존재하는 정상 파일로서 E 파티션에 가비지 형태로 존재할 수 없다. 이런 페이크 가비지의 내용상 모순 때문에 사참위는 누군가가 페이크 가비지 영역에 있는 데이터를 훼손하려고 고의적으로 페이크 가비지를 덮어쓰기 했다고 주장했다."

"폴란드 복구 업체가 페이크 가비지 영역을 일부 복구한 결과 오리지널 플래터의 페이크 가비지 영역에는 정상 데이터가 존재함을 확인했다. 즉 데이터 ④는 페이크 가비지 영역에서 오리지널 플래터와 불

일치하는데, 이는 당시 복구를 진행했던 최초 복구 업체가 반드시 해명해야 할 이슈다. 또 데이터 ④의 이미지 파일에서 unread 영역의 비율이 40퍼센트인 것을 감안하면 모든 페이크 가비지가 unread 영역에 속하는 현상은 그 확률이 지극히 낮으므로(0.000000172이하) 누군가 페이크 가비지를 삽입한 뒤 해당 영역 상태를 unread로 바꾼 것으로 의심된다."

이런 사참위의 주장에 대해 특검은 다음과 같이 반박했다.

첫째, 가비지 파일이 저장돼 있는 부분은 세월호 사고 원인과 직접적 관련이 없어 읽기 시도조차 하지 않은 영역으로, 누군가 인위적으로 가비지 파일을 저장해둘 만한 동기가 없다.

둘째, 국과수 감정 결과와 폴란드 업체의 복원 결과에 의하면 2014년 4월 10일~16일 영상이 삭제·변경·조작됐다고 볼 수 없으므로, 2014년 4월 16일자 동영상을 소스 동영상으로 대체하고 그 사실을 감추기 위해 소스 동영상을 가비지 파일로 덮어쓰기 해 조작했다는 사참위의 주장은 아무런 근거가 없다. 따라서 누군가 고의로 가비지 파일을 저장할 이유가 전혀 없다.

셋째, 복구 촉탁인의 진술과 그가 제출한 3TB 하드디스크 파일(데이터 ④)의 시스템 생성일 등에 비춰보면, 그 하드디스크는 세월호특조위에 제출되기 전에 포맷된 적이 있고 복사와 삭제 등이 반복돼 거기에 저장돼 있던 데이터 ④ 등이 오염됐을 가능성을 배제할 수 없는 상태다. 그리고 법원에 제출된 데이터 ①, 데이터 ②, 데이터 ③ 등과 비교한 결과, 데이터 ④ 파일이 오염돼 있는 사실이 확인된다. 결국 복구 촉탁인이 데이터 ④를 2년 정도 보관하고 있었던 점, 그가 제출한 하드디스크의 보관 관리 상태, 다른 파일 오염 사실 등을 종합해보면, 그 하드디스크가 보관 및 저장 과정에서 오염됐고 그 과정에서 데이터 ④에 세월호 노트북에 저장돼 있던 것과 동일한 오하나마호 홍보 영상, 선상 행사 등에 사용된 것으로 추정되는 26개 음악 파일(MP3)의 일부분, 2014년 4월 15일에 촬영된 CCTV 영상의 일부분, 잘려져 있는 C 파티션 이미지 파일(1ST_PART.BIN, 데이터 ①) 등 가비지 파일이 저장됐을 가능성이 상당하다.

이런 특검의 수사 결과에 대해 사참위는 검증 과정을 거쳐 다음과 같이 결론을 내렸다.

첫째, 페이크 가비지 현상에는 '이례적 내용' 외에도 'unread 영역과의 연관성'과 '이례적 종료 지점'이라는 추가 특징이 존재한다.

둘째, 특검이 페이크 가비지 현상의 원인으로 지목한 '3TB 하드디스크 오염'은 페이크 가비지의 추가 특징들을 설명하지 못할 뿐만 아니라 그 자체로 조작의 산물일 가능성이 높다.

셋째, PC-3000을 사용해 자체 실험을 해보니 unread 영역의 내용 모두가 '0'으로 채워졌다. 이를 볼 때 페이크 가비지 현상이 PC-3000 오류로 인해 발생했을 가능성은 낮다.

결론적으로 인위적 조작 말고는 페이크 가비지 현상을 설명할 방법이 없고, 인위적 조작과 관련한 정황들이 추가로 발견되는 점을 종합하면 페이크 가비지 현상은 조작의 산물일 가능성이 높다.

　　　　　증거가 말하는 세월호 참사

4. 데이터 ② 참사 시점 미복구

2020년 11월 폴란드 복구 업체는 세월호 DVR HDD ①에서 시스템 시간 기준 2014년 4월 16일 08시 34분까지 녹화된 영상들을 복구한 반면, 2014년 8월 최초 복구 업체는 4월 16일 08시 31분까지의 영상을 복구했다. 이에 대해 특검은 "최초 복구 업체는 2014년 8월 HDD Ⓐ를 처음 복구할 당시 MFT[54] 데이터 스캔 옵션을 사용하다 하드디스크가 손상돼 복구가 중단될 것을 우려해 그것을 사용하지 않고 복구 작업을 진행한 반면, 폴란드 업체는 MFT 데이터 스캔 및 하드디스크 체크 디스크 등의 기능을 사용해 작업해 추가 복구했다"라고 설명했다.

그러나 데이터 ④의 MFT를 조회해보면 데이터 ②에 포함되지 않은 201404160831.idx, 201404160832.vdo, 201404160832.idxtmp 등 파일이 식별된다. 만약 최초 복구 업체가 MFT 스캔 옵션을 사용하지 않았다면 데이터 ④의 F:\20140416 인덱스로는 접근할 수 없는 이런 파일들의 MFT 엔트리[55]들은 디스크로부터 읽히지 않았어야 한다. 즉 데이터 ④ 내 F 볼륨 MFT에 201404160831.idx, 201404160832.vdo, 201404160832.idxtmp의 메타 정보가 존재하는 것을 보면서, 사참위 조사국은 최초 복구 업체가 2014년 8월 복구 작업 당시 MFT 스캔 옵션을 사용해 이 파일들을 확인한 것으로 판단했다.

54　디스크 볼륨에 존재하는 모든 파일과 디렉터리에 대한 정보를 가진 테이블로 데이터 영역의 $MFT 파일로 관리된다.

55　MFT를 구성하고 있는 레코드로서 해당 파일의 메타 정보를 저장하는 레코드다.

한편 2016년 8월 24일 최초 복구 업체의 담당자 1이 세월호특조위에 제출한 'ST2000DM001 분석보고서' 20쪽에는 다음과 같은 내용이 기록돼 있다.

"2014년도 분석 요청 하드디스크의 침수 복구시 가장 최근 데이터를 기준으로 이전 데이터를 복구 진행하던 도중 미디어의 손상으로 인해 전체적인 덤프는 획득할 수가 없었다. 복구 작업 당시에도 32분 데이터 파일은 손상된 상태였고 데이터 값은 00이었다."

이 설명에 따르면 담당자 1 등은 2014년 8월 HDD ①을 복구할 당시 201404160832.vdo 파일을 포함한 32분 데이터 파일을 확인했지만 파일이 손상된 상태이고 데이터 값은 00이어서 복구하지 않았다는 뜻으로 해석된다. 그러나 2020년 11월 폴란드 복구 업체가 HDD ①에서 201404160832.vdo 파일을 성공적으로 복구한 것을 감안하면 해당 파일의 데이터 값이 00이었다는 담당자 1의 설명은 사실이 아니다.

사참위 조사국은 이상을 종합해 조사보고서에서 다음과 같이 결론을 내렸다.

"2014년 8월 HDD ①을 복구하던 담당자 1 등은 MFT 스캔 옵션을 사용해 201404160832.vdo 파일을 식별하고 그 데이터가 00이 아니라는 것도 확인했지만, 복구하지 않았거나 복구했으되 이를 은폐하고 제출하지 않은 것으로 판단된다."

5. 데이터 ④ 미제출

최초 복구 업체는 2014년 8월 광주지방법원 목포지원에 세월호 DVR 복구 관련 산출물로 데이터 ①과 데이터 ②만 제출했다. 특검은 업체가 복구 산출물 중 데이터 ④를 제출하지 않은 것에 대해 다음과 같은 근거로 "일응 상당한 이유가 있다"고 보았다.

첫째, 세월호 DVR 하드디스크 복원을 담당한 담당자 1이 "당시에는 지금과 같이 검증할 상황이 발생하리라고 예상하지 못했다. 사실 이미지 형식의 파일은 전문가가 아니면 영상으로 재생할 수 없기 때문에 해시값이 필요한 것은 데이터 ②라고만 생각해 데이터 ② 해시값만 산출했던 것이다"라고 진술했다.

둘째, 복구 촉탁인이 "DVR 하드디스크의 경우 손상된 상태여서 전체를 복원할 수 없었다. 그래서 유가족 등과 합의한 뒤 참사 당일부터 복원했다. 2014년 4월 10일~16일 영상은 복원했지만 더 이상 복원할 수 없는 상태였기에 복원된 파일들을 법원에 제출한 것이다. 노트북이나 C 파티션은 정상적으로 복원돼서 향후의 추가 포렌식을 대비해 이미지 파일과 인케이스 형식의 파일을 만들어 제출했지만, 선내 CCTV 영상은 일부만 복원되고 영상 파일이 최종 결과물이었기에 그것만 해시값을 산출해 법원에 제출한 것이다. 해시값 확인서를 작성한 파일들은 모두 법원에 제출했고, 최초 복구 업체로부터 건네받은 복원 파일, CCTV 영상 등 복원 관련 자료는 모두 데이터 안전을 위해 내가 보관하고 있었다"고 진술했다.

셋째, (복구 업체 직원 G와 H의 진술에 비춰보면) "복원 의뢰자에게 이미지 파일이 반드시 제공돼야 하는 것은 아니고 복원 의뢰자의 필요나 상황에 따라 이미지 파일이나 데이터 파일 중 어떤 파일이 제공될지가 결정되는 것"으로 볼 수 있다.

넷째, (특검에서 작성한) 데이터 ①~⑥의 생성 시간을 정리한 표의 기재 내용과 2014년 8월 복구 당시 세월호 유족 측 대리인이던 B 변호사 등의 진술에 따르면, 최초 복구 업체는 유족과의 협의하에 사고 원인과 직접적 관련이 있는 2014년 4월 15일~16일 영상부터 복원을 시도했고 그 후 2014년 4월 10일~14일 영상을 복원했으며 다른 날짜의 CCTV는 복원 시도를 하지 않은 것으로 확인된다. 또 2014년 8월 22일 유족과 유족 측 변호인들이 참석한 상황에서 실시된 광주지방법원 목포지원 검증 과정에서 데이터 ② 영상 파일이 재생됐고, 그 과정에서 이미지 파일이 제출되지 않은 경위에 대해 이의가 제기되지 않았다. 이런 점들에 비춰보면 당시 복원 과정에서는 사고 원인을 확인하는 데 필요한 CCTV 영상 파일을 복원하려고 했던 것으로 판단된다.

사참위는 관계자들의 진술과 추가 조사로 확인된 결과를 종합해 다음과 같이 결론을 내렸다.

첫째, 특검은 4번째 근거에서 2014년 8월 복구 당시 최초 복구 업체가 2014년 4월 10일~16일 영상을 복원하고 다른 날짜의 CCTV는 복원 시도를 하지 않은 것으로 확인된다고 주장하지만, 최초 복구 업체 담당자 2 등은 HDD ①을 복구할 당시 2014년 4월 10일~16일 CCTV

녹화분(공식 녹화분) 외에 추가로 E와 F 볼륨에서 다른 날짜의 녹화분(추가 녹화분) 상당량을 읽었고 이는 DATA4를 통해 확인된다.

둘째, 담당자 1 등은 데이터 ②를 구성할 때 복구된 전체 파일들을 포함하지 않고 자의적 판단에 따라 파일들을 선별했다.

셋째, 담당자 1은 위 첫 번째 근거에서 인용됐듯이 특검 조사에서 "지금과 같이 검증할 상황이 발생하리라고 예상하지 못했다"고 진술했지만 2020년 7월 20일 사참위 조사에선 데이터 ① 복원과 관련해 "제가 보니까 C:\에 DVR 제품의 이벤트 로그들이 기록돼 있었는데, 유가족들은 관심이 없었습니다. 그래서 제 판단으로 C:\ 복구 작업을 진행했습니다"라고 진술했다. 즉 검증할 상황이 발생할 것을 예상하지 못했다면 영상이 저장돼 있던 E와 F 볼륨만 복구했을 텐데 C:\를 복구했다는 것을 보면 추후 검증할 상황을 염두에 둔 행위로 판단된다.

넷째, 첫 번째 근거의 진술에서 확인되듯이 담당자 1 등은 자의적 판단에 따라 데이터 ④를 제출 대상에서 제외했다.

다섯째, 데이터 ④에는 데이터 ②에 포함된 공식 녹화분 외에 추가 녹화분이 존재할 뿐 아니라 gap11 영역의 스크래치와 관련된 흔적 또한 존재했을 것으로 판단되므로 담당자 1 등이 데이터 ④를 제출하지 않을 동기가 상당하다.

따라서 사참위는 담당자 1 등이 의도적으로 데이터 ④를 광주지방법원 목포지원에 제출하지 않았을 가능성이 높은 것으로 판단했다.

6. 데이터 ④ 헤드맵 불일치

폴란드 복구 업체가 2021년 5월 사참위에 제출한 세월호 DVR HDD ① 복구 보고서인 'Recovery report from HDD ① SWDVR'의 16쪽에는 데이터 ④의 헤드 맵[56]과 관련해 다음과 같은 이슈 사항이 기술돼 있다.

"우리는 2014년도에 생성된 디스크 이미지(데이터 ④)의 헤드 맵에서 오류를 발견했다. 오류가 있는 헤드 맵은 섹터 크기 512바이트를 기준으로 해 생성됐는데 실제 디스크는 섹터 크기가 4096바이트이므로, 대부분의 경우 섹터에 대해 틀린 헤드가 대응되며 이로 인해 헤드별로 디스크를 읽을 때 유효하게, 즉 기대한 바대로 동작하지 않는다. 예컨대 헤드 맵에 근거해 섹터 번호 33408 이후 섹터들을 head #1만을 사용해 읽을 경우 실패하게 되는데, 왜냐하면 해당 섹터들은 실제로는 head #0 표면에 있기 때문이다. 디스크에 모든 플래터가 장착돼 동작할 때는 (틀린 헤드 맵으로 인해) 큰 문제가 발생하지는 않는다. 우리는 복원을 위해 플래터를 읽을 때 한 표면씩 읽기 때문에—(여러 헤드를 동시에 장착하면) 한쪽 표면을 읽는 동안 반대쪽 표면에 손상이 가해질 수 있음—각 파일들을 이루는 섹터들이 어느 표면에 분포하는지 알아야 하며 따라서 정확한 헤드 맵이 반드시 필요하다. 우리는 이를 위해 정확한 헤드 맵을 새로 생성해 향후 작업에 반영했다."

사참위 조사국이 이를 검증하기 위해 데이터 ④와 폴란드 업체의

---

56 HDD 내 각 섹터들이 어느 플래터 및 표면에 위치하는지를 대응시켜놓은 정보를 말한다. 이를테면 PC-3000은 map.bin 파일에 저장됐다.

복구 이미지에서 각각 헤드 맵을 추출한 뒤 비교한 결과 둘 사이에 다음과 같은 관계가 존재함을 발견했다.

'폴란드 업체의 헤드 맵에 X→H 대응이 존재하면,

데이터 ④ 헤드 맵엔 8X→H, 8X+1→H (…) 8X+7→H 대응이 존재한다. 여기서 X는 섹터 번호, H는 헤드 번호를 뜻한다.'

이런 관계는 $0 \leq X \leq 488378645$ 범위에서 유효하고 $488378646 \leq X \leq 3907029167$[57] 범위에는 폴란드 업체의 헤드 맵에만 대응이 존재한다. 즉 데이터 ④의 헤드 맵은 폴란드 업체의 헤드 맵으로부터 유도 가능하지만 그 역은 성립하지 않는다.

조사국은 폴란드 업체의 헤드 맵에 좀 더 많은 정보가 존재한다는 점과 그 헤드 맵에 근거해 2014년 4월 16일 08시 34분까지 CCTV 녹화 파일이 복구됐다는 점에 근거해 폴란드 업체의 헤드 맵을 올바른 것으로, 데이터 ④의 헤드 맵을 훼손된 것으로 판단했다.

7. 데이터 ④ 섀도 섹터들

HDD ①의 폴란드 업체의 복구 이미지와 마찬가지로 데이터 ④에도 전체 리드read 섹터에 비해 소수인 섀도 섹터들이 존재한다(리드 섹터: 5억 4866만 4502개, 섀도 섹터: 85개). 다음은 데이터 ④ 내 섀도 섹터의 통계다.

---

57 3907029167은 세월호 DVR HDD ①의 마지막 섹터 번호다.

폴더명	파일 개수	섀도 섹터 개수
E:/20140410/	3	5
E:/20140410/	15	15
E:/20140411/	39	39
E:/20140412/	5	5
E:/20140413/	2	2
E:/20140415/	15	15
E:/20140416/	4	4

데이터 ④ 내 섀도 섹터 통계

1개의 예외[58]를 제외하면 모든 섀도 섹터들은 배드 섹터와 무관한 영역에서 발견됐다. 데이터 ④의 섀도 섹터들은 폴란드 업체의 것과 비교해 다음과 같은 차이점이 있다.

첫째, 리드 섹터 대비 섀도 섹터의 비율이 폴란드 업체의 섀도 섹터 비율보다 낮다.

폴란드 업체의 섀도 섹터 비율: $2394/39364468=0.000060816$

데이터 ④의 섀도 섹터 비율: $83/548664502=0.000000151$

둘째, 폴란드 업체의 섀도 섹터들은 11개 섹터를 제외하면 모두 2개 이상 섀도 섹터가 연속한 집단(섀도 블록)을 이루는 반면 데이터 ④의 섀도 섹터들은 85개 모두 홀로 존재한다.

---

58   데이터 ④ 내 섀도 섹터 2506104396번은 배드 섹터에 인접한다.

증거가 말하는 세월호 참사

8. 복구 작업 타임라인

최초 복구 업체가 2014년 8월 세월호 DVR 복구 산출물을 담아 광주지방법원 목포지원에 제출한 디스크(HTS541010A9 모델, JA10021 F279ERN)에는 해시값 산출서에 등재된 데이터 ①, 데이터 ②와 함께 2014년 4월 10일~16일 CCTV 촬영분에 해당하는 vdo/idx 파일들이 존재한다. 이 vdo/idx 파일들의 'MFT change time'[59]을 조회하면 최초 복구 업체가 2014년 8월 10일~16일 진행한 복구 작업의 타임라인을 정확히 파악할 수 있다.

다음 표는 제출 디스크 및 데이터 ④ 내 각 이미지 파일들의 타임스탬프를 참조해 재구성한 복구 작업 타임라인이다. 파일별 복구 작업은 편의상 '세션'이라는 단위로 묶었는데 그렇게 나누는 기준은 다음과 같다.

첫째, 추출 파일 간에 1시간 이상의 시간 간격이 식별될 때

둘째, 복구 대상의 카테고리가 변할 때(f:\20140416 vdo/idx 파일→f:\20140415 vdo/idx 파일)

셋째, 복구 속도가 현저히 느려지는 등 유의미한 변화가 감지될 때

여기에 세션에 포함되지는 않지만 데이터 ② 압축 파일 생성처럼 개별 사건으로서 중요한 의미를 갖는 것들을 '이벤트'로 분류해 정리

---

59 NTFS 파일 시스템에서 파일별로 관리하는 타임스탬프 중 하나를 말한다. 'last modified time' 타임스탬프와 함께 파일의 최종 갱신 시각을 파악할 수 있는 타임스탬프다. PC-3000을 이용해 vdo/idx 파일을 추출하면 파일의 'last modified time'은 소스 디스크상 'last modified time'으로 재조정되지만 'MFT change time'은 파일 추출 시각 그대로 유지되기 때문에 복구 작업 타임라인을 구축하는 데 유용하다.

했다.

구분	시각	작업 내용(관련 파일)
세션 1	2014.8.10. 14:31:56~14:41:04	F:\20140416\ 20140416.DAT, 20140416.DAT.BAK, 201404160830.idx 201404160000~201404160010 idx/vdo
세션 2	2014.8.10. 15:53:09~16:03:08	F:\20140416\ 201404160821~201404160823 idx/vdo 201404160825.idx
세션 3	2014.8.12. 17:06:23~ 2014.8.13. 06:46:51	F:\20140416*
세션 4	2014.8.13. 06:49:42~10:36:48	F:\20140415*
세션 5	2014.8.13. 09:23:36~09:32:32	C:\Documents and Settings\Administrator* 일부 C:\DvrLog* C:\WINDOWS\system32\config* 일부 C:\Program Files\MHDVR\Config*
이벤트 1	2014.8.13. 10:55:16	<추출파일저장소>\20140416\ 폴더 갱신[60]
이벤트 2	2014.8.13. 10:55:28	<추출파일저장소>\20140415\ 폴더 갱신
세션 6	2014.8.13. 11:45:14~11:45:43	F:\20140414\ 20140414.DAT, 20140414.DAT.BAK, 201404140000~201404140112 idx/vdo
세션 7	2014.8.13. 12:00:25~14:07:08	F:\20140410*
이벤트	32014.8.13. 14:07:07	<추출파일저장소>\20140410\ 폴더 갱신

---

60 최초 복구 업체가 세월호 DVR HDD ①을 복구하던 중 F 볼륨 내 파일 및 폴더는 '추출
파일저장소'에 저장하고 E 볼륨 내 파일 및 폴더는 '추출파일저장소-P2'에 저장했으며 이 저
장소 내 폴더들을 압축해 데이터 ②를 구성한 것으로 추정된다.

증거가 말하는 세월호 참사

세션 8	2014.8.13. 14:08:12~15:03:38	F:\20140411\ 20140411.DAT, 20140411.DAT.BAK, 201404110000~201404110808 idx/vdo
이벤트 4	2014.8.13. 14:45:31	데이터.7z 파일(* 주 k2) 생성 완료
세션 9	2014.8.13. 15:21:40~15:33:16	F:\20140413\ 20140413.DAT, 20140413.DAT.BAK, 201404130000~201404130227 idx/vdo
세션 10	2014.8.13. 15:52:45~21:53:23	F:\20140411\ 201404110808~201404111817 idx/vdo
이벤트 5	2014.8.13. 20:31:03	20140410.7z 파일[61] 생성 완료
세션 11	2014.8.13. 21:53:25~ 2014.8.14. 15:13:57	F:\20140411\ 201404111818~201404112359 idx/vdo
이벤트 6	2014.8.14. 15:13:29	<추출파일저장소>\20140411\ 폴더 갱신
세션 12	2014.8.14. 15:14:45~ 2014.8.15. 06:09:02	f:\20140412*
이벤트 7	2014.8.14. 16:30:31	20140411.7z 파일 생성 완료
이벤트 8	2014.8.14. 17:49:36	제출디스크 파티션 0(P0) 및 볼륨 생성
이벤트 9	2014.8.14. 19:56:52	제출디스크\P0\20140410\ 폴더 생성
이벤트 10	2014.8.14. 19:56:52~20:01:16	Copy from <추출파일저장소>\20140410* to 제출디스크\P0\20140410\
이벤트 11	2014.8.14. 20:01:17	제출디스크\P0\20140411\ 폴더 생성

---

61 데이터 ②는 5개 압축 파일로 구성되는데 그 이름과 내용은 다음과 같다.
·데이터.7z: 2014.4.15.~16. CCTV 녹화분 및 시스템 볼륨 내 세월호 DVR 설정 파일 및 로그 파일 등
·20140410.7z: 2014.4.10. CCTV 녹화분 중 f:\20140410 폴더에 저장된 것
·20140411.7z: 2014.4.11. CCTV 녹화분.
·20140412-14.7z: 2014.4.12.~14. CCTV 녹화분
·20140410-P2.7z: 2014.4.10. CCTV 녹화분 중 e:\20140410 폴더에 저장된 것

이벤트 12	2014.8.14. 20:01:17~20:29:58	copy from <추출파일저장소>\20140410* to 제출디스크\P0\20140410\
이벤트 13	2014.8.14. 20:29:59	제출디스크\P0\20140415\ 폴더 생성
이벤트 14	2014.8.14. 20:30:00~20:48:40	copy from <추출파일저장소>\20140415* to 제출디스크\P0\20140415\
이벤트 15	2014.8.14. 20:48:41	제출디스크\P0\20140416\ 폴더 생성
이벤트 16	2014.8.14. 20:48:41~20:58:08	copy from <추출파일저장소>\20140416* to 제출디스크\P0\20140416\
이벤트 17	2 0 1 4 . 8 . 1 4 . 20:58:11copy	20140410.7z to 제출디스크\P0\
이벤트 18	2014.8.14. 21:00:29	copy 20140411.7z to 제출디스크\P0\
이벤트 19	2014.8.14. 21:15:44	copy 데이터.7z to 제출디스크\P0\
이벤트 20	2014.8.15. 06:08:53	<추출파일저장소>\20140412\ 폴더 갱신
세션 13	2014.8.15. 06:17:06~09:36:58	C 파티션 이미지
이벤트 21	2014.8.15. 06:33:45	제출디스크\P0\20140412\ 폴더 생성
이벤트 22	2014.8.15. 06:33:45~06:47:18	copy from <추출파일저장소>\20140412* to 제출디스크\P0\20140412\
세션 14	2014.8.15. 09:39:03~11:50:01	F:\20140413\ 201404130227~201404132359 idx/vdo
이벤트 23	2014.8.15. 10:14:58	1ST_PART.BIN[62] 추출 및 갱신
이벤트 24	2014.8.15. 11:50:00	<추출파일저장소>\20140413\ 폴더 갱신
세션 15	2014.8.15. 11:50:34~13:21:05	F:\20140414\ 201404140113~201404142359 idx/vdo
이벤트 25	2014.8.15. 13:13:58	제출디스크\P0\20140413\ 폴더 생성

---

62 세월호 DVR HDD ① 시스템 볼륨을 이미징한 파일(데이터 ①)을 말한다.

증거가 말하는 세월호 참사

이벤트 26	2014.8.15. 13:13:58~13:16:43	copy from <추출파일저장소>\20140413* to 제출디스크\P0\20140413\
이벤트 27	2014.8.15. 13:20:46	<추출파일저장소>\20140414\ 폴더 갱신
세션 16	2014.8.15. 13:34:10~ 2014.8.16. 01:08:06	E:\20140410\ 201404100000~201404101739 idx/vdo
세션 17	2014.8.16. 01:08:08~ 2014.8.16. 08:22:14	E:\20140410\ 201404101740~201404101936 idx/vdo
이벤트 28	2014.8.16. 09:13:16	map.bin 갱신[63]
이벤트 29	2014.8.18. 10:43:51	<추출파일저장소-P2>\20140410\ 폴더 갱신
이벤트 30	2014.8.18. 11:14:09	제출디스크 파티션 1(P1) 및 볼륨 생성
이벤트 31	2014.8.18. 11:16:47	제출디스크\P2\OS\ 폴더 생성
이벤트 32	2014.8.18. 11:16:57	copy 1ST_PART.BIN to 제출디스크\P2\OS\
이벤트 33	2014.8.18. 11:28:01	제출디스크\P1\20140410\ 폴더 생성
이벤트 34	2014.8.18. 11:28:02~11:43:56	copy from <추출파일저장소-P2>\20140410* to 제출디스크\P1\20140410\
이벤트 35	2014.8.18. 13:02:06	20140410-P2.7z 파일 생성 완료
이벤트 36	2014.8.18. 11:46:55	20140412-14.7z 파일 생성 완료
이벤트 37	2014.8.18. 13:00:59	copy 20140410-P2.7z to 제출디스크\P1\
이벤트 38	2014.8.18. 13:20:27	제출디스크\P0\20140414\ 폴더 생성
이벤트 39	2014.8.18. 13:20:27~ 13:24:07	copy from <추출파일저장소>\20140414* to 제출디스크\P0\20140414\
이벤트 41	2014.8.18. 13:26:51	copy 20140412-14.7z to 제출디스크\P0\
이벤트 42	2014.8.18. 14:40:58	task.prm 갱신[64]

---

63 PC-3000에서 이미지 파일 내 각 섹터의 상태나 헤드 맵 등을 저장하는 파일

64 PC-3000에서 복구 작업 관련 설정값들을 저장하는 파일. PC-3000 task를 open하면 이 파일이 갱신된다.

이벤트 41	2014.8.22. 16:11:47	제출디스크\P0\20140410\폴더 갱신(파일 삭제)[65]

세월호 DVR HDD ① 복구 작업 타임라인

이런 HDD ① 복구 작업 타임라인을 분석한 결과 다음과 같은 사항들이 파악됐다.

첫째, 세월호 참사와 관련 있는 2014년 4월 15일~16일 영상의 복구는 2014년 8월 12일 17시 06분부터 본격적으로 시작돼 17시간 만에 모두 완료됐다. 이후 복구 작업은 2014년 4월 10일~14일 영상을 대상으로 2014년 8월 16일 08시 22분까지 사흘간 진행됐다.

둘째, HDD 복구 작업의 속도는 플래터상 복구 부위의 손상 정도에 따라 차이가 발생할 수 있다. 그러나 세월호 DVR 복구 타임라인에는 이런 방식으로 설명하기 어려운 복구 속도 저하 구간들이 식별된다.

다음 표는 각 세션별 복구 속도와 배드 섹터 개수를 정리한 것이다.[66]

---

65 제출디스크\P0\20140410 폴더에서 다음 파일들이 삭제된 것이 확인된다.
단 삭제된 파일들은 20140410.7z 파일에는 포함돼 있다.
·20140410.DAT, 20140410.DAT.BAK,
·201404102050.idx/vdo~201404102053.idx/vdo,
·201404102057.idx/vdo~201404102105.idx/vdo, 201404102106.idx,
·201404102110.vdo, 201404102111.idx/vdo~201404102114.idx/vdo
·201404102119.idx/vdo~201404102122.idx.vdo, 201404102123.idx

66 복구 속도의 변화를 확인하려면 특성이 동일한(homogeneous) 집단 간의 통계값 비교가 필요하므로 복구 속도 측정은 idx/vdo 파일을 복구하는 세션 중 그 기간이 1시간을 넘는 것들만 대상으로 했다.

증거가 말하는 세월호 참사

세션	시각	관련 파일	용량(섹터)	배드 섹터	복구 속도 (섹터/초)
3	8.12. 17:06:23 ~8.13. 06:46:51 (4만 9238 초)	F:\20140416\20140416 0010~201404160831	55648153	11829 (0.0212%)	1130.187
4	8.13. 06:49:42 ~10:36:48 (1만 3626초)	F:\20140415\20140415 000~201404152359	108261077	1758 (0.0016%)	7945.183
7	8.13. 12:00:25 ~ 14:07:08 (7603초)	F:\20140410\20140410 205~201404102359	26859079	2038 (0.0075%)	3532.695
10	8.13. 15:52:45 ~21:53:23 (2만 1638초)	F:\20140411\20140411 080~201404111817	47432262	457 (0.0009%)	2192.081
11	8.13. 21:53:25 ~8.14. 15:13:57 (6만 2432초)	F:\20140411\20140411 181~201404112359	101030104	907 (0.0008%)	1618.242
12	8.14. 15:14:45 ~8.15. 06:09:02 (5만 3657초)	F:\20140412\20140412 000~201404122359	70773208	726 (0.0010%)	1318.993
14	8.15. 09:39:03 ~11:50:01 (5431초)	F:\20140413\20140413 022~201404132359	5335195	63 (0.0011%)	678.950
15	8.15. 11:50:34 ~13:21:05 (5431초)	f:\20140414\ 201404140113 ~201404142359	4520995	52 (0.0011%)	832.44
16	8.15. 13:34:10 ~8. 16. 01:08:06 (4만 1636초)	e:\20140410\20140410 000~201404101739	39709544	494 (0.0012%)	953.731

| 17 | 8.16. 01:08:08
~8.16. 08:22:14
(2만 6046초) | e:\20140410\20140410
174~201404101936 | 22390196 | 1964
(0.0087%) | 859.640 |

세월호 DVR HDD ① 복구 작업 속도

디스크 플래터상 손상된 부위를 읽으면 에러가 발생할 가능성이 높아지므로 해당 영역의 배드 섹터 비율이 증가하게 된다. 즉 배드 섹터의 비율은 해당 영역 플래터의 손상 정도를 직접적으로 반영하는 지표다. 그런데 앞의 표에서 복구 속도가 저하된 세션들을 보면 배드 섹터 비율이 매우 낮은 세션들도 포함돼 있으므로 속도 저하의 원인이 플래터 손상과 무관함을 알 수 있다.

한편 최초 복구 업체가 2014년 8월 DVR HDD ①을 복구할 때 2014년 4월 10일~16일 CCTV 녹화분(공식 녹화분) 외에 추가 녹화분을 읽어낸 것이 확인된 이상, 최초 복구 업체는 공식 녹화본을 복구하던 중 추가 녹화본 복구를 진행한 것으로 보인다. 따라서 앞의 표에서 확인되는 복구 속도의 저하는 과도한 병렬 작업에 의한 것으로 판단된다.

저장 디스크 관련 특이점

1. 포맷에 의한 증거 훼손

저장 디스크들은 세월호 DVR를 복구할 때 복구 산출물들이 실시간으로 저장됐던 저장 매체로서, 파일 시스템이 그대로 보존됐다면 복구 작업 당시 파일 시스템상 어떠한 이벤트들이 있었는지 자세히 알 수 있었겠지만 유감스럽게도 포맷되면서 모두 훼손됐다. 저장 디스크 ①은 2016년 3월 22일 포맷됐고 저장 디스크 ②는 2016년 7월 30일 포맷됐다. 복구 촉탁인은 특검 조사에서 이렇게 진술했다.

"복원 당시 3TB 하드디스크를 작업용으로 사용했고, 노트북 하드디스크와 DVR 하드디스크 복원 결과물을 모두 작업용 하드디스크에 내려받았다. 2014년 10월 15일 HDD Ⓐ에서 복구한 이미지 파일을 관리 편의를 위해 직접 압축해 보관하던 중, 작업용 하드디스크에 있던 파일들을 복사해 2016년 세월호특조위에 제출했다. 작업용 하드디스크에 여러 포렌식 자료를 보관했는데, 세월호 휴대폰 포렌식 자료만 해도 60개 휴대폰 자료가 보관돼 있어서, 그 자료를 지우는 데만 몇 시간이 걸릴 정도였다. 그러다 보니 내가 자료를 관리하면서 자료 삭제 대신 포맷을 했다. 2016년 3월 세월호특조위에 자료를 복사해 제출하기 위해 데이터를 정리하면서 포맷을 한 것 같다. 2016년 7월에도 세월호특조위에 작업용 하드디스크를 제출하기에 앞서 다른 자료가 들어가 있으면 안 되니까 포맷을 했던 것 같다. 작업용 하드디스크에 여러 자료를 복사했다가 삭제하는 과정을 많이 했다. 개인적인 보관용 하드디스크로 사용했기에 2014년부터 2016년까지 데이터의 복사와 삭제가 여러 번 있었다. 법원에 제출한 것 이외의 자료들에 대해선 보관 과정에서 손상됐을 수도 있다고 생각한다."

진술이 사실이라면 저장 디스크 ①과 저장 디스크 ②의 포맷은 복구 촉탁인이 한 것이다. 그러나 포렌식 전문가로서 디지털 증거의 중요성을 잘 알고 있는 복구 촉탁인이 주요 증거물을 개인적 용도의 저장 매체로 사용하다 훼손했다는 것은 납득하기 어렵다.

2. 하드디스크 오염

저장 디스크 ①과 저장 디스크 ②가 모두 포맷되면서 DVR를 복원할 당시의 정보들이 많은 부분 훼손됐다. 주요 증거 파일들은 일반적인 파일 연산으로는 일어날 수 없는 방식, 즉 파일 중간에 다른 파일의 내용 등이 덮어쓰기 된 방식으로 훼손돼 있었다.

특히 주목할 것은 HDD ①에 있던 DUMP.zip 파일의 훼손인데, 이 파일은 2016년 8월 10일 저장 디스크 ①을 이미징할 때는 온전했다가 2020년 8월 20일 같은 디스크를 이미징할 때는 파일 내 임의의 위치에 파티션 테이블이 오버라이트overwrite된 형태로 훼손된 채 발견됐다. 특검은 이런 현상들을 '하드디스크 오염'이라고 규정하고 하드디스크 오염에 의해 데이터 ④에서 페이크 가비지가 발생했다고 보았다.

그러나 사참위가 검증한 결과 하드디스크 오염은 페이크 가비지의 원인일 수 없고 오히려 조작의 산물일 가능성이 높다. 특히 최초 복구업체의 담당자 1 등이 데이터 ④에서 페이크 가비지가 드러날 것을 염려해 이를 설명하기 위한 조치로 하드디스크 오염을 조작했을 가능성이 높다고 판단했다.

세월호 DVR는 언제까지 동작했나

시스템의 최종 동작 시간을 파악하려면 시스템 내 실시간 프로세스
들이 남긴 로그를 분석해야 한다. 세월호 DVR의 경우 대표적인 실시
간 프로세스로서 vdo 파일에 프레임들을 저장하는 작업이 있어서 이
를 통해 시스템 최종 동작 시간을 추산했다. 다음 표는 DVR가 2014년
4월 16일 강제 종료되기 직전까지 vdo 파일들을 저장하던 F 볼륨의
$LogFile을 조회해 마지막 부분에 있던 레코드들 중 vdo 파일이 갱신
된 레코드만 모은 것이다.

갱신 시각	LSN	vdo 파일 크기(바이트)	디스크 저장 내용 크기
08:34:21.453	0xab733e6c	64733981	51707904
08:34:21.598	0xab733ed1	65126355	
08:34:21.743	0xab733f08	65989233	
08:34:21.888	0xab733f3f	66760658	
08:34:22.033	0xab733f76	66900499	
08:34:22.178	0xab733fad	68068157	
08:34:22.323	0xab733fe4	68807197	
08:34:22.468	0xab734089	69135990	57081856
08:34:22.613	0xab7340ee	69801132	
08:34:22.758	0xab734125	70037218	
08:34:22.903	0xab73415c	70328224	
08:34:23.048	0xab734193	70712374	
08:34:23.193	0xab734215	72745615	
08:34:23.338	0xab73424d	73035320	
08:34:23.483	0xab734278	73769145	61669376

08:34:23.628	0xab7342dd	74115273	
08:34:23.773	0xab734314	74945965	
08:34:23.918	0xab73434b	75290958	
08:34:24.062	0xab7344fd	76507356	
08:34:24.207	0xab734534	77766768	
08:34:24.352	0xab73455f	78202654	65667072
08:34:24.497	0xab7345c4	78242219	

201404160834.vdo 갱신 이력. 세월호 DVR가 2014년 4월 16일 vdo 파일들을 저장하던 F 볼륨의 $LogFile을 조회해 마지막 부분에 있던 레코드들 중 vdo 파일이 갱신된 레코드만 모은 것

표에서 '갱신 시각'은 vdo 파일 갱신 레코드와 인접한 레코드들 중 타임스탬프를 갱신하는 레코드의 시각을 참조해 LSN[67] 0xab73 4089와 0xab7344fd의 시각을 정한 뒤 모든 vdo 갱신 연산이 일정한 시간 간격으로 일어난다는 전제하에 나머지 시각들을 내삽(interpolate)한[68] 것이다.

표에 따르면 세월호 DVR는 시스템 시간 기준 08:34:24대까지 동작했고 디스크에는 08:34:21대까지 영상들을 저장했다. 이후 전원이 끊기는 등의 이유로 강제 종료됐는데, 그러면서 메모리에 있던 MFT가 디스크의 MFT와 동기화하지 못한 채 종료돼 디스크의 MFT에는 201404160832.vdo까지만 등재된 채 발견됐다. 사참위는 08:34:08 영상까지 복구하고 참사 순간을 담은 08:34:20대는 복구하지 못했다.

---

67 $LogFile 내 각 레코드들을 구분하는 ID를 말한다.

68 알려진 데이터 지점의 고립점 내에서 새로운 데이터 지점을 구하는 방식을 말한다.

234   증거가 말하는 세월호 참사

세월호 DVR 복구 데이터는 조작됐나

사참위 조사국은 현 단계에서 가장 확고한 증거들만을 선별한 뒤 이에 근거해 세월호 DVR 복구 당시와 그 후 벌어진 일들에 대해 다음과 같이 판단했다.

1. gap11 영역의 스크래치

gap11 영역은 섹터 번호 3103869568~3103964895 영역으로서 세월호 참사의 마지막 12초간 영상이 저장된 곳이다. 2014년 8월 세월호 DVR HDD ①을 복구할 당시 공교롭게도 가장 중요한 gap11 영역에 깊은 스크래치가 가해져 복구가 중단됐고, 이후 이 영역에 대한 복구는 불가능한 상황이다. 사참위 조사국은 세월호 참사의 진실을 담고 있는 gap11 영역에 가해진 스크래치가 우연의 산물이라고 판단할 수 없고 이를 2014년 8월 복구 당시 최초 복구 업체가 행한 훼손 행위의 증거라고 판단한다.

2. 페이크 가비지

데이터 ④에 존재하는 페이크 가비지는 최초 복구 업체나 복구 촉탁인이 저장 디스크를 이미징하고 인케이스를 이용해 이로부터 다시 PC-3000 이미지 파일을 추출하는 과정 중 의도치 않게 발생한 것으로 판단된다.[65] 또 이들이 이런 행위를 한 이유는, 파일을 변경하면 파

---

65 자세한 내용은 4.16세월호참사가족협의회 홈페이지에 공개된 '세월호 DVR 데이터 조사 결과에 대한 검증 보고서'(https://416family.org/index.php/move/?mode=view&board_

일 시스템에 여러 흔적이 남으므로 이를 경유하지 않고 저장 디스크 이미지상에서 PC-3000 이미지 파일들을 변경하려고 한 것으로 판단된다.

특히 최초 복구 업체는 데이터 ④에 존재하던 훼손 행위의 흔적을 지우려고 한 것으로 보인다. 그 근거로 오리지널 플래터상 gap11 영역에 있는 깊은 환형 스크래치는 복구 업체가 해당 부위를 읽으려고 시도하면서 생긴 것으로 판단되는 반면, 데이터 ④의 gap11 영역과 그 주변부에는 이와 관련된 어떠한 흔적도 없다는 점을 들 수 있다.

3. 저장 디스크 오염

저장 디스크를 살펴보면 파일의 중간에 다른 파일의 내용이 덮어쓴 현상, 이른바 하드디스크 오염 현상이 빈번히 관찰된다. 특검은 이 현상을 페이크 가비지가 생긴 원인으로 지목했지만 사참위 조사국의 추가 조사에 따르면 하드디스크 오염 현상은 페이크 가비지의 원인이라 하기에는 불충분할 뿐 아니라 그 자체로 조작의 산물일 가능성이 높은 것으로 드러났다. 조사 결과 최초 복구 업체가 데이터 ④에서 훼손 행위의 흔적을 지우려다가 의도치 않게 페이크 가비지 발생을 초래했고, 뒤늦게 이를 발견해 페이크 가비지가 생긴 원인을 설명하기 위한 조치로 하드디스크 오염 현상을 연출한 것으로 판단된다.

---

pid=836)를 참조하기 바란다.

6

인양된 세월호에서
발견된 차량 블랙박스

세월호에 선적된 차량들 중 여러 차량에 블랙박스가 장착돼 있었고 그중 7개 블랙박스(SEDF-199, SEDF-202, SEDF-209, SEDF-214, SEDF-218, SEDF-226, SEDF-252)에 사고 시간(08:49:48)이 포함된 영상이 담겨 있었다. 7개 블랙박스 가운데 4개에 전후방 카메라가 동작하고 있었으므로 총 11개 영상에 사고 순간이 담겨 있다고 할 수 있다. 7개 블랙박스 모두 C 데크에 선적된 차량들의 것이어서 이를 통해 C 데크 차량들의 움직임만 확인되고 아쉽게도 D 데크 차량의 움직임은 확인되지 않는다.

각각의 블랙박스 영상은 기기 자체 시간을 기록하고 있어 다른 영상들과 동기화해야 사고 당시 차량과 선체의 움직임을 제대로 파악할 수 있다. 그러므로 블랙박스 영상의 시간 동기화는 사고 당시 선체의 움직임을 확인하는 데 결정적 요인이 된다. 선조위에서도 KBS, ○○

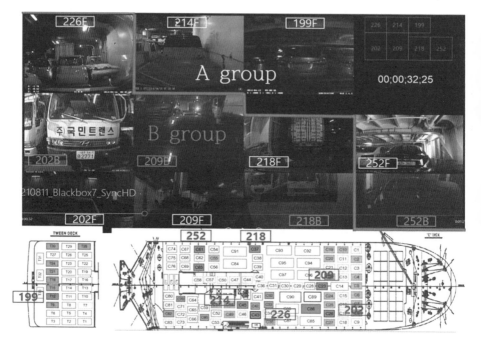

7개 블랙박스의 영상(전후방 포함 11개 영상)과 차량의 위치

○연구소, ○○○영상분석팀 등 3개 기관과 함께 블랙박스 영상 동기화를 시도해 결과값을 받았지만 모두 차이를 보였다.

사참위는 4차례에 걸쳐 3개 기관의 동기화 과정을 분석하고 각 영상의 물리 동기화와 영상에 담겨 있는 음향 동기화를 실시해 단일한 시간 동기화 값을 도출했다. 이는 선체의 침몰 원인을 분석하는 데 중요한 자료가 됐다. 다음 표는 사참위 조사국의 블랙박스 시간 동기화의 결과로 각 수치는 각각의 블랙박스 화면에 표출되는 자체 시간에 더하거나 빼야 하는 시간을 의미한다.

증거가 말하는 세월호 참사

번호	1차 보정	2차 보정	3차 보정	4차 보정	비고
199	-00:11:03.600	-00:11:03.600	-00:11:03.600	-00:11:03.600	KBS 시보 기준
202	00:02:30.136	00:02:36.443	00:02:34.608	00:02:35.146	
209	00:00:38.641	00:00:44.971	00:00:43.136	00:00:43.674	
214	01:20:58.740	01:20:58.740	01:20:58.740	01:20:58.740	
218	00:00:35.905	00:00:42.202	00:00:40.367	00:00:40.905	
226	00:03:36.938	00:03:43.235	00:03:41.400	00:03:41.938	
252	-00:05:49.128	-00:05:49.128	-00:05:49.128	-00:05:49.128	

블랙박스 시간 동기화 결과

사참위 불채택 보고서

세월호 원인 조사에서 CCTV DVR와 AIS 항적 같은 중요한 증거 자료에 대한 조사의 중요성은 세월호특조위와 선조위를 이어 사참위까지 이어졌다. 세월호 참사 관련 증거 자료에 대한 조사는 사참위 전원위원회에서 2018년 11월 최초 의결됐고, 이후 선조위 조사 결과에서 언급된 자이로컴퍼스 관련 내용 등을 조사하는 참사 원인 조사, 참사 당일 시각 관련 조사를 포함해 병합 의결됐다. 유가족과 국민들의 가장 큰 관심사 중 하나였던 CCTV DVR 수거 과정과 데이터 신뢰성 관련 조사는 새로운 증거를 발견해 검찰에 수사를 요청하고 특검 실시를 요구했다.

사참위는 2020년 12월 17일 기자회견에서 2014년 4월 16일 해수부 상황실에서 발생했다고 발표한 '6시간 동안의 AIS 항적 미저장'이 사실이 아니고 참사 당일 해수부 상황실에선 세월호가 아니라 전혀 다른 항적을 VMS 화면에 표출시켜 놓고 상황을 전파하고 구조 수습을 위해 대처한 것으로 판단해, 그 중간 조사 결과와 함께 특검 수사의 필요성을 발표했다. 또 계속 논란이 돼왔던 AIS와 관련해 국제 기준에 맞는 데이터와 기기 관리의 책임이 과기부와 국립전파연구원에 있는데도 국립전파연구원은 7년 동안 이런 사실을 인지하지 못하고 있었음을 확인해 이 사실을 통보했다.

사참위는 중간 조사 결과로 발표한 '두 개의 세월호 항적'(2020년 12월 17일)에 대한 해수부의 해명 문건(2021년 1월)을 입수해, 해명 내용 전반에 명백히 사실과 다른 심각한 문제가 있음을 확인하고 관련 조사 내용을 추가 발표했다(2021년 4월 13일).

3년여 동안의 조사 끝에 직나14번 과제 조사결과보고서는 2021년 12월 중간보고서가 전원위원회에 보고돼 수정 의결됐다. 최종 조사결과보고서는 2022년 수차례 수정 상정돼 계속 논의가 진행된 끝에 제147차 전원위원회(2022년 5월 19일)에서 수정 상정 의결돼 수정된 결론으로 재상정됐지만, 제148차 전원위원회(2022년 5월 24일)에서 참석한 6명 위원 중 3명이 불채택에 동의하고 1명이 기권하고 2명이 채택에 동의해 최종 불채택됐다.

"조사 과제에 있어서는 개시와 진행과 결과에 대한 결정은 당연히 위원회가 지는 것이고 특정 의견을 저희가 배제하고 혹은 특정 과정을 배제한다 하더라도 결국 우리는 조사결과보고서를 채택해야 한다."

이는 조사결과보고서 채택을 주장한 한 위원의 의견이다.

"증거 조작의 여지를 남겨두는 것이 과연 무슨 의미가 있느냐", "이 의혹들을 그대로 남겨두는 것 자체가 증거 조작의 여지를 그대로 남겨두는 것", "입증되지 않은 개별 의혹들을 종합보고서에 기재될 수 없게 함으로써 종합보고서 작성팀에 기재 가능한 영역과 불가능한 영역에 대한 일련의 가이드라인을 제시하고 국민들과 유가족에게 보고되는 종합보고서를 좀 더 분명하고 명료하게 정리할 수 있도록 하는 것" 등이 불채택을 주장한 위원들의 의견이었다.

결국 증거 관련 조사 과제는 사참위 종합보고서의 세월호참사보고서와 세월호진상규명소위원회 보고서에 담기지 못했다. 그리고 사참위 전원위원회는 불채택 보고서를 포함한 조사결과보고서와 증거철 일체에 대해 공개를 의결했다.

무엇보다 마지막 종합보고서를 작성하는 과정에서 외부인들로 구성된 보고서 집필진들과 조사관들 간에 첨예한 갈등이 있었음을 밝히고자 한다. 사참위 종합보고서 외부 집필진의 주요 구성원이 선조위 종합보고서(내인설) 집필진으로 선임됐을 때 조사국은 이에 대해 문제를 제기했다. 사실이 아닌 것으로 밝혀진 선조위 종합보고서(내인설)의 집필진을 사참위 종합보고서 집필진으로 선임한다는 것은 누가 봐도 옳지 않은 인선이었다. 게다가 종합보고서의 침몰 원인 관련 부분 초안은 조사국의 조사 결과와 무관하게 내인설에 근거한 내용으로 제출됐다. 이에 조사관들은 공개 게시판과 공문, 메모 보고를 통해 이견을 제시하고 집필진이 작성한 종합보고서와 전원위원회에서 의결된 조사결과보고서 간에 내용이 다름을 수차례 지적했지만 받아들여지지 않는 기현상이 벌어지게 됐다. 물론 침몰 원인 외의 의제들에서도 마찬가지 일이 벌어졌다.

이로써 선조위가 두 벌의 보고서를 낸 것처럼 사참위도 각각의 조사결과보고서와 그 결을 달리 하는 종합보고서를 내어놓게 됐다. 아직도 갈 길이 먼 세월호 참사 진상 규명을 위해, 사참위가 다하지 못한 책임에 대한 비판과 추궁을 피할 수는 없다. 오히려 제대로 된 지적과 넘어섬을 위해 그 결과물들을 온전히 살펴봐야 한다. 세월호 참사의 진실을 진정으로 알고 싶다면, 일부 뉴스나 건너 들은 이야기 등을 통해 '관심법'이라도 하듯 넘겨짚지 말고 불채택된 보고서를 포함한 조사결과보고서들을 날카롭고 꼼꼼히 살펴봐야 할 것이다. 매우 힘겹고 지루한 일이 되겠지만 세월호 참사 진상 규명을 위해 국민들에게 감히 부탁드리고 싶다.

병합증거조사의 결론은 무엇을 말하고 있나

사참위의 AIS 신뢰성 조사의 결론은 '해수부가 제출한 참사 당일의 세월호 AIS는 신뢰하기 어려운 데이터'라는 것이다. 6시간 항적 저장 지연 구간의 AIS 데이터는 사실이 아닌 것으로 조사됐는데, 이는 여기서 신뢰하기 어려운 각종 문제가 확인됐기 때문이다. 세월호가 45도 이상 넘어졌던 사고 구간인 회전 구간이 참사 발생 닷새 만에 발표된 경위 역시 합리적으로 해명되지 못했고, 그 구간의 데이터들 역시 신뢰하기 어려운 것으로 조사됐다.

증거가 말하는 세월호 참사

그리고 DVR 수거 과정에 대해 검찰 특수단과 특검의 수사가 있었지만 사참위 조사국이 제출한 영상 분석에 의한 증거력과 여러 쟁점 등을 탄핵하기에는 부실했다고 할 수 있다. 즉 조사국이 제기했던 '2014년 6월 22일 밤 수거된 것으로 알려진 세월호 DVR가 그날 이전에 이미 수거됐을 가능성, 그래서 6월 22일 밤 세월호 DVR가 아니라 그것과 유사한 별도 DVR가 수거됐을 가능성'이 있다는 의혹은 해소되지 못했다.

DVR 데이터에 대해서도 특검 수사까지 이뤄지고 일부 수용할 만한 수사 결과도 있었지만 수사 결과 모두를 수용할 수 있는 것은 아니었다. 사참위 조사국은 특검의 수사 결과를 후속 검증하고 추가 조사해 기존에 복구된 영상 데이터와 추가 복구된 3분 8초의 영상은 조작되지 않았다는 결론을 냈지만, 사고 시점까지의 12초가량 영상이 2014년 8월 진행됐던 초기 복구 과정에서 은폐됐을 가능성이 있는 것으로 조사됐다.

조사국은 지난 2018년 12월 조사를 시작할 때부터 모든 가능성을 열어두고 조사에 몰두했다. 특히 통합증거조사는 그 결과가 다른 조사 과제의 조사 결과와 맞지 않을 가능성도 존재했다. 하지만 병합증거조사뿐 아니라 어떤 과제도 사전에 일정한 가설을 염두에 두지 않고 치열하게 조사한다면 결과적으로 과제별 조사 결과는 서로 다른 말을 하게 되지는 않으리라는 확신을 갖고 조사에 임했다.

그 결과 사고 순간이 담겨 있어야 하는 주요 증거에 사고 순간을 담고 있어야 할 데이터가 은폐됐을 가능성이 존재하는 것으로 조사됐다. 물론 '그래서 증거가 조작됐다는 것인가'라는 질문에는 '거기까지는 밝히지 못했다'라고 답할 수밖에 없다. 관련자로부터 관련 자백을 받거나 그 자백의 증거를 확보할 수 없었기 때문이었다. 하지만 이런 조사 결과를 기록에 남겨두는 것이 세월호 참사에 대한 온전한 진상 규명에 한 걸음 다가서게 하리라고 믿는다.

증거가 말하는 세월호 참사

AIS 용어집

AIS(automatic identification system): 선박자동식별장치. 선박의 항해 안전과 보안 강화를 위해 선박의 선명, 제원, 속력 등 정보를 무선 통신을 통해 선박과 선박, 선박과 육상 간에 자동 송수신할 수 있는 항해 장비다. 선박의 정확한 위치 정보를 수집하고 제공해 항만 관제에 활용되고 해양 사고가 발생할 때 수색과 구조 등을 지원하는 시스템으로 기능한다.

CCTV(closed circuit television): 폐쇄 회로 텔레비전. 특정한 수신자에게 특정 장소의 영상을 전송하는 텔레비전 방식

COG(course over ground): 대지 침로. 특정 지점에서 배가 실제로 움직이는 방향을 말한다.

CS(carrier sense): 반송파 감지. 현재 사용하고 있는 통신 매체가 현재 사용 중인지를 감지하고 감시하는 기능

CSTDMA(carrier sense time division multiple access): 다른 종류의 선박자동식별장치에 간섭을 주지않고 TDMA 기술을 사용해 통신하는 개념으로 AIS Class B에서 사용된다.

DGNSS(differential global navigation satelite system): 차분(differential) 측위법에 의해 GNSS 관측값을 처리하는 다양한 측위법을 말한다. 기준국의 안테나와 위성 사이의 거리에 대한 보정값을 사용해 사용자의 위치의 정확도를 높이는 방법이다.

DLS(data link service): 데이터를 주고받기 위해 두 장치를 연결하는 것

DVR(digital video recorder): 디지털 방식의 영상 저장 장비. 하드디스크를 저장 매체로 사용하기 때문에 녹화 테이프를 교체할 필요가 없다.

EPFS(electronic position fixing system): GPS처럼 글로벌 위성 시스템을 사용해 위치 정보를 취득하는 수신기를 갖고 자동적이면서 연속적으로 위치 정보를 선박에 알맞은 형태로 제공하는 시스템

ETA(estimated time of arrival): 도착 예상 시간

FATDMA(fixed access time division multiple access): 기지국이나 AtoN 장비에서 특수한 목적으로 설치할 때 특정한 슬롯을 정하는 것. 정해진 슬롯에는 다른 장비들이 접근할 수 없다.

GLONASS(global navigation satellite system): 러시아 전파 위성 항법 시스템. 1972년 소련이 개발에 착수해 2011년 10월 러시아가 완성했다.

GMDSS(global maritime distress and safety system): 세계 해상 조난 안전 제도. 국제해사기구가 주창해 1992년부터 도입된 위성 기술을 활용한 해상 조난 안전 시스템

GNSS(global navigation satellite system): 세계 위성 항법 시스템. 인공위성을 이용해 위치를 파악하는 항법 시스템. 위성에서 발신된 전파를 수신기에서 수신하면 위성과 수신기 간의 거리를 구해 수신기의 위치를 결정한다. GNSS는 미국의 GPS와 러시아의 GLONASS, 유럽의 Galileo, 중국의 베이더우(Compass, 北斗, Běidǒ) 등 모든 위성 항법 시스템을 통칭한다.

GPS(global positioning system): 위성 항법 장치. 1970년대 초 미국 국방부가 지구상에 있는 물체의 위치를 측정하기 위해 만든 군사용 시스템으로 오늘날에는 미 의회의 승인을 거쳐 민간 부문에서도 사용되고 있다.

HDG(heading): 선수방위. 자이로컴퍼스로부터 제공되는 실제 배가 향하고 있는 방위를 말한다.

HDLC(high level data link control): 데이터 통신의 발달로 장비들 사이에 효율 높은 고속 전송이 필요하게 되면서 ISO에서 제정한 통신 프로토콜의 일종

IALA(international association of marine aids to navigation and lighthouse authorities): 국제 항로 표식 협회. 1957년에 설립된 비영리 국제 기술 협회로

세계 각국의 항해 기관, 제조업체, 컨설턴트, 과학 및 교육 기관에 대한 해양 원조를 모으고 경험과 성과를 교환하고 비교할 기회를 제공한다.

ICAO(international civil aviation organization): 국제민간항공기구. 국제 민간 항공에 관한 원칙과 기술을 개발하고 제정해 항공 분야 발달에 이바지할 목적 으로 1947년 발족한 유엔 산하의 전문 기구

IEC(international electrotechnical commission): 국제전기기술위원회. 전기 전 자와 관련 기술 분야의 비영리 국제 표준화 기관

IMO(international maritime organization): 국제해사기구. 국제 해운에 영향 을 미치는 모든 해사 기술 및 법률 문제를 다루기 위해 정부 차원의 규정과 관 행에 관해 정부 간 협력을 조장하고, 해상 안전, 항해 효율, 선박에 의한 해 양 오염의 방지·규제를 위한 최고의 실행 기준을 채택하게 권장할 목적으로 1959년 창설된 유엔 전문 기구

ISO(international standardization organization): 국제표준화기구. 국제적 으로 통일된 표준을 제정해 상품과 서비스의 교역을 촉진하고 과학·기술· 경제 전반의 국제 협력을 증진할 목적으로 세워진 국제기구. 1926년 각국 의 주요 표준화 단체에 의해 결성된 ISA(international federation of national standardizations)의 업무를 계승해 1947년 설립됐다.

ITDMA(incremental time division multiple access): 비주기적 메시지를 위한 전 송 슬롯을 미리 알리기 위해 특별한 상황에서 사용된다.

ITINC(ITDMA slot increment): ITDMA를 사용할 때 전송될 다음 슬롯을 지정 하는 값. 0이면 더 이상 전송하지 않는다.

ITKP(ITDMA keep flag): 다음 프레임에서 현재 사용한 슬롯을 계속 사용할지를 결정한다. 1이면 예약되고, 0이면 해제된다.

ITSL(ITDMA number of slots): 긴 메시지를 보내기 위해 연속적으로 할당할 슬 롯의 수. 동적 메시지들은 한 개 슬롯을 사용하므로 항시 0이다.

ITU(international telecommunication union): 국제전기통신연합. 1865년 파리

에서 조인된 협정에 따라 설립된 국제전신연합(international telegraph union)에서 발전한 국제기구로, 여러 산하 기관을 통해 무선 주파수 사용시의 질서 유지, 기술, 조작사의 문제를 연구하고 개선책을 마련해 각 나라들의 전기 통신 체계 개발을 지원한다.

knot: 배의 속도를 표시할 때 시속 1해리를 1노트로 한다. 국제 해리는 1852미터다.

MID(maritime identification digits): 해상식별부호. 숫자 3개로 구성되고 아시아는 4로 시작한다. 한국은 440과 441을 사용한다.

MMSI(maritime mobile service identity): 해상이동업무식별부호. 선박국과 선박 지구국, 해안국, 해안 지구국을 식별하기 위해 일부 무선망을 통해 사용되는 9개 숫자로 된 부호를 말한다.

NI(nominal increment): SOTDMA를 사용해 슬롯 맵을 구성할 때 이론적으로 설정되는 슬롯과 슬롯 간의 사이 간격. 14노트 이하 속력으로 배가 직진을 유지하고 있다면 분당 6개 동적 데이터를 보내야 하고 NI는 375(2250/6)가 된다.

NM(nautical mile): 거리 단위인 해리를 뜻한다. 1해리는 1852미터에 해당한다.

NS(nominal slot): SOTDMA를 사용해 슬롯 맵을 구성할 때 NI로 계산되는 명목상 슬롯

NSS(nominal start slot): SOTDMA를 사용할 때 네트워크에 진입하거나 보고 주기가 바뀔 때 이론적으로 잡히는 시작 슬롯

NTS(nominal transmission slot): NS 주변에 선택 간격(SI)이 주어지면서 그 안에서 선택된 전송 슬롯

NTT(nominal transmission time): 전송 시간

OSI(open systems interconnection): 개방형 시스템 간 상호 접속. 서로 다른 종류의 정보 처리 시스템들을 접속해 상호 정보를 교환하고 데이터를 처리하기 위해 국제적으로 표준화된 망구조로 1960년대 도입됐다.

RAIM(receiver autonomous integrity monitoring): GPS 수신기에서 GPS 신호의 무결성 접근을 위해 개발된 기술

RATDMA(random access time division multiple access): 임의접속시 분할다중접속. 예정되지 않은 슬롯을 할당할 때 사용된다. 네트워크에 진입할 때나 반복되지 않는 문자메시지를 전송할 때 사용된다.

RF(radio frequency): 무선통신을 행하는 데 편리한 주파수 대역. 10킬로헤르츠~10만 메가헤르츠 범위의 주파수

RI(reporting interval): 현재 슬롯과 다음 슬롯 사이의 간격. 항해 상태와 속도, 선수방위 등 조건에 따라 규정된 값이 있다.

ROT(rate of turn): 선회율. 단위 시간 동안의 선회 각속도

RR(reporting rate, position reports per minute): 분당 동적 메시지를 전송하는 횟수. 60/RI로 계산된다.

SAR(search and rescue): 수색 구난 업무. 항공기와 수상 함정, 잠수함, 특수 기재를 사용해 인원 등을 수색하고 구조하는 것을 뜻한다.

SI(selection interval): 선택 간격. SOTDMA를 사용해 슬롯을 할당할 때 NS 주변에서 실제 전송 슬롯을 선택할 수 있는 범위

slot: 슬롯은 TDMA에서 하나의 주파수를 시간으로 잘게 쪼개어 사용하는 최소 단위다. AIS에서는 분당 2250개로 나눠 사용한다.

SOG(speed over ground): 대지속력. 해상에서 선박이 실제 움직이는 속도를 말한다. 동적 정보의 하나로 단위는 노트를 사용한다.

SOTDMA(self organized time division multiple access): 자체구성시분할다중접속. AIS에서 정의된 가장 복합적인 TDMA 기술로 연안 네트워크의 근간이 된다. 주변에 자신의 전송 일정을 미리 알려 다른 AIS 단말기와의 슬롯 충돌을 피한다. 즉 슬롯을 예정해 준비하고 준비된 슬롯으로만 정보를 전송한다.

TDMA(time division multiple access): 시분할다중접속. 다중의 사용자가 동일

한 주파수를 시간으로 잘게 나눠 접속하는 통신 기술을 말한다.

TRS(trunked radio service): 주파수공용통신. 무선통신을 하는 사람이 특정한 주파수를 전용하던 종래의 무선통신 방식과는 달리 중계소에 할당된 소수 주파수를 다수 이용자가 공동으로 사용하는 방식을 말한다.

UTC(coordinated universal time): 협정세계시. 1972년 1월 1일부터 세계 공통으로 사용하고 있는 표준시

VDL(VHF data link): VHF를 사용해 기기들 사이에 데이터를 서로 교환할 수 있도록 하는 개념의 총칭

VDR(voyage data recorder): 항해기록장치. 항해 기록이 담긴 블랙박스를 말한다. 해난 사고의 원인을 규명할 때 당시 상황을 밝히는 데 유효하고 동일한 사고를 방지하고 예방하기 위해 만든 장치다. 선박 위치와 속도, 침로, 선교 근무자 음성, 통신기 음성, 레이더 자료, 수심, 타 조작 내역, 엔진 사용 내역, 풍향, 풍속, 선박자동식별장치 등 관련 자료가 기록된다. 선박이 침몰하면 자동으로 해수면 위로 올라오도록 설계된다.

VHF(very high frequency): 파장이 아주 짧은 전파로 진동수가 30~300메가헤르츠다.

VMS(vessel monitoring system): 선박 모니터링 시스템. 위성 시스템과 AIS를 이용해 선박의 위치와 속도, 방향 등을 육상에서 감시하는 시스템을 말한다. 데이터 보고 기능을 이용해 선박으로부터 정보를 받아 육상에 있는 선박 감시 시스템의 지도상에 표시한다.

VTS(vessel traffic services): 해상교통관제센터. 관제 구역 안의 해상 교통량 폭주와 위험 화물 증가, 잠재적 환경오염 위험 등으로부터 항만의 안전을 도모하고 항만 운영의 효율성 제고를 위해 항만 정보를 제공한다.

WGS(world geodetic system): 세계 지구 좌표 체계. 1984년 제정된 범지구적 측위 시스템으로 측지학과 지도학, 항법에 많이 사용된다.

증거가 말하는 세월호 참사

DVR DATA 조사 용어집

$MFT 파일: MFT 영역에 대한 정보가 담긴 파일로, 모든 파일과 디렉토리의 생성과 변조, 접근 정보 등이 담겨 있는 시스템 파일이다.

arm blocking: 액추에이터 암의 축 부분을 손가락 등으로 압박해 헤드가 목표 트랙에 접근하지 못하게 방해하는 방법을 말한다.

bad sector: 배드 섹터. 하드디스크 중 한 섹터가 물리적 또는 논리적 손상을 입어 제대로 판독할 수 없는 현상이나 그런 섹터를 말한다.

best fit 알고리즘: 메모리의 빈 공간 중 입력 데이터의 크기와 가장 비슷한 위치에 배치하는 알고리즘

garbage data: 가비지 데이터. 시스템상에서 한때 정상 파일로 존재했던 데이터가 삭제된 뒤에도 디스크의 비할당 영역에 남아 있는 데이터

idle 상태: 프로세스가 실행되고 있지 않은 상태

magnetic pencil: 끝이 뾰족한 자석으로 플래터 일부를 문질러 해당 부위의 섹터 경계 표시를 교란함으로써 배드 섹터를 발생시키는 방법

meta data: 메타 데이터 또는 속성 정보. 원본 데이터에 관한 구조화된 데이터로 원본 데이터를 설명해주는 데이터

MFT(master file table): 마스터 파일 테이블. 디스크 볼륨의 모든 정보를 담고 있으며 데이터 영역에서 $MFT 파일로 관리된다.

MPEG-4: 엠펙 포. 영상과 음성을 디지털 데이터로 압축해 전송·저장하기 위한 기술

MTU(maximum transmission unit): 한 프레임에 담을 수 있는 최대 데이터 양을 뜻한다. 유·무선 망의 속성에 따라 값이 다르고 유선 LAN 환경에서는 일반적으로 1500바이트다.

NTFS(new technology file system): 윈도우 NT 기반 운영 체제 시스템의 표준 파일 시스템

PC-3000: 복구 업체가 세월호 DVR HDD ①과 ②를 복구할 때 사용한 복구 플랫폼

running data: 기록된 활성 데이터를 뜻한다.

source disk: PC-3000에서 원본, 즉 복구 대상이 되는 디스크를 가리킨다.

swap out: 스왑 아웃. 메모리에 있는 페이지를 페이지 파일로 옮기는 작업

unallocated area: 비할당 영역. 파일이 할당되지 않은 영역 또는 파일이 삭제되면서 할당이 해제된 영역

zeroing: 파일의 특정 부분의 값을 0으로 채우는 것

세그먼트: 컴퓨터에서 서로 구분되는 기억 장치의 연속된 한 영역

섹터: 컴퓨터가 주소 지정을 할 수 있는 최소 단위의 저장 공간

섹터 맵: 섹터의 상태와 정보를 시각적으로 구분할 수 있게 표현해 기록한 파일 또는 그 기능을 말한다.

오프셋: 저장 공간의 임의 주소에서 간격을 두고 떨어진 주소와의 거리

인코딩: 정보의 형태나 형식을 표준화해 보안과 처리 속도 향상, 저장 공간 절약 등을 위해 다른 형태나 형식으로 변환하는 처리 또는 그 처리 방식을 말한다.

최번시: 데이터 전송에서 24시간 중 최대 트래픽이 가해진 피크의 60분간

코덱: 음성과 영상의 신호를 디지털 신호로 변환하는 코더와 그 반대로 변환하

는 디코더의 기능을 함께 갖춘 기술

클러스터: NTFS에서 디스크 저장 공간을 다루는 논리적 단위. 세월호 DVR의 경우 8개 섹터가 1개 클러스터를 구성한다.

파서: 기초 데이터 등의 자료 구조를 사용자 친화적인 정규 문법에 맞춰 데이터를 변환하는 프로그램

페이지 파일: 기억 장치에서 데이터 램 확장용으로 사용된 하드디스크의 지정 영역

플래터: 하드디스크 구동 장치에서 실제 정보를 저장하기 위해 밀봉되어 있는 부분

해시값: 복사된 디지털 증거의 동일성을 입증하기 위해 파일 특성을 축약한 암호 같은 수치를 말한다.

미래 세대를 위해 티끌이라도 남겨달라

김영오(유민 아빠)

진상 규명을 위해서는 세월호가 왜 침몰했는지, 왜 구조하지 않았는지, 왜 그렇게 국가가 개입했는지를 알아야 한다. 그런데 이번 사참위에서도 그 3가지를 제대로 밝혀내지 못한 것 같아 유가족의 한 사람으로서 마음이 너무 무겁고 답답하다.

침몰 원인을 제대로 알아야 왜 구조하지 않았는지, 또 국가가 그렇게까지 적극적으로 은폐하고 방해했는지를 알 수 있을 것이다. 세월호 참사가 단순한 교통사고이고 선사의 무능 때문에 발생했다면 국가가 나서서 벌써 해결하고 진상 규명도 다 하지 않았을까. 왜 국민들은 그렇게 분노하고 대통령을 탄핵까지 했겠는가.

결국 지금 제대로 밝히지 못하고 해결하기 어렵다면 미래 세대를 위해 밝혀진 내용과 모은 자료를 티끌 하나도 버리지 말고 잘 남겨야 한다. 세월호특조위와 사참위에 지속적으로 요청해온 것도 그것이었다. 모든 증거와 조사 내용들을 보고서에 잘 담아달라고. 그러나 사참위 종료 이후 받아들게 된 종합보고서와 결과들을 보면 그렇지 못한 것 같다.

사참위 종합보고서를 읽은 시민들이 유가족인 내게 보내준 독후감 같은 소감을 보면 내 생각과 다르지 않은 것 같다. 사참위 종합보고서가 세월호특조위와 선조위의 조사 결과 몇 가지를 정리하는 수준에서 벗어나 있지 못하다. 무엇보다 많은 내용이 제대로 담기지 않은 것 같다.

그나마 출간된 종합보고서도 국민들은 제대로 접하기 어렵다. 어떻게 하면 세월호 참사 진상 규명을 이어가고 증거와 자료들을 국민들에게 잘 알릴 수 있을까. 여전히 "진상 규명"을 외치며 촛불을 이어가고 있는 시민과 유가족들의 몫이라고 생각된다.

개인적으로 '세월호 진실 규명은 무엇인가'라는 주제로 자료와 글들을 계속 정리하고 있다. 이번에 발간되는 책도 그러한 작업의 일환으로 이해하고 싶다.

사참위 조사관들이 종합보고서에 담지 못한 내용들을 책으로 엮어내고 다하지 못한 이야기를 담아냈다는 것만으로도 유가족으로서 고마움을 전한다. 앞으로도 이러한 노력을 계속해달라는 부탁을 드리고 싶다.

성역 없는 진상 규명, 피해자의 권리다

유경근(예은 아빠)

〈증거가 말하는 세월호 참사〉의 출간을 환영합니다.

이 책은 사참위 전원위원회가 종합보고서에 채택하기를 거부한, 세월호의 항적과 CCTV에 대한 조사보고서입니다. 세월호 참사 직후 모두가 이상하다고 했던 정부 발표 세월호 항적과 복원 직후 피해자들이 이상하다고 문제를 제기했던 CCTV를 사참위가 본격적으로 조사했습니다. 그러나 끊임없이 '음모론'이라고 공격받다가 결국 전원위원회에서 분명치 않은 이유로 조사 결과로 인정받지 못했습니다. 그래도 사라질 뻔한 조사 내용이 조사관들과 정성욱 진상규명부서장의 노력으로 이렇게 알려지게 되어 다행입니다.

제가 다행이라고 하는 이유는 두 가지입니다.

첫째, 진상 규명은 피해자가 참사의 원인과 책임을 납득하기 위한 것입니다. 특히 유가족은 내 자녀와 가족이 왜 희생돼야 했는지를 납득했을 때 비로소 이별을 할 수 있기 때문에 진상 규명은 절대적으로 중요합니다. 세월호 참사 유가족 상당수가 8년 넘게 아직도 사망 신고를 하지 않고 버텨온 이유입니다.

저는 세월호의 항적과 CCTV가 조작됐다고 결론짓고 조사를 요구한 것이 아니라 어떠한 의혹도 남지 않는 진상 규명을 요구했습니다. '잠수함 충돌설' 역시 같습니다. 어떤 결론이 나든 그 결론을 믿을 수 있는 철저한 조사를 원할 뿐입니다. '성역 없는 진상 규명'은 단지 청와대와 국정원 같은 권력기관에게만 해당하는 것이 아닙니다. 사참위의 조사를 '음모론'을 추종하는 조사관과 유가족들의 불순한 행위로 보는 언론, 자신들의 경험과 지식의 한계에 갇힌 채 자신들이 져야 할지도 모를 부담의 싹을 잘라버리기 위해 채택을 거부한 사참위 위원들도 넘어야 할 성역입니다.

둘째, 정성욱 진상규명부서장의 피눈물 어린 노력을 신뢰하기 때문입니다. 동수 아빠인 그는 참사 직후 오랫동안 진도에 머물며 미수습자 수습과 선체 인양에 모든 것을 바쳤습니다. 그리고 지금까지 쉬지 않고 선체 인양과 유품·유실물 수습 보존, 선체 조사를 담당해왔습니다. 그 과정에 일부 미수습자의 시신은 물론 거의 모든 유품·유실물을 직접 확인하고 때로는 직접 만지고 씻고 정리하면서 어느 누구도 감당하기 어려운 트라우마를 겪고 있습니다. 오로지 동수 앞에서 부끄럽지 않기 위해 죽음의 문턱까지 갔다가도 되살아나 또다시 쳇바퀴 같은 길을 걷고 있습니다. 성격상 잘 드러나지 않았을 뿐 결코 혼자서는 할 수 없는 일을 8년 넘게 묵묵히, 성실히 감당해온 그의 진심과 외로운 노력을 잘 알기에 그가 선택한 길을 함께 따라가려고 합니다. 그 길 끝에 무엇이 있든 상관없습니다. '어떤 결론이 나든 그 결론을 믿을 수 있는 철저한 조사를 원할 뿐'이라는 제 소신과 같은 길이기 때문입니다.

어떤 이들의 눈에는 '성역 없는 진상 규명'이 멋진 구호나 정치적 구호로 보일 수 있습니다. 저와 동수 아빠에게는 그렇지 않습니다. 잘 죽어서 아이에게 가기 위해 반드시 해내야 할 숙제입니다. 진상을 규명해 잘 먹고 잘살겠다는 것도 아니고 그저 아이에게 들려줄 답을 찾아서 얼른 잘 죽기를 바랄 뿐인 우리의 바람을 '음모론'이라는 무책임하고 냉랭한 단어 하나로 가로막지 않기를 바랍니다. 아울러 '이태원 참사'의 진상 규명도 우리와 같은 전철을 밟지 않고 유가족과 피해자들이 원하는 대로 이뤄지기를 바랍니다.

다시 한 번 '음모론자'로 폄훼당하면서 울분이 쌓였을 담당 조사관들과 동수 아빠께 미안하고 고맙습니다. 앞으로도 함께 진상 규명의 길을 걸어갈 수 있기를 감히 바랍니다. 그리고 여전히 '성역 없는 진상 규명'을 포기하지 않고 엄마 아빠의 길을 달려가는 '(사)4.16세월호참사가족협의회'의 피해자 가족들과 같은 뜻으로 함께 싸우는 시민 여러분께도 고맙습니다.

이 책이 '성역 없는 진상 규명'과 '시민의 생명에 관심 없는 국가권력으로부터 안전한 사회'를 이뤄가는 이정표가 되도록 관심 가져주시기를 바랍니다.

실패한 조사도 돌아보자는 책

박래군(4·16재단 상임이사)

사참위가 지난 2022년 9월 10일로 위원회 보고서를 발간하면서 모든 활동을 끝냈다. 이로써 세월호특조위와 선체위를 거쳐 8년여 걸린 국가 조사 기구에 의한 조사 활동이 모두 종료됐다. 박근혜 정권의 집요한 방해로 인해 활동도 제대로 못 하고 강제 종료된 세월호특조위, 그리고 침몰 원인에 대해 내인설과 열린안 두 가지를 내놓고 종료됐던 선조위에 이어 사참위 또한 분명한 진상 규명이라는 목표를 달성하지 못했다. 이렇게 됨으로써 이제 세월호 진상 규명은 더욱 어려운 상황에 빠지게 됐다.

이런 상황에서 사참위 세월호진상규명국에 소속돼 활동했던 조사관들이 책을 낸다. 3년 6개월간 자신들은 모든 가능성을 열어놓고 조사하고 그 결과 외력에 의한 침몰 가능성은 확인했다고는 하지만, 다른 가능성을 배제할 정도에 이르지는 못했다는 사참위 전원위원회의

증거가 말하는 세월호 참사

최종 결론을 나오게 한 책임은 일차적으로 이들에게 있다. 더욱이 조사관들에게 가장 중요한 조사 과제였던 증거 조작에 관한 조사 결과들은 전원위원회에서 불채택되기까지 했다. 그들은 이런 상황에서 증거 조작에 대해 조사한 보고서를 정리해 이 책을 낸 것이다.

세월호의 항적(AIS)과 DVR 수거 과정, CCTV 데이터 영상, 차량 블랙박스 영상 등 진상규명국이 확인하려고 했던 주요 증거 조작에 대한 과제들은 모두 예민한 것들이었다. 조사관들은 "주요 증거에 사고 순간을 담고 있어야 할 데이터가 은폐되었을 가능성이 존재하는 것으로 조사"되었다고 하지만, 증거가 조작됐다고 명확히 답할 수 없다고 그들은 스스로 인정한다. 그래서 부족한 조사이고 실패한 조사이기도 하다.

세월호 참사는 애초부터 수많은 의혹이 있었다. 그중 일부가 확인되고 밝혀졌다. 그런 위에서 진상규명국은 다른 의혹보다 증거 조작과 침몰 원인에 대해 집중적으로 역량을 투여했다. 이 책은 그런 과정과 결과에 대한 보고서다. 사참위에서는 채택되지 못한, 그들 스스로 부족함을 인정한 조사에 대한 정리다.

이 책은 그런 내용을 정리해 수록하고 있다. 어쩌면 조사관들의 일방적인 주장일 수도 있겠다. 하지만 부족하고 실패했으니 그냥 덮자는 식이 아니라 공동의 확인 과정을 갖자는 제안으로 보인다. 그런 점에서 조사관들의 의지를 다시 확인한다. '음모설'에 치우쳐 비과학적 조사를 벌이고 있다는 비난을 받아왔던 조사관들은 심적 부담이 많았다. 그럼에도 그들은 책임감을 갖고 다시 한 번 자신들이 조사한 내용을 공유하자고 제안한 것이다.

우리는 어느 정도 각자의 결론을 갖고 세월호 참사를 대하고 있다. 내인설이든 외력설이든 어떤 결론을 먼저 내놓고 보지 말고, 진상규명국 조사관들이 의문을 품었던 의혹들을 같이 추적하면서 그들이 끊임없이 두드린 결과 도달한 지점이 무엇인지, 그런 조사 결론이 전원위원회 위원들을 설득하지 못한 이유는 무엇인지, 앞으로 어떻게 풀어가야 할지를 같이 고민하면 좋겠다.

책 발간을 계기로 그 안의 내용인 증거 조작 부분만이 아니라 다른 진상 규명 과제들에 대해서도 공동의 토론과 검증 과정이 활발히 진행되기를 기대한다. 그래야 우리는 세월호 참사의 진실이라는 거대한 빙산을 다시 만나는 길을 찾게 될 것이다. 어려운 와중에도 자신들이 조사한 내용을 정리해 책으로 내준 조사관들에게 고마운 마음을 전한다.

질문을 멈추지 말아야 한다

한석호(4·16연대 안전사회위원장)

예상하지 못한 제안이었다. 이 책의 추천사를 요청받았다. 요청자는 전 사참위 박병우 진상규명국장이었다. 그에게 진상 규명 역할을 맡을 것을 권유했던 사람 중 하나였기에, 거부할 수 없었다. 선뜻 수락했다. 그가 겪고 있는 마음의 짐을 조금이라도 나눠야 한다는 판단이었다.

그렇게 수락해놓고 이내 마음이 무거웠다. 세월호 참사 진상 규명, 희생자 추모 및 기억의 체계화, 생명안전사회 건설 등의 목표로 구축된 4·16 운동은 내상을 입고 있다. 세월호 침몰 원인을 둘러싼 갈등 때문이다. 내부 요인 탓이라는 내인설과 외부 요인 탓이라는 외인설이 4·16 운동 안팎에서 충돌하고 있다. 과학적이고 증거에 토대한 논쟁을 넘어 감정적 대립으로 격화되기도 한다.

세월호 참사 이후, 세월호 침몰 원인은 진실 규명에서 결코 빠뜨릴 수 없는 중심 과제였다. 왜, 무엇 때문에 세월호가 침몰했는지, 그것을 증거와 과학으로 밝혀야 했다. 침몰 원인은 세월호 참사의 출발점이기 때문이었다. 그렇게 엄중한 사안인데도, 침몰 원인 얘기가 나오면 목소리를 높이고 화를 내기까지 하는 확신자들이 부담스러워서 4·16 운동의 많은 이가 말문을 닫고 있는 안타까운 상황이 펼쳐지고 있다.

그 상황에서도 4·16 운동을 하는 이들은 각자의 마음속에 경향성을 내포하고 있다. 누구는 내인설에 기울어 있고 누구는 외인설에 기울어 있다. 또 누구는 두 입장 모두 유보한 채 결정적 논거나 증거를 기다리고 있다. 모든 태도가 다 존중돼야 한다.

내인설이든 외인설이든 확신에 찬 주장을 보고 듣고 생각한다. 각 주장은 저마다 논리와 근거가 있다. 이 주장은 이 주장대로 고개가 끄덕여지고, 저 주장은 저 주장대로 고개가 끄덕여진다. 그러나 이 주장이든 저 주장이든 아직은 가설일 뿐이라는 생각을 지울 수 없다. 내인설은 과학적으로 입증하지 못하고 있고 외인설은 결정적 증거를 확보하지 못하고 있기 때문이다.

세월호 침몰 원인은 미궁에 빠졌다. 과학적 근거가 부족한 내인설을 수긍하면서 다 밝혀졌다고 할 수도 없고, 결정적 증거가 없는 외인설을 앞세워 투쟁할 수도 없는 난처한 상황이다. 5·18이 그랬던 것처럼 장기 과제가 됐다. 가장 속상하고 답답할 사람은 세월호 참사 유가족들이다. 시간이 흐르면서 유가족들도 침몰 원인에 대한 생각이 흩어졌지만, 4.16세월호참사가족협의회를 비롯한 유가족 다수는 내인설이든 외인설이든 열어놓고 있다. 지혜로운 태도다.

침몰 원인을 둘러싸고 숱한 의문이 있다. 그 의문의 상당 부분은 여전히 해소되지 않은 채 그대로 남아 있다. 따라서 아직은 누구도 확신할 때가 아니다. 세월호 참사는 한국전쟁 이래 국민 다수가 동일하게 목격하면서 발을 동동 구르고 눈물을 흘린 트라우마였다. 세월호의 침몰 원인을 밝히는 과제는 304명의 무고하고 끔찍한 죽음을 진혼하는 엄숙한 과제다. 단 하나의 사소한 의문조차 남김없이 풀릴 때까지 한국 사회는 계속 질문해야 한다. 지금은 확신이 아니라 더 많은 질문이 필요한 때다. 이 책은 그 질문의 하나다.

사참위는 수사권이 없는 기구였다. 외부 요인이든 내부 요인이든 침몰 원인의 단서가 있을 만한 해경, 해군, 기무사, 국정원 등 어느 기관의 자료도 압수수색할 수 없었다. 버티면 방법이 없었고 실제로 그랬다. 그랬기에 사참위는 출발 시점부터 한계가 있었다. 결국 사참위는 침몰 원인을 증거와 과학으로 명확히 밝힐 수 없었다. 그런 한계에도 불구하고 의문에 대한 질문을 던지고 남겨놓은, 전 사참위 박병우 국장을 비롯한 조사2과 증거조사팀원들에게 참으로 고생 많았다는 감사의 인사를 표한다.

증거가 말하는 세월호 참사

2023년 3월 5일 1판 1쇄 발행

지은이 박병우, 정성욱, 김진이, 조두만, 김진수, 이재성
펴낸이 임후성 **펴낸곳** 북콤마
디자인 *sangsoo* **편집** 김삼수

등록 제406-2012-000090호
주소 (413-756) 경기도 파주시 문발동 파주출판단지 534-2 201호
전화 031-955-1650 **팩스** 0505-300-2750
이메일 bookcomma@naver.com
블로그 bookcomma.tistory.com

ISBN 979-11-87572-40-4 03300

⏵ BOOKcomma